STUDIES ON VOLTAIRE AND
THE EIGHTEENTH CENTURY

232

General editor

PROFESSOR HAYDN MASON

Department of French
University of Bristol
Bristol BS8 1TE

CATHERINE VOLPILHAC-AUGER

Tacite et Montesquieu

THE VOLTAIRE FOUNDATION
AT THE TAYLOR INSTITUTION, OXFORD

1985

ISSN 0435-2866

ISBN 0 7294 0322 X

Printed in England at The Alden Press, Oxford

Table des matières

Avant-propos

Je voudrais exprimer ici ma plus vive gratitude à tous ceux qui ont contribué à cet ouvrage: tout d'abord à M. J. Ehrard, professeur à l'Université de Clermont II, qui, avec la plus grande amitié, m'a constamment guidée et éclairée depuis le choix du sujet jusqu'aux ultimes corrections; à M. A. Michel, professeur à l'Université de Paris-Sorbonne, qui a orienté mes recherches sur Tacite et, avec beaucoup de bienveillance, m'a fait bénéficier de ses conseils avertis; et à M. N. Wagner, professeur à l'Université de Clermont II, dont les remarques m'ont été extrêmement utiles. Enfin, je suis particulièrement reconnaissante envers mon mari, qui, sans relâche, m'a aidée et encouragée.

Introduction

DANS les pages qu'il consacre à l'influence de Tacite au dix-huitième siècle, J. von Stackelberg[1] remarque que les écrivains de cette époque n'accordent pas à l'historien latin une place prépondérante. Il est connu au même titre que les grands noms de l'antiquité classique, peut-être moins. Personne ne peut ignorer qu'il a dépeint les premiers temps de l'Empire romain, mais d'autres historiens ont exploité une aussi riche matière, d'autres écrivains livrent au fil des pages des renseignements précieux et offrent des tableaux sans doute plus séduisants pour qui est friand d'anecdotes et de *curiosa*. On sait aussi que Tacite est un homme politique; mais à côté d'un Sénèque, qui joua longtemps les tout premiers rôles auprès de Néron, un proconsul d'Asie fait pâle figure; de plus, la personnalité de ce sénateur qui fait aussi œuvre d'historien éveille moins l'intérêt que celle d'un philosophe aux prises avec le pouvoir, à la fois acteur et témoin des crises de l'Empire.[2] On retient des écrits de Tacite le portrait d'un Agricola ou d'un Thraséa, mais les exemples les plus connus, que l'on répète sans se lasser depuis le collège et qui se retrouvent partout, sont empruntés le plus souvent aux œuvres de Plutarque ou de Cicéron, qui restent les véritables maîtres à penser des gens cultivés. Les maximes éparses de l'*Agricola* aux *Annales*, si justes et si élégantes soient-elles, sont loin de trouver autant d'échos, semble-t-il, que les formules bien frappées d'un Horace.

Pourtant, au dix-huitième siècle, le public averti bénéficie de tout un héritage culturel qui permet à Tacite de rester présent d'une façon latente. Quiconque a vu représenter *Britannicus*, et a lu la seconde préface de cette pièce, sait ce que Racine doit au 'plus grand peintre de l'antiquité'. Corneille également avait salué avec respect celui qui, dans ses *Histoires*, avait inspiré bien des traits d'*Othon*. Bossuet mériterait aussi d'être cité, bien d'autres encore,[3] qui témoignent d'un enthousiasme dont on retrouve la trace chez La Rochefoucauld ou La Bruyère: à travers leurs œuvres, le lecteur du dix-huitième siècle peut au moins s'imprégner de ce style elliptique qui fournit tant de devises et de maximes, saisir dans ses grandes lignes le dessein des *Annales*, et garder en mémoire les personnages que Tacite met en scène. Cette 'culture classique' très diverse et très générale joue un rôle difficilement appréciable, mais qu'on ne saurait nier.

Outre cette présence diffuse, certains signes objectifs semblent contredire le jugement de von Stackelberg – ou du moins nous inciter à le nuancer – et prouver combien Tacite est lu, apprécié, commenté, cité au dix-huitième siècle: un autodidacte comme Rousseau se souvient d'avoir vu sur l'établi de son père 'Tacite, Plutarque et Grotius'[4] et son œuvre témoigne qu'il n'avait pas oublié cette lecture.[5] Il n'est que de lire l'*Essai sur les règnes de Claude et de Néron* pour se rendre compte que le texte des *Annales* s'inscrit en filigrane sous celui de Diderot.

---

1. J. von Stackelberg, *Tacitus in der Romania* (Tübingen 1960), p.258.
2. Cf. F. Schalk, *Diderots Essai über Claudius und Nero* (Köln, Opladen 1956).
3. Cf. F. Schalk, p.19, et J. von Stackelberg, pp.210 et 218.
4. *Discours sur l'inégalité*, in *Œuvres complètes* (Paris 1959-), iii.118.
5. Cf. notre première partie, pp.12, et 19-20.

Dès la première moitié du siècle, Montesquieu faisait déjà largement appel à Tacite: c'est même cet auteur que *L'Esprit des lois* et la plupart des œuvres de Montesquieu citent le plus fréquemment.[6]

A ces données, relevées chez des auteurs 'illustres', il faudrait ajouter toutes les allusions, toutes les citations qui parsèment les écrits que nous ont laissés des auteurs moins connus: travail impossible et d'autant plus inutile qu'une telle lecture est trompeuse et donne une fausse impression d'abondance. Pour tenter de remettre les choses à leur place, arrêtons-nous d'abord à l'Index des auteurs cités dans le *Pour et contre* de Prévost:[7] si Tacite est mentionné 21 fois (p.217), Cicéron l'est 93 fois (p.144), Virgile 78 fois (p.225), Horace 118 fois (p.170), Suétone lui-même 14 fois (p.216). Un article au moins est consacré à chacun de ces auteurs – sauf à Tacite. Ces statistiques nous mettent en garde: Tacite n'est peut-être pas, en effet, un grand sujet de préoccupation pour les hommes de lettres, comme en témoignent aussi les œuvres de Voltaire,[8] et en général pour le public cultivé. Il faut donc essayer d'obtenir une image moins floue de la diffusion que connaissait son œuvre: c'est l'objet de notre première partie, dans laquelle nous prendrons comme point de départ les statistiques concernant les éditions, les traductions, et la présence de ses ouvrages dans les bibliothèques.

Mais on ne peut espérer résoudre le problème posé par la présence de Tacite au dix-huitième siècle sans être aussitôt obligé d'introduire des nuances: il s'agit d'abord de savoir *qui* est ce Tacite à deux faces, à la fois réprouvé et admiré par l'enseignement. Seuls peuvent apporter des éléments de réponse les siècles précédents, qui ont vu apparaître les tenants d'interprétations différentes, les 'tacitistes' admirateurs de Machiavel et les humanistes, qui, les uns comme les autres, ont lu Tacite à travers leurs propres doctrines: c'est donc à cela que nous devons nous intéresser ensuite.

Toutefois, si on peut déceler, comme nous le verrons, une continuité chronologique du début du seizième siècle à la fin du dix-huitième, ne faut-il pas également chercher au dix-huitième siècle un point de rupture? Peut-on vivre plusieurs siècles sur une même vision d'un auteur? L'examen d'une œuvre-pivot, d'une œuvre-témoin, comme l'*Encyclopédie* nous permet de répondre à ces questions: dès le milieu du siècle se manifeste un renouveau: Tacite n'est plus seulement un écrivain politique retors, un styliste plus ou moins apprécié, un moraliste uniquement préoccupé de la nature humaine, il est désormais considéré comme un historien à part entière, capable d'analyses toujours applicables, et surtout il devient un support de l'esprit des Lumières: lucide et implacable, il dénonce la faillite de la liberté romaine sous l'Empire. L'*Encyclopédie* ne manifeste pas encore envers Tacite la ferveur des Révolutionnaires, qui proclameront leur enthousiasme pour le dénonciateur de Tibère et de Néron:[9] mais en un demi-siècle, un pas immense a été franchi. Ce changement ne peut être attribué seulement à l'évolution des mentalités: il faut également mesurer l'importance

6. Cf. nos tableaux des auteurs anciens cités par Montesquieu, p.182.

7. J.Sgard, *Le 'Pour et Contre' de Prévost* (Paris 1969), pp.123-230.

8. Cf. R. Naves, *Le Goût de Voltaire* (Genève 1967; reprise de l'édition de Paris 1938), pp.170, 308, 320.

9. J. von Stackelberg, pp.234ss.

de ceux qui ont particulièrement bien connu Tacite et ont donné de lui une image peut-être différente: parmi eux, au tout premier plan – peut-être est-il le seul? – Montesquieu; c'est à cette conclusion que nous amène notre première partie.

Nous savons que Montesquieu a été formé selon Cicéron et Plutarque;[10] nous avons dit également qu'il faisait de l'historien une de ses sources principales: en lui se retrouvent les aspects presque contradictoires que nous avons relevés à travers le dix-huitième siècle dans son ensemble. Il nous semble donc qu'étudier la présence de Tacite chez Montesquieu, c'est se donner les moyens de connaître de façon plus précise et plus approfondie le rôle qu'a pu jouer l'auteur latin à cette époque. Ce point de départ ne doit pourtant pas nous faire oublier l'aspect majeur d'une telle question: la spécificité d'un écrivain dont l'érudition était exceptionnelle et les préoccupations hors du commun. S'il est intéressant de savoir comment le dix-huitième siècle connaissait Tacite, il l'est encore plus d'apprendre comment Montesquieu avait pris contact avec ses œuvres, et comment, bénéficiant de la même formation que ses contemporains, il a su aller plus loin, oublier les idées reçues pour donner une vie nouvelle aux textes de Tacite. Aussi est-ce dans cette direction que nous avons orienté la première partie de notre travail, pour en faire non seulement une présentation d'ensemble, mais également une étude à laquelle il fallait intégrer Montesquieu, afin de mesurer d'emblée ce qu'il doit à son siècle.

Cette recherche se devait donc d'être complétée par un examen précis des moyens de travail dont il disposait: cette étude, qui fait l'objet de notre deuxième partie, était rendue possible par l'existence d'une importante documentation qui nous renseigne sur les ressources de sa bibliothèque, sur ses lectures, sur ses méthodes de travail, nous livre certaines indications précises et nous permet d'affirmer que Montesquieu connaissait parfaitement Tacite, sans aucun doute beaucoup mieux que la plupart de ses contemporains, même lettrés. N'est-ce pas une première preuve irréfutable qu'il lui accorde une place toute particulière?

Pourtant on peut se demander si cet intérêt n'est pas seulement apparent: Tacite n'est-il pas souvent pour Montesquieu une sorte de bouclier, un auteur dont il peut se prévaloir parfois sans fondement? C'est à cette question que tente de répondre notre troisième partie, dans laquelle nous nous attacherons à la façon dont Montesquieu comprend – ou veut comprendre – le texte de Tacite, en comparant l'information dont il dispose et la déformation qu'il lui fait subir. Respecte-t-il les intentions de Tacite, n'a-t-il pas tendance à plaquer ses partis-pris sur un texte auquel il resterait étranger? Ce n'est pas notre avis, bien au contraire; au-delà de quelques modifications de détail, que nous étudions systématiquement, nous sommes forcés de constater que Montesquieu, dans l'ensemble, reste fidèle à l'esprit de Tacite. Loin d'être négatif, ce travail nous fait même apercevoir les convictions profondes de Montesquieu, convictions assez proches de celles de Tacite pour qu'il nous soit possible de nous interroger sur cette communauté de pensée. Peut-on réellement parler d'influence? La

---

10. Il suffit pour s'en convaincre de lire les premières lignes d'un *Discours sur Cicéron*, qu'il écrivit à vingt ans: 'Cicéron est, de tous les anciens, celui qui a eu le plus de mérite personnel et à qui j'aimerais le mieux ressembler' (édition Nagel, iii.15-21).

lecture de Tacite a-t-elle eu des conséquences importantes sur la pensée de Montesquieu?

Tel ne semble pas être le cas – à moins qu'on ne puisse parler d'influence négative, Tacite servant de pôle de répulsion – si l'on s'attache à comparer le style de Montesquieu à celui de Tacite, étude à laquelle est consacrée notre quatrième partie. Montesquieu ne prise guère l'écriture maniérée de la *Germanie*; mais Tacite est aussi l'auteur des *Annales* et des *Histoires*, et Montesquieu lui emprunte de nombreuses maximes bien frappées; non seulement elles lui servent de modèle, mais elles correspondent à certains de ses principes esthétiques, à sa conception de la satire, de la morale. C'est également chez Tacite que se retrouve un type de composition familier à Montesquieu, celui de la 'phrase allongée'. A l'issue de cette analyse, peut-on dire qu'il y a réellement eu influence, consciente ou inconsciente, que tel ou tel procédé provient en droite ligne de l'auteur latin? Montesquieu a trop lu, trop étudié pour qu'on puisse isoler un facteur unique, supposé porteur d'une influence déterminante – surtout quand l'auteur en question appartient à une tradition connue de Montesquieu, celle de Sénèque et des moralistes latins. Nous préférons nous borner à constater la séduction qu'exerce le style brillant et dense de Tacite, l'attirance qu'éprouve Montesquieu pour une écriture aussi conforme à certaines de ses propres habitudes. Loin de restreindre nos conclusions, cette remarque les enrichit: s'il existe de semblables coïncidences, de telles convergences entre deux personnages aussi éloignés dans le temps, aussi différents l'un de l'autre, notre travail ne doit pas se borner à une recherche des sources plus ou moins discutable; nous avons à reconnaître les affinités profondes qui unissent les deux auteurs, affinités sans aucun doute reconnues par Montesquieu, qui voit en Tacite un maître digne de lui.

Pourtant Montesquieu risque peut-être d'exagérer ces coïncidences et d'attribuer à Tacite ce qu'il trouve en lui-même. Ne serait-ce pas le cas lorsqu'il proclame que Tacite 'voyait tout'? A travers l'étude des problèmes historiques posés notamment dans la *Germanie*, nous examinons ce point dans notre cinquième partie. A chaque étape de sa réflexion, Montesquieu trouve en Tacite un guide capable, non de lui fournir des analyses réellement infaillibles, valables à travers les siècles, mais de lui suggérer les idées les plus fécondes; et surtout à ses yeux, Tacite se révèle être un historien au sens plein, c'est-à-dire un écrivain capable de prendre du recul, de porter un regard clairvoyant sur toutes les époques, y compris la sienne, et d'appliquer à l'histoire les règles d'une certaine rationalité. Montesquieu apprécie particulièrement en lui une attitude d'historien conforme à celle que, mû par un souci de rigueur proprement philosophique, il s'efforce d'adopter.

Si nos deux auteurs se rencontrent ainsi dans le domaine de l'histoire, en est-il de même si l'on aborde le problème philosophique et politique majeur qu'ils eurent tous deux à affronter, celui de la liberté? Notre sixième et notre septième parties étudient les aspects complémentaires de cette question, la liberté germanique et la servitude romaine. Nous venons de le dire, sur le premier de ces points, Montesquieu doit tout à Tacite; on peut, bien sûr, parler d'emprunt pur et simple, mais cela ne suffit pas. Montesquieu ajoute ses propres 'fantasmes' au tableau idéalisé par Tacite dans la *Germanie*, il renforce le mythe suggéré par l'auteur latin, l'anime de toutes ses convictions philosophiques et le dépasse – mais toujours dans le sens indiqué par Tacite, sauf peut-être dans la leçon finale qu'il en tire.

Pourtant Montesquieu, devant tel ou tel despote célèbre, est capable d'adopter une attitude différente de celle de Tacite: il tente de déceler les qualités des 'monarques éclairés' que sont Tibère et Néron, au lieu de les réprouver, comme le fait l'historien. Mais au fond du cœur, Montesquieu ressent la même répulsion que lui pour la servitude dans laquelle se jettent les Romains, la même déception devant la faillite du principat: les deux écrivains ont une même définition de la liberté, une même définition de la servitude, et si parfois leurs points de vue semblent diverger, à propos du suicide par exemple, en dernière analyse, le sujet de Louis XV et le sénateur soumis à Domitien tirent les mêmes leçons de l'histoire. A partir du monde germain et du monde romain, ils bâtissent deux mythes opposés qui se renforcent l'un l'autre; mais ne savent-ils pas tous deux que ce ne sont que des mythes, et que les enseignements les plus riches et les moins pessimistes viennent peut-être finalement de cet Empire en décomposition dans lequel il faut pourtant survivre, en continuant d'espérer, en mesurant ce que l'on doit à son pays et ce que l'on se doit à soi-même, en construisant chaque jour sa propre liberté?

Telle est la dernière étape d'une étude qui nous aura montré quels sont les convictions, les préoccupations, les attitudes, les doutes communs aux deux auteurs, et nous aura permis de mesurer ce que Montesquieu doit à Tacite, et ce que Tacite doit à Montesquieu.

I

Présence de Tacite au 18e siècle

Pour avoir une idée, même sommaire, de la présence de Tacite au dix-huitième siècle, nous devons envisager deux aspects de la question: sur le plan quantitatif, nous ne disposons d'aucune statistique d'ensemble, mais nous pouvons du moins mesurer la fréquence des éditions et des traductions de ses œuvres. Ces données chiffrées doivent cependant être corrigées non seulement par l'attention qu'il faut porter à la personnalité de ceux qui s'intéressent à Tacite, mais aussi grâce à un autre relevé statistique: celui de la diffusion de certains ouvrages, même anciens, dans les bibliothèques. Ces différents points nous permettent de définir l'arrière-plan scientifique dont dispose Montesquieu.

Sur le plan qualitatif, l'enseignement est, nous semble-t-il, un champ d'observation idéal: en gardant en mémoire le fait que Montesquieu doit sa formation aux Oratoriens, nous pourrons essayer de cerner l'image que le dix-huitième siècle se fait de Tacite et qu'il inculque aux nouvelles générations. Encore faut-il, pour en comprendre les fondements et retracer la lignée dans laquelle se situe Montesquieu, considérer l'héritage sur lequel vit le dix-huitième siècle, tel que pouvaient le connaître Montesquieu et ses contemporains. Grâce à la lecture de l'*Encyclopédie*, nous constatons que cette tradition s'évanouit progressivement, pour faire place à des interprétations nouvelles: cela nous permettra de sentir d'emblée la place qu'occupe Montesquieu dans cette redécouverte permanente de Tacite que s'étend de la Renaissance à la Révolution.

1. Aspects quantitatifs:
présence des œuvres de Tacite

i. Un nouvel intérêt au milieu du dix-huitième siècle?

Tacite figure parmi les auteurs que la Renaissance a sauvés de l'oubli; depuis les éditions de Wendelin de Spire (1470) pour les six derniers livres des *Annales*, les *Histoires*, la *Germanie*, et le *Dialogue des Orateurs*, de Beroaldo (1515) pour les six premiers, de Puteolanus (1476) pour l'*Agricola*, éditions, commentaires et, bientôt, traductions se sont succédé, inspirés le plus souvent par les immenses travaux de Juste Lipse, qui fut le premier à se livrer à l'exégèse du texte de Tacite (de 1574 à 1607). Ses éditions sont scrupuleusement reproduites ou reprises à Anvers et à Leyde, chez Plantin (de 1574 à 1648), à Paris et à Genève (de 1606 à 1619), chez Elzevir, puis réimprimées à Amsterdam et à Lyon (de 1621 à 1664), ou elles servent de texte de base à Pichena (1609 et 1622) et à Gruter (de 1589 à 1678). Les recensions postérieures, celle de J. F. et J. Gronovius (Amsterdam 1672-1673), ou celle de Th. Ryck (1687), comme l'édition *Ad usum Delphini* de J. Pichon, (1682-1687), ne manquent pas de reproduire les notes et les corrections de Lipse: c'est dire l'importance d'une œuvre dont se nourrit le dix-septième siècle, en parfaite continuité avec le siècle précédent.

Le nombre élevé d'éditions, maintes fois réimprimées, que nous venons de signaler révèle le prestige dont jouit Tacite au dix-septième siècle. Cette impression est confirmée par la floraison de traductions destinées à faire connaître son œuvre à un public plus vaste et moins savant. Parmi ces ouvrages, le plus célèbre est sans conteste celui de Perrot d'Ablancourt, qui est réédité plusieurs fois à partir de 1658. Mais il ne doit pas faire oublier les travaux plus anciens de Cl. Fauchet et d'E. de La Planche (1582), d'un anonyme 'P.D.B.' (1599), de J. Baudoin (1610), de R. Le Maistre (1616), d'A. Harlay de Chanvallon (1635 ou 1644).[1] Il faut ajouter à ces éditions et à ces traductions des œuvres complètes de Tacite les éditions d'œuvres choisies, procurées notamment par Thiboust et Esclassan (1676) ou par Lallemant (1691), pour les *Annales* et les *Histoires*.

Cette esquisse de bibliographie nous montre d'ores et déjà clairement que l'œuvre de Tacite, dans son intégralité, est bien connue à l'aube des Lumières et accessible à tous, sous sa forme originale et en français. Mais si l'on s'en tient aux données chiffrées, le zèle des éditeurs et des traducteurs paraît d'abord s'épuiser, après cent ans d'une extraordinaire richesse: il faut attendre le milieu du siècle pour que les éditions des œuvres complètes connaissent un renouveau, avec celles que publient J.A. Ernesti, à partir de 1752, puis celles de Lallemand (1760) et de G. Brotier (1771).[2] Signalons, en 1721, une édition posthume de J.

---

1. Sur les mérites de ces traductions, voir J. von Stackelberg, pp.250-54.
2. L'édition d'Ernesti fait autorité; c'est celle que recommande Diderot (Listes conservées dans le fonds Vandeul, publiées à la suite du *Plan d'une université*, *OC*, Paris 1971, xi.866). Quant à l'édition de Brotier, Grimm l'estime fort: il parle dans sa *Correspondance littéraire* datée du 1er février 1771, d'une 'superbe et magnifique édition', procurée par un ancien jésuite, 'du très petit nombre de ceux qui entendent et cultivent encore le latin en France.' Le compliment, venant d'un ancien élève d'Ernesti, n'est pas mince.

Gronovius, présentée par son fils Abraham; mais elle n'est qu'une copie d'éditions précédentes. Une édition de 1722 est réimprimée en 1743, et en 1733 paraît une nouvelle édition *Ad usum Delphini*: telles sont les ultimes manifestations d'une tradition qui paraît s'épuiser en France au début du dix-huitième siècle.

Les traductions des œuvres complètes ne sont pas plus nombreuses: la publication de la traduction d'Amelot de la Houssaye, que continue à partir du livre 13 des *Annales* celle de Fr. Bruys, s'échelonne de 1690 à 1735; c'est l'œuvre d'un homme du dix-septième siècle, fidèle à l'école des 'tacitistes' italiens, qui connut ses heures de gloire dès la fin du seizième siècle. Avant Dotteville,[3] dont l'œuvre complète celle de l'abbé de La Bléterie, et avant Dureau de Lamalle, qui attend 1790 pour faire connaître ses travaux, et qui passe sinon pour le meilleur, du moins pour le plus scrupuleux des traducteurs de Tacite au dix-huitième siècle, personne ne s'attaque à l'intégralité de son œuvre.

Les traductions d'œuvres séparés ne comblent pas ce vide: les *Annales* ne trouvent aucun traducteur entre 1640, date à laquelle Perrot d'Ablancourt publie ses premières 'Belles Infidèles', et 1779, qui voit paraître un ouvrage de Dotteville. Les six premiers livres, étudiés et traduits par Amelot de La Houssaye dès 1690, ne le sont plus avant 1768, lorsque La Bléterie fait paraître son œuvre essentielle, une traduction des *Annales* diversement appréciée.[4] Les *Histoires* connaissent à peu près le même sort: les mêmes traducteurs, Perrot d'Ablancourt et Dotteville, s'y consacrent, l'un après s'être intéressé aux *Annales* (1651), l'autre au début de ses travaux (1772). L'*Agricola* paraît encore plus délaissé: nul ne l'édite après Boxhorn, en 1642, et avant Bloch (1814); nul ne le traduit après I. Hobier (1639) et avant Des Renaudes (1797). La *Germanie* suscite davantage d'intérêt outre-Rhin (édition en 1714, de J. C. Vetter, en 1788 de P. D. Longolius, en 1791 de J. E. Emmert). La France, qui avait découvert ce texte avec enthousiasme,[5] comme le montre la parution presque simultanée de deux traductions, celle de Blaise de Vigenère en 1575, et celle de Cl. Guillomet en 1580, semble s'en détourner pendant les deux siècles suivants: c'est seulement en 1753, avec l'ouvrage de Louis Le Gendre (pseudonyme de Fr. Bruys) suivi de celui de La Bléterie (1755), que la *Germanie* est de nouveau accessible au public français. Seul le *Dialogue des Orateurs* échappe à cet oubli, grâce à J. Morabin, dont la traduction remonte à 1722,[6] et à Bourdon de Sigrais, qui, en publiant la sienne en 1782, illustre le regain d'intérêt dont bénéficie Tacite à la fin du siècle.

Les publications d'œuvres choisies ne vont pas contre ce courant: la *Germanie* et l'*Agricola*, traduits ensemble par Philippe V en 1716, ne le sont plus ensuite que par La Bléterie (1755) et Boucher (1776). Par contre, nous trouvons chez Nyon, en 1712, et chez Lallemant, en 1740, une édition des *Annales* et des *Histoires*, et en 1742, une édition des *Annales*, des *Histoires*, et de l'*Agricola*, procurée

---

3. La première édition est sans lieu ni date. La seconde est de 1780.

4. Cf. H. Bardon, 'Une querelle Tacite au siècle des Lumières', *Orpheus*, nouvelle série 1 (1980), pp.32-51.

5. Rappelons que J. Bodin en tire de nombreuses réflexions sur l'influence des climats, dont Montesquieu saura se souvenir.

6. Le *Dialogue*, que certains attribuent encore à Quintilien (édition de Heumann, 1719, et édition anonyme de 1706, à Upsala) ou reconnaissent comme '*uulgo Tacito inscriptus*' (édition de Schulze, 1788) figure malgré tout dans les œuvres complètes de Tacite.

par Guérin. On pratique aussi volontiers la présentation par extraits: J. Heuzet choisit des *Orationes* dans les *Annales*, les *Histoires*, et l'*Agricola* (1721), et P. A. Alletz emprunte ses *Tableaux de la tyrannie sous Tibère et Néron* aux *Annales* et aux *Histoires*. Ces quelques ouvrages ne pèsent guère, si on les compare aux nombreuses éditions et traductions de la fin du dix-huitième siècle.

Cette opposition entre les deux moitiés du siècle se confirme si l'on prend en considération, non pas seulement l'abondance ou la qualité de cette production, que l'on doit à des érudits, ou supposés tels, mais aussi la personnalité de ceux qui se sont attachés à traduire, de façon plus ou moins complète, les œuvres de Tacite. Il y a peu à dire de l'abbé de La Bléterie, dont le principal mérite, aux yeux de Grimm, est d'avoir été chassé de l'Académie française par une cabale religieuse: sa 'transfiguration' de Tacite est 'un des plus insignes forfaits littéraires', né 'sous la plume bourgeoise et inepte d'[un] janséniste'.[7] L'Oratorien Dotteville n'est pas l'objet des mêmes attaques, mais il ne s'attire guère de compliments; Grimm lui reproche surtout d'avoir manqué de génie![8]

Par chance, les savants besogneux et les Trissotins n'ont pas été les seuls à se lancer dans une telle entreprise, que Marmontel estime d'une difficulté insurmontable;[9] nous rencontrons aussi les noms de d'Alembert, de Rousseau, de Sénac de Meilhan, de Mirabeau, et même de Diderot, qui, dans l'*Essai sur les règnes de Claude et de Néron*, traduit parfois ligne à ligne la fin des *Annales*. Rousseau a tenté dès 1754 de traduire en guise d'exercice rhétorique le premier livre des *Histoires*, traduction qui figure dans l'édition posthume de 1781.[10] D'Alembert publie en 1753[11] des *Morceaux choisis*. La Révolution empêche Sénac de Meilhan de donner une suite à une traduction des deux premiers livres des *Annales*, qu'il fait paraître en 1790. Cette dernière traduction, précédée d'une préface qu'admirait particulièrement Sainte-Beuve,[12] n'a pas connu la gloire espérée.[13] Mirabeau n'a pas le temps de traduire tout Tacite, comme il rêvait de le faire lorsqu'il était à Vincennes; il se contente de donner une intéressante version de l'*Agricola*.[14]

Les autres traductions ont eu plus de retentissement, mais n'ont pas fait l'unanimité: malgré les applaudissements de commande, fort réservés, des

---

7. *Correspondance littéraire* du 15 septembre 1768 et de juillet 1772.

8. Cf. *Correspondance littéraire* de février 1774: 'On le trouve aussi loin de son modèle qu'une gravure lourde et sèche de quelque beau dessin de Michel-Ange ou de Raphaël le serait du dessin même.'

9. *Eléments de littérature* (Paris 1867), iii.373 (ch. Traduction): 'Ce sera un prodige dans notre langue diffuse et faible comme elle est en comparaison du latin, si Tacite est jamais *traduit*.'

10. Cf. R. Trousson, 'Jean-Jacques Rousseau traducteur de Tacite', *Studi francesi* 14 (1970), pp.231-43, et J. von Stackelberg, 'Rousseau, d'Alembert et Diderot traducteurs de Tacite', *Studi francesi* 6 (1958), pp.395-407.

11. En 1755, Grimm parle de cette traduction, qui sera publiée chez Mouton en 1784, comme datant de deux ans.

12. Sainte-Beuve la publie en 1788, à l'Académie des Bibliophiles. Cf. aussi *Histoire de Port-Royal* (Paris 1961-1964), iii.746, n.2 (appendice consacré au cardinal de Retz, judicieusement comparé à Tacite par Sénac.)

13. Cf. lettre de madame de Créqui à Sénac, citée par J. Stavan, *Sénac de Meilhan* (Paris 1968), p.110. N'ayant pas consulté le seul exemplaire connu de cet ouvrage, qui, d'après J. Bonnerot, 'Une traduction peu connue des *Annales* de Tacite, par Sénac de Meilhan', *French studies* 17 (1963), pp.155-57, se trouve à la British Library, nous ne pouvons savoir s'il méritait mieux.

14. Cf. H. Welschinger, *Tacite et Mirabeau* (Paris 1914).

Encyclopédistes,[15] le 'géométre' d'Alembert n'a pas été, semble-t-il, à la hauteur d'une tâche qui ne lui était pas familière, et qui paraissait vouée à l'échec dans son projet même.[16] L'ouvrage ne correspond pas à ses ambitieuses *Observations sur l'art de traduire*,[17] et on peut dire qu'il a fait surtout 'œuvre de vulgarisation',[18] en éliminant du texte de Tacite toutes les aspérités et en affaiblissant les expressions les plus frappantes,[19] si bien que des pages énergiques de Tacite, il a fait 'un texte sans âme et d'une rare banalité'.[20]

La traduction de Rousseau n'offre rien de comparable. Elle se donne pour but de rendre le style de Tacite, et de trouver ce que l'historien aurait dit en français; mais elle est aussi pour Rousseau l'occasion 'd'apprendre à écrire', ce qui explique bien des particularités et bien des inexactitudes, dans un travail qui porte sur un livre des *Histoires* où se trouvent quatre harangues célèbres.[21] Le 'ton libre et ferme qui y respire'[22] est déjà celui d'un écrivain confirmé, maître, sinon de la langue latine, du moins d'un français dense et sonore, qui, sans se calquer sur l'original, est fort éloigné des platitudes de d'Alembert. Mais la rhétorique se fait souvent déclamatoire, le ton noble et grave de Tacite devient emphase, l'énergie du latin tourne en français à la grandiloquence: telles sont les limites d'une traduction qui n'est pas des plus fidèles, mais qui réussit tout de même à donner de l'original un écho assez remarquable.

Quant à Diderot, s'il n'a pas voulu faire œuvre de traducteur, au sens strict du terme, il donne une intéressante version des livres XIV et XV des *Annales*; son talent d'écrivain l'emporte sur celui de d'Alembert, et il trouve chez Tacite des scènes dramatiques, des caractères énergiques à sa mesure, si bien que parfois, d'un point de vue artistique, la traduction l'emporte sur l'original, comme le fait remarquer J. von Stackelberg.[23] Il sait, mieux que Rousseau, rendre les

15. Cf. article 'Terni', xv.162a-b: 'Nous avons dans notre langue les traductions de M. Amelot de la Houssaie, de M. de La Bléterie et de M. d'Alembert, qui sont les trois meilleures.'

16. Cf. *Correspondance littéraire* de Grimm, avril 1755: 'Comment être assez téméraire pour oser espérer quelque succès d'une telle entreprise! Aussi, si M. D'Alembert a échoué il y a deux ans, au gré du public, au mien', et 15 septembre 1768: 'Je n'aime pas ces morceaux traduits par M. d'Alembert.' Rousseau, dans la *Lettre à d'Alembert*, se réfugie derrière la plus grande politesse, sans doute teintée d'ironie: 'Tacite, qu'il aime, qu'il médite, qu'il daigne traduire, le grave Tacite qu'il cite si volontiers, et qu'à l'obscurité près il imite si bien quelquefois, [l'aurait-il approuvé]?'

17. En tête de sa traduction, au t.iii des *Mélanges de littérature, d'histoire et de philosophie*, Amsterdam, Chatelain, 1759.

18. J. von Stackelberg, article cité, p.401.

19. Cf. *Histoires* I, 1, 6: *Rara temporum felicitate ubi sentire quae uelis et quae sentias dicere liceat*: 'Temps heureux et rares, où il est permis de penser et de parler'. Et *Histoires* I, 2, 1: *Opus adgredior optimum casibus, atrox proeliis, discors seditionibus*..., 'Je vais raconter de nombreux malheurs, des combats cruels, des troubles ...' Cf. J. von Stackelberg, article cité, p.400, qui relève les exemples les plus convaincants.

Pour notre part, nous signalons également, p.135 (*Annales* II, 88, 2-3): *proeliis ambiguus, bello non uictus; septem et triginta annos uitae, duodecim potentiae*: 'vainqueur quelquefois, quelquefois défait et jamais vaincu, sa vie fut de trente-sept ans, sa puissance de douze'; et p.399 (*Germanie*, VII, 1).

20. R. Trousson, article cité, p.243.

21. Proclamation de l'adoption de Pison par Galba, I, 15-16, citée par Montesquieu (*Catalogue*, p.227, I, 16, 9) et peut-être dans les *Pensées* (1055; 1021); discours de Pison aux prétoriens, I, 29-30, d'Othon à la foule, I, 37-38, évoqué également dans le *Catalogue*, p.215 (*Histoires*, I, 36); aux prétoriens, I, 83-84; autant de morceaux de bravoure connus de tous.

22. Sainte-Beuve, *Premiers Lundis* (Paris 1853) (25 juin 1827).

23. Par exemple: *Non tamen adeo uirtutum sterile saeculum, ut non et bona exempla prodiderit*. 'Ce siècle, si fertile en crimes, ne fut pourtant pas sans vertus' (*Histoires*, I, 3, 1).

'tableaux' brossés par Tacite – bien que la comparaison entre les deux écrivains soit d'autant plus difficile qu'ils n'ont pas traduit les mêmes textes.[24] Ce qui, chez Tacite, intéresse Diderot, ce n'est pas l'aspect oratoire, mais l'aspect pictural, qui lui fait dire, dans les *Pensées détachées sur la peinture* (*OC*, xii.363): 'Tacite est le Rembrandt de la littérature: des ombres fortes et des clairs éblouissants.' Aussi, sans nous attarder à un ouvrage également chargé de résonances politiques, pouvons-nous en tirer la conclusion qu'aux yeux de Diderot, Tacite est un maître digne de lui, et que Diderot est un élève digne de Tacite.

Grimm regrettait que les deux seuls écrivains français capables, selon lui, de traduire Tacite, Montaigne et Montesquieu, ne l'eussent pas fait:[25] 'La naïveté énergique du premier, les expressions de génie qui naissaient à tout moment sous la plume de l'autre, auraient pu seules nous représenter quelques simulacres du génie de ce célèbre écrivain.' Ce jugement de Grimm, antérieur à l'*Essai* de Diderot, se serait sans doute modifié à la lecture de l'œuvre de son ami; mais il renforce l'impression que nous avons retirée de l'examen de ces traductions, auxquelles cinq écrivains, sinon de génie, du moins hors du commun, ont consacré leurs efforts: le prestige de Tacite est tel, en cette seconde moitié du dix-huitième siècle, que chacun de ces cinq auteurs s'honore de lui demander des leçons. La première moitié du siècle ne voit pas un Montesquieu s'adonner à pareille tâche, et rien n'indique qu'il ait été tenté de le faire. Nous verrons qu'il n'en connaît pas moins fort bien Tacite, qu'il en a traduit quelques pages pour son propre compte, et pour les besoins de ses démonstrations.[26] Comme ces essais n'ont rien de systématique, nous avons peut-être là un signe supplémentaire du déclin provisoire que connaît Tacite au début du siècle.

Ne doit-on pas au contraire voir dans cette floraison de traductions l'expression d'une décadence, comme Grimm, qui s'intéresse de si près aux diverses publications consacrées à Tacite, nous invite à le faire?[27] Bien que cette remarque ne s'applique pas précisément aux traductions de Tacite, elle nous incite à manier avec prudence les données purement arithmétiques et chronologiques que nous venons d'examiner et à les corriger.

ii. Permanence de Tacite: les bibliothèques

En effet, à cette extraordinaire prolifération d'ouvrages que nous avons étudiée s'oppose l'importante diffusion d'une œuvre, celle d'Amelot de La Houssaye, l'instrument de travail le plus récent dont dispose la première moitié du dix-huitième siècle. Voltaire en possède un exemplaire,[28] à côté d'une réédition récente (1760) de la traduction italienne de B. Davanzati, qui remonte à 1600

24. En revanche, d'Alembert a choisi plusieurs passages dans le livre I des *Histoires*, que nous retrouvons chez Rousseau. Cf. d'Alembert, pp.347-97 (*Histoires* I, 1-3; I, 15-16; I, 29-30; I, 49).

25. *Correspondance littéraire*, avril 1755.

26. Voir notre troisième partie.

27. *Correspondance littéraire* du 1er février 1771: 'Peut-être la multiplicité des traductions même est-elle un symptôme certain et infaillible de la décadence des études.'

28. Cf. G. R. Havens et N. L. Torrey, *Voltaire's catalogue of his library at Ferney*, Studies on Voltaire 9 (Genève 1959), p.235, no.2778.

(no.2779), d'une traduction polonaise de 1772 (no.2780), et surtout de la traduction de La Bléterie, qu'il connaît bien et qu'il critique au moins aussi violemment que le fait Grimm (no.2781).[29] Il fait l'éloge de la traduction d'Amelot,[30] dont nous retrouvons également la trace dans la bibliothèque de Catherine de Russie,[31] et dans celle de Massillon.[32] Elle est si répandue que c'est à elle que Cl. Dupin renvoie Montesquieu et ses lecteurs afin d'éclaircir les passages délicats:[33] il s'agit donc d'une œuvre universellement connue.[34]

Mais Montesquieu lui-même ne détenait pas cette traduction: on trouve mention, dans le *Catalogue* de la bibliothèque de La Brède, de celle de J. Baudoin, qui remonte à 1610, et de deux éditions, l'une de 1589, l'autre vraisemblablement de 1599.[35] Ici apparaît le deuxième point qu'il faut considérer: le dix-huitième siècle hérite de la volumineuse production que nous avons citée et qui, sans être scientifiquement inattaquable ou littérairement remarquable, constitue une base solide: Diderot, par exemple, préconise deux éditions pour l'étude de Tacite: l'une, récente, est celle d'Ernesti (1774), qu'il estime excellente, et l'autre est une édition de Gronovius, sans date, mais appartenant à la tradition érudite du dix-septième siècle.[36]

Si l'on examine les bibliothèques dont nous connaissons la composition, on s'apperçoit qu'elles contiennent un très grand nombre d'ouvrages anciens: dans celle de Dortous de Mairan (1678-1771), par exemple, on ne trouve que 16% d'ouvrages postérieurs à 1750, et 53% d'ouvrages postérieurs à 1700. On s'étonne moins de constater que dans la bibliothèque de La Brède, qui était sans doute déjà bien fournie quand elle échut à Montesquieu (1689-1775), 82% des ouvrages sont antérieurs à 1700:[37] les ouvrages consacrés à Tacite ne font donc pas exception. Comme le montrent ces chiffres, la production scientifique ou littéraire s'accumule et ne se détruit pas. Les amateurs de littérature antique n'éprouvaient pas forcément le besoin d'acquérir les éditions récentes d'œuvres qu'ils connaissaient déjà, d'autant qu'en matière de traduction le dix-huitième siècle n'avait guère plus d'exigences que le dix-septième siècle. L'absence d'éditions 'modernes' de Tacite ne prive donc guère les contemporains de Montesquieu.

Aussi ne peut-on parler d'une réelle désaffection de la part du public, qui a toujours accès aux œuvres de Tacite, comme le prouvent quelques sondages. Elles ne figurent pas dans une bibliothèque provinciale étudiée par Fuchs,[38] dans laquelle, il est vrai, la littérature ancienne n'est représentée que par un

---

29. Cf. *Précis du siècle de Louis XV* : 'On a réussi à rendre Tacite ridicule.'

30. Cf. *Catalogue de la plupart des écrivains français qui ont paru dans le siècle de Louis XIV*: 'Ses traductions, avec des notes politiques, et ses histoires sont fort recherchées.'

31. Voir J. von Stackelberg, p.194.

32. J. Ehrard et J. Renwick, *Catalogue de la bibliothèque de J.-B. Massillon* (Clermont 1977), p.73, no 473.

33. Cl. Dupin, *Observations sur un livre intitulé De L'Esprit des Lois* (s.l.n.d.), i.311, par exemple.

34. Voir ci-dessus la note 15.

35. Cf. notre deuxième partie, p.37.

36. *Listes conservées dans le fonds Vandeul*, *OC*, xi.866.

37. J. Ehrard, *Le XVIIIe siècle*, i (Paris 1974), p.21, et D. Roche, 'Un savant et sa bibliothèque au xviiie siècle', *Dix-huitième siècle* 1 (1962), pp.47-88.

38. 'Une bibliothèque provinciale au dix-huitième siècle', *Revue d'histoire littéraire de la France* 32 (1925), pp.580-87.

exemplaire de Virgile. En revanche, E. de Clermont-Tonnerre en relève la trace parmi les 57 volumes d'histoire romaine que recèle la bibliothèque de Madame de Gramont-Choiseul.[39] Nous avons déjà signalé que J.-B. Massillon usait de la traduction d'Amelot, le seul exemplaire de Tacite qu'il eût en sa possession: contrairement à d'autres bibliothèques, celle-ci ne contient que rarement plusieurs éditions d'un même ouvrage, en ce qui concerne l'histoire ancienne. Ce domaine étant fort réduit, puisque l'histoire ancienne ne représente qu'une petite partie des ouvrages consacrés à l'histoire, qui n'occupe elle-même qu'une place modeste,[40] la présence de Tacite, parmi un petit nombre d'auteurs choisis, prouve qu'il passe pour un des 'piliers' de l'antiquité classique. Nous avons aussi remarqué que Voltaire disposait d'une édition et de quatre traductions de Tacite. Pour prendre quelques points de comparaison, il possédait huit traductions d'œuvres diverses de Cicéron,[41] auxquelles il faut ajouter une seule édition (no.825); une seule édition également des œuvres de Tite-Live (no.1847), une édition et deux traductions de Salluste et de Suétone (nos 2623-25, 2764-66), et deux éditions, dont une en trois exemplaires, de Sénèque:[42] Tacite est donc proportionnellement aussi bien représenté dans cette bibliothèque bien fournie en histoire ancienne et très ouverte aux éditions modernes que dans celle de Massillon.

Ainsi, l'inertie qui s'attache à la diffusion du livre compense-t-elle le creux dessiné par les statistiques: si on édite peu Tacite, on a toujours le moyen de le connaître, et les goûts des lecteurs ne coïncident pas forcément avec ceux des latinistes de profession. Les indications livrées par quelques catalogues de bibliothèques montrent que le public ne se contente pas de répéter le nom d'un auteur qu'il connaîtrait superficiellement: l'ancienneté de certains des ouvrages utilisés prouve qu'il ne s'agit pas des caprices d'une mode. Peut-être les gens cultivés n'approfondissent-ils pas les leçons qu'on peut tirer du texte de Tacite, ou même ne le lisent pas; toujours est-il qu'il figure en bonne place, à portée de leur main, dans leur bibliothèque. Il reste à déterminer s'ils sont en mesure d'apprécier Tacite, ou plutôt si l'enseignement qu'ils ont reçu leur en donne les moyens et à voir la part que les éducateurs, officiellement chargés de former et d'instruire les esprits, croient devoir accorder à l'historien.

39. 'Une bibliophile au temps de Louis XV', *Revue d'histoire littéraire de la France* 35 (1928), pp.241-49.
40. J. Ehrard et J. Renwick, pp.19-24, *Massillon par ses livres*: une vingtaine de titres, soit 13% de la part historique, contre 20% à La Brède.
41. G. R. Havens et N. L. Torrey, nos 649-56.
42. G. R. Havens et N. L. Torrey, nos 2683-84.

2. Tacite dans l'enseignement au 18e siècle

i. Dans la pratique quotidienne

AU premier abord, l'enseignement ne paraît pas susceptible de faire apprécier aux contemporains de Montesquieu le 'génie' de Tacite, surtout en raison du peu de place qu'il accorde à l'historien. Un certain nombre de sondages nous le montre. Les jésuites le citent parmi les prosateurs dont on prescrit la lecture, mais son nom vient très loin derrière les grands classiques que sont César, Salluste, et avant tout Cicéron.[1] Alors que les élèves sont nourris dès leur plus jeune âge de ces auteurs latins, et parmi les auteurs grecs, de Plutarque, l'étude des œuvres de Tacite est réservée aux grandes classes, et particulièrement à l'année de rhétorique.[2] De même, si les Bénédictins de Sorèze, en classe de rhétorique seulement, font porter certains de leurs exercices de fin d'année sur les *Annales*, ils ne les privilégient pas par rapport au *De Oratore* de Cicéron, à l'*Enéide* de Virgile, ou aux *Odes* d'Horace.[3] Même situation et mêmes réticences dans un collège de Besançon après l'expulsion des jésuites,[4] comme à l'Oratoire, qui propose plusieurs historiens à ses élèves de rhétorique: Tacite, Suétone et Velleius Paterculus.[5] Encore l'œuvre de Tacite est-elle réduite parfois à la *Germanie*.[6] Le père Houbigant, dans son traité *De la manière d'étudier et d'enseigner les humanités*, qui est le fruit de son expérience de professeur au collège de Juilly, recommande pourtant de commencer par la lecture de l'*Agricola*, avant d'en venir à celle des *Annales* et des *Histoires*.[7]

Port-Royal avait-il été mieux disposé envers notre auteur? Arnaud préconisait de lui consacrer une heure en troisième,[8] mais Lancelot, dans la préface de sa *Nouvelle méthode pour apprendre facilement la langue latine* (1681), n'avait pas soufflé mot de Tacite quand il avait cité les auteurs latins qu'il convenait d'imiter.

Ce silence s'explique par une raison très simple: la fameuse obscurité, la concision que l'on reproche à Tacite en rendent la lecture difficile au débutant, et même au latiniste expérimenté. Un tel jugement n'est guère démenti aujourd'hui. Le second motif est proche du précéent: le texte de Tacite fourmille de tours hardis, de constructions 'impures' aux yeux des grammairiens qui se

---

1. Voici cette liste dans son intégralité, telle que la cite G. Dupont-Ferrier, in *Du collège de Clermont au lycée Louis-Le-Grand* (Paris 1921), i.133: Cicéron, César, Salluste, Cornélius Népos, Tite-Live, Velleius Paterculus, Valère-Maxime, Sénèque le philosophe, Pomponius Méla, Columelle, Quinte-Curce, Pline le naturaliste, Quintilien, Frontin, Tacite, Pline le Jeune, Florus, Suétone et Justin. Elle suit l'ordre chronologique: c'est reconnaître au classicisme romain une place prépondérante.

2. Cf. G. Dupont-Ferrier, pp.144 et 225.

3. Cf. H. Sicard, *Les Etudes classiques avant la Révolution* (Paris 1887), p.451.

4. Cf. B. Lavillat, *L'Enseignement à Besançon au dix-huitième siècle*, Annales littéraires de l'université de Besançon (Paris 1977).

5. Cf. P. Lallemand, *Essai sur l'histoire de l'éducation dans l'ancien Oratoire de France* (Paris 1887), p.367.

6. Cf. 'Catalogue des livres classiques du collège de l'Oratoire de Riom en 1788', in *L'Enseignement sous l'ancien régime en Auvergne, Bourbonnais et Velay* (Clermont 1977), p.53.

7. Cité par P. Lallemand, p.294 et par L. Delamare, 'Tacite et la littérature française' (thèse) (Paris 1907), p.29.

8. Cité par P. Lallemand, et par L. Delamarre.

référent aux usages classiques. Dans un enseignement qui pratique assidûment les exercices en latin, faire étudier un auteur revient à le proposer à l'imitation des élèves, donc, dans le cas de Tacite, à compromettre les efforts des pédagogues qui s'acharnent à enseigner le latin que l'on trouve dans les écrits les plus soignés de Cicéron. Aussi doit-on observer la plus grande prudence pour aborder des textes difficiles, que la grammaire réprouve.

La cause essentielle de la méfiance quasi générale que nous avons observée est cependant tout autre: le père Houbigant, de l'Oratoire, observe en 1720 dans le traité que nous avons cité: 'Tacite veut des lecteurs rompus au latin et des esprits formés.' Se lancer sans précaution dans la lecture de Tacite, c'est risquer de se laisser insidieusement gagner par l'esprit d'intrigue qui règne sous Tibère: '[Tacite] démêle avec dextérité une intrigue criminelle, plus capable [...] d'en faire goûter la conduite délicate que d'en donner l'aversion'.[9] Ainsi, la subtilité de Tacite et la profondeur de ses analyses se retournent-elles contre lui: s'il expose la conduite des tyrans et des courtisans, s'il discerne les motifs des uns et des autres, et si par là il établit les enchaînements réels qui constituent l'histoire de l'Empire, il se rend coupable de dévoiler les *arcana imperii*, les secrets du pouvoir, que beaucoup seront heureux de connaître: à trop bien dépeindre les vices, on en donne la tentation.

De plus, reprenant presque mot pour mot le reproche souvent adressé à Tacite, par Bayle notamment, puis par l'*Encyclopédie*, le père Houbigant recommande la plus grande prudence envers cet auteur capable de tout tourner 'vers le criminel', et qui noircit les tableaux comme à plaisir: 'Il faut prendre garde que cet auteur ne nous rende politiques, satiriques, défiants, soupçonneux et qu'il ne nous porte à tourner tout au criminel. Tacite entraîne insensiblement son lecteur par la force de son génie et par le nerf de son style.' Ainsi se trouve formulé le blâme le plus sévère qui frappe l'historien, celui qui confirme tous les autres: trop talentueux, celui-ci fait perdre tout esprit critique à son lecteur, qui le suit aveuglément dans tous ses raisonnements. Le danger est encore plus grand quand il s'agit de jeunes esprits malléables et peu avertis qui, faute d'expérience, se jettent avec enthousiasme dans de telles lectures, et qui peuvent en rester marqués: croire que le monde est empli de vices, que tout est dissimulation et complot, que les hommes peuvent être gouvernés selon certaines recettes, autant d'erreurs que l'historien rend vraisemblables. Ce ne serait pas un grand crime de proposer à des jeunes gens une vision du monde aussi pessimiste si le lecteur n'était habilement, insidieusement poussé à la faire sienne.

Voilà donc les deux tendances contradictoires qui expliquent l'attitude ambiguë des enseignants envers Tacite: à la fois une admiration profonde pour un auteur hors du commun, et une méfiance qui se justifie quelquefois au nom de la latinité, mais qui le plus souvent ne prend ces arguments que comme prétextes. Plus on avance dans l'étude de cet auteur, plus on est séduit, et par là même davantage tenté de s'en défier; l'enthousiasme qu'il inspire est la preuve de son influence pernicieuse. Aussi faut-il multiplier les avertissements, si l'on permet la lecture d'une œuvre qu'on ne peut passer sous silence, ou limiter les occasions de la connaître.

---

9. Cité par P. Lallemand et par L. Delamarre.

Encore devons-nous nuancer ce jugement, car en France l'enseignement n'est pas monolithique à cette époque: les diverses congrégations forment leurs élèves selon des principes qui leur sont propres: certains aspects sont donc parfois privilégiés,[10] notamment à Port-Royal, où, nous l'avons dit, certains avaient fait à Tacite la part légèrement plus belle qu'ailleurs. Afin 'de ne jamais rien faire apprendre par cœur aux enfants qui ne soit excellent', Nicole reommandait de faire 'un choix dans Cicéron, Tite-Live, Tacite, Sénèque [...] et dans les poètes, de certains lieux si éclatants qu'il soit important de ne les oublier jamais'.[11] Le moraliste qui, à travers les *Annales* et les *Histoires*, dépeint avec de sombres couleurs les passions humaines les plus funestes, la soif de domination, la cupidité, la servilité, l'égoïsme des empereurs et des courtisans, la versatilité du peuple et de toute une société bouleversée par la guerre civile offre aux jansénistes les tableaux saisissants qu'ils estiment susceptibles d'inspirer à chaque lecteur l'horreur d'un monde corrompu. Les maîtres de Port-Royal éprouvent les mêmes réticences que les jésuites ou les Oratoriens, mais ils en tiennent moins compte, comme le prouve ce jugement d'un de leurs meilleurs élèves, Le Nain de Tillemont, qui écrit dans son *Histoire des empereurs*:[12] 'Son style est assurément assez obscur, il est même quelquefois dur, et n'a pas toute la pureté des bons auteurs de la langue latine. Cependant son art à renfermer de grands sens en peu de mots, sa vivacité à dépeindre les événements, la lumière avec laquelle il pénètre les ténèbres du cœur corrompu des hommes, une force et une éminence d'esprit qui paraît partout le font regarder aujourd'hui presque généralement comme le premier des historiens.' Malgré quelques restrictions,[13] l'appréciation est flatteuse et bien qu'elle ne concerne pas directement l'enseignement, elle montre que Port-Royal vouait à Tacite une admiration réelle, tout en dépassant les contradictions qui au dix-huitième siècle marquent toujours l'enseignement des autres congrégations.

ii. Tacite dans les traités d'éducation

La réaction contre les écoles traditionnelles a inspiré bien des traités de réforme. Organisation des études, méthodes d'enseignement, nature des programmes, font l'objet de vives critiques qui, pour être convaincantes, doivent s'accompagner de projets détaillés. L'image de Tacite, la connaissance qu'il faut avoir de

10. Selon L. Delamarre, les Oratoriens, à la suite du p. Houbigant, n'éprouvent que méfiance envers Tacite parce qu'ils doivent éduquer des jeunes gens sortis de la bourgeoisie, alors que les jésuites lui vouent une admiration inconditionnelle (dont nous n'avons guère trouvé de traces) parce que leurs élèves sont de futurs courtisans 'dont la vie se passera dans la diplomatie, les intrigues de cour et les habiletés de la politique' (p.28), et qui trouvent dans les *Annales* un bréviaire de conduite politique. Une telle distinction paraît simpliste et abusive. Certes, le classement effectué par les jésuites était fonction, non pas de la valeur intrinsèque qu'ils reconnaissaient à tel ou tel auteur, mais du profit que les élèves pouvaient en retirer (cf. G. Dupont-Ferrier, p.133), et on comprend que les bons Pères aient pu orienter les lectures de Tacite dans les sens dénoncé par le père Houbigant, qui faisait peut-être œuvre de polémiste. Mais nous n'en avons aucune preuve formelle.

11. Cité par H. Lantoine, *Histoire de l'enseignement secondaire en France au dix-septième et au début du dix-huitième siècle* (Paris 1874), p.181

12. *Vie de Trajan*, art.27.

13. Le reproche est même assez considérable: Tacite était 'ennemi de la vraie religion', et même 'n'en avait point du tout'.

ses œuvres, font-elles partie des points que l'on estime devoir corriger? Ressent-on le besoin de changer d'attitude envers un auteur si diversement apprécié?

Il est difficile d'ordinaire de dégager les lignes communes d'ouvrages qui vont du *Traité des études* de l'ancien recteur Rollin à l'*Emile* de Rousseau, ces 'rêveries d'un visionnaire', comme il le dit lui-même dans sa *Préface*, mais l'examen rapide de quelques-uns de ces projets suffit à prouver que nul ne pense à modifier profondément les idées reçues à propos de Tacite. Rollin, dont le *Traité des études*[14] est un des plus importants ouvrages de ce genre, ne le mentionne pas parmi les auteurs qu'il recommande;[15] il lui emprunte tout juste un exemple dans son article sur la syntaxe, et un autre à propos de la propriété des mots. Il le cite également une seule fois, dans le livre consacré à la Rhétorique (Livre 3), au sujet des 'Pensées', à la suite du p. Bouhours, puis au sujet du 'Choix des mots' (Article 2, §§ 3 et 5). Enfin, Tacite est à peine évoqué dans l''Avant-propos' du livre 5, 'De l'histoire', et dans la troisième partie de ce même livre, intitulée 'De l'histoire profane', alors que Rollin y fait la part belle à Cicéron et surtout à Sénèque. Quant à la 'Table des matières', elle ne retient que 'l'endroit de cet auteur où il parle des chrétiens', remettant ainsi l'accent sur les passages qui, depuis Tertullien, ont été allégués à la charge de Tacite. L'attitude de Rollin reflète donc parfaitement celle de l'enseignement contemporain. L'intérêt qu'il pourrait éprouver pour Tacite se heurte aux nécessités pédagogiques, qui ne lui permettent pas d'accorder une trop grande place à l'historien de l'Empire.[16]

Deux autres projets nous ont paru dignes d'attention, celui de Rousseau et celui de Diderot, car ils nous permettent de préciser l'attention que ces deux écrivains portent à Tacite. Dans l'*Emile*, Rousseau ne pouvait manquer d'aborder une œuvre qui apparaissait comme pernicieuse à bien des égards. Dans un *Mémoire à M. de Mably sur l'éducation de M. son fils* qui, ayant été communiqué à Madame Dupin en 1743, est bien antérieur à l'*Emile* (1759), Rousseau déclare préférer, pour apprendre la rhétorique, Tite-Live, Salluste et surtout César à Tacite: 's'il m'est permis du moins de donner quelque chose à mon goût particulier, car j'admire autant la noble simplicité, la pureté du style et la clarté de César que j'ai d'aversion pour Tacite dont on ne perce l'obscurité qu'avec des peines qui sont souvent à pure perte pour les lecteurs. Je ne puis souffrir ce raffinement outré ni cette manière pointilleuse de chercher à tout des motifs subtils et mystérieux et souvent aussi peu solides que celui d'un Arruntius qui

14. Ch. Rollin, *Traité des études* (Paris 1726-1728).

15. Voir livre 1, *De l'intelligence des langues*, ch.3, 'De l'étude de la langue latine'.

16. L'abbé Fleury, dans son *Traité du choix et de la méthode des études* (Paris 1822), ne cite guère d'auteurs. Même silence chez Locke, dans son ouvrage *De l'éducation des enfants* (Paris 1821), qui recommande d'aborder l'histoire ancienne avec Eutrope, Justin, et Quinte-Curce pour 'enfin passer à la lecture des auteurs les plus difficiles et les plus sublimes, comme sont Cicéron, Virgile et Horace' (ch.189). Il est vrai que 'le latin et toutes les langues doivent être regardées comme la moindre partie de l'éducation des enfants' (Titre du ch.182): le philosophe anglais n'a pas cru devoir s'étendre sur un sujet aussi peu intéressant. Quant au projet de réforme de l'instruction publique qui devait voir le jour en 1720 et ne fut jamais publié (cf. H. Lantoine, pp.226-27), il est plus détaillé en ce domaine. Est-ce à l'instigation de Pourchot et de Rollin, qui l'inspirent pour beaucoup, que Tacite, comme Xénophon fait désormais partie des auteurs recommandés au même titre que Plutarque? Le mépris pour Tacite que manifeste le *Traité des études* ne permet pas de donner une réponse positive.

se tue par politique. Au contraire César me paraît admirable par son air de simplicité et d'indifférence et par sa facilité même.'[17]

Rousseau se contredit quelques années plus tard quand il s'essaye à traduire le premier livre des *Histoires*, précisément pour s'exercer à la rhétorique;[18] il a d'autant moins de peine à revenir sur ses déclarations premières que celles-ci étaient fort peu personnelles; elles reproduisaient même de façon frappante les reproches de Fénelon ou de l'auteur des *Anonymiana* que cite l'*Encyclopédie*.[19] Mais elles sont confirmées dans l'*Emile* où Rousseau justifie ses hésitations, quand il préconise de retarder la lecture d'un tel auteur: 'Il ne faut pas d'abord prendre les plus judicieux, mais les plus simples. Je ne voudrais mettre dans la main d'un jeune homme ni Polybe ni Salluste. Tacite est le livre des vieillards, les jeunes gens ne sont pas faits pour l'entendre; il faut apprendre à voir dans les actions humaines les premiers traits du cœur de l'homme avant d'en vouloir sonder les profondeurs; il faut savoir bien lire dans les faits avant de lire dans les maximes' (p.529). Tacite, aux yeux de Rousseau, est donc coupable d'introduire dans le cœur des jeunes gens les germes du mal, en leur donnant des aperçus effrayants sur ce que la corruption a produit de pire et en leur suggérant des généralisations pessimistes: Tacite est donc au premier chef l'écrivain que doit exclure 'l'éducation négative' destinée à fermer 'l'entrée au vice' (*Lettre à Christophe de Beaumont*). Rousseau connaît ainsi les mêmes contradictions que les enseignants traditionnels: l'auteur qu'il porte aux nues[20] est le plus dangereux de tous. Aussi aspire-t-il à faire ignorer un écrivain qui lui a beaucoup appris et qu'il rejette avec une 'aversion' trop bruyante pour ne pas révéler une attirance profonde.

Le *Plan d'une université*, que Diderot écrit à l'intention de Catherine de Russie, est-il sur ce point précis plus novateur? Diderot propose d'abord de retarder l'étude des auteurs anciens 'jusqu'à ce que les élèves aient acquis assez de maturité pour les comprendre totalement, donc en tirer plus de profit et y prendre plus de goût'.[21] Parmi la liste que cite Diderot figure Tacite, aux côtés de Thucydide, de Xénophon, de Tite-Live et de Virgile; nous ne retrouvons pas ici l'usage commun qui consiste à introduire dans les petites classes Xénophon, Virgile et Tite-Live; mais l'attitude envers Tacite est la même que dans l'enseignement traditionnel.

Ce qui a changé, ce sont les motifs: la peur du latin 'barbare', 'épineux' de Tacite, qui était si souvent évoquée, n'existe pas chez Diderot, au contraire; il prescrit de 'composer et traduire sur toutes sortes de matières et d'après tous les auteurs, sans quoi la connaissance de la langue restera toujours imparfaite. Rien de plus commun que d'entendre, sans hésiter, Homère et Virgile, et que d'être arrêté à chaque phrase dans Thucydide ou Tacite' (p.795, 'Utilité du thème'). L'idée lui paraît si importante qu'il la répète quelques paragraphes

---

17. J.-J. Rousseau, *Œuvres complètes*, iv.29.
18. Cf. notre Première partie, p.12.
19. Cf. articles 'Caractère' (t.ii) et 'Terni' (t.xvi).
20. N'écrit-il pas aussi au livre v de l'*Emile* (p.829): 'Jamais auteur connut-il mieux le cœur humain dans les deux sexes, que [Tacite]?'
21. D. Diderot, *Œuvres complètes* (Paris 1971), xi.791, Premier cours d'étude, Huitième classe, *Le grec et le latin*.

plus loin: 'Les langues grecques et latines ont ceci de particulier que telle est leur flexibilité et conséquemment la variété de style de ceux qui les ont écrites, que celui qui possède parfaitement [...] Ovide et Virgile est arrêté à chaque ligne de Pline le Naturaliste ou de l'historien Tacite.'[22]

L'intention semble louable, mais Diderot avait fait précéder la première des remarques que nous avons citées de deux recommandations: d'abord, 'traduire les *bons* auteurs ou faire la version', ensuite, 'composer ou faire le thème d'après les *bons* auteurs' (p.795). S'il est de *bons* auteurs, en est-il de *mauvais*? Le vocabulaire normatif utilisé ici trahit l'influence des idées reçues, à laquelle Diderot n'échappe pas; la distinction entre auteurs classiques et auteurs tardifs et impurs est implicite chez lui; bien qu'il ait une conception plus large de la latinité, il reste marqué par la hiérarchie traditionnelle, comme le montre la page du *Plan d'une université* dans laquelle il dresse une liste des auteurs latins:[23] après avoir longuement évoqué Cicéron, César et Salluste, Diderot énumère les noms de Cornélius Népos, Tite-Live [...] Pline le Naturaliste, Tacite, Quintilien, Pline le Jeune, qu'il fait suivre d'un commentaire sommaire. Ce classement chronologique est presque identique à celui qu'avaient dressé les jésuites,[24] mais Diderot accorde une mention spéciale à Tacite, et le distingue des autres auteurs qu'il évoque en formulant un jugement qui est une synthèse des éloges et des reproches que nous avons déjà relevés: 'Le hardi, le sublime peintre Tacite, mais un peu détracteur de la nature humaine, toujours obscur par sa brièveté et son sens profond, des annales de l'empire et des vies des premiers empereurs; quand il loue, ne rabattez rien de son éloge; c'est là qu'un souverain se perfectionnera dans l'art que Tacite appelle "les forfaits de la domination" et que nous appelons la *Raison d'Etat*' (p.802).

Cette dernière phrase dénonce l'ambiguïté d'une œuvre susceptible d'être interprétée de diverses façons; replacée dans son contexte – un projet adressé à l'impératrice de Russie – elle perd toute vocation pédagogique[25] pour prendre une résonance politique et peut-être personnelle, dans la mesure où Diderot entretient encore à l'époque des rapports cordiaux avec la souveraine. Une 'digression' de ce genre était inévitable: Diderot prend même prétexte de ce projet pour se demander 's'il est plus aisé de faire une belle action qu'une belle page', ce qui lui permet une nouvelle allusion à Tacite: il le considère comme un 'homme de génie', et lui oppose Tite-Live, qui n'est qu'un 'bel et majestueux écrivain' (p.859). Tacite est donc un génie – ce mot, on le sait, est lourd de sens pour Diderot – qu'il faut méditer avec une clairvoyance politique susceptible d'aider à distinguer les 'forfaits de la domination' et la 'Raison d'Etat', afin de mieux faire comprendre la portée de ce qu'il appelle un 'art'. Mais, une fois encore, peut-on supposer une telle clairvoyance chez des jeunes gens? Diderot connaît la réponse: aussi écrit-il à l'issue de la page que nous avons citée, concernant le *Caractère des auteurs latins*: 'Presque tous ces écrivains sont peut-être sans conséquence entre les mains d'un homme fait: mais je demande, si

22. p.797, 'Auteurs classiques de la langue grecque et de la langue latine'.
23. p.802, 'Caractère des auteurs latins'.
24. Cf. note 1 de ce chapitre. A une seule exception près: les jésuites citaient Quintilien (30-95) et Frontin (40-103) avant Tacite (55-120).
25. Si l'on parle d'éducation à court terme, et si cette discipline n'est pas le reflet d'une politique.

l'on parle de bonne foi, lorsqu'on assure que la langue de ces auteurs difficiles par le style, profonds pour les choses, et souvent dangereux pour les mœurs peut être la première étude de la jeunesse' (p.803). Cet avertissement, qui justifie les réticences avec lesquelles Diderot envisage l'étude des langues anciennes, s'applique parfaitement à l'écrivain 'un peu détracteur de la nature humaine' et 'obscur'. Nous avons là le signe que Diderot ressent le même malaise que Rousseau ou Rollin qui, tiraillés entre leurs goûts et leur souci éducatif, étaient contraints de se conformer sur ce point à l'enseignement traditionnel. Diderot est lui aussi dominé par des habitudes de pensée, et il nous fait entrevoir le poids de la tradition qui a diffusé une certaine image de Tacite et qui a fait de l'historien latin un auteur ambigu, voire 'dangereux'. Quels sont donc les courants de pensée dont nous trouvons ici un écho?

3. La double image de Tacite

i. La lecture humaniste

L'IMAGE complexe de Tacite que le seizième et le dix-septième siècles ont léguée aux contemporains de Montesquieu s'est élaborée sous l'influence de deux courants opposés: le 'tacitisme' et l'humanisme. Les humanistes, à la suite de J. Bodin, de La Boétie, ont découvert en Tacite le dénonciateur des tyrans, l'historien capable de s'arracher au mouvement qui porte à la servilité toute la société impériale, et de dépeindre les artifices du pouvoir absolu; le *Contr'un* illustre parfaitement cette tendance:[1] si le plus souvent, on ne peut assigner de source précise à tel ou tel détail,[2] il est tentant de voir, comme le fait J. von Stackelberg,[3] dans l'évocation des trois personnages qui dominent la fin des *Annales*, c'est-à-dire trois victimes de Néron, qui essayèrent d'endiguer ses cruautés, Sénèque, Burrhus et Thraséa, la marque de l'influence de Tacite. L'interprétation que donne La Boétie va même plus loin que celle des autres humanistes: elle préfigure l'interprétation révolutionnaire qui fait de Tacite un républicain, un adversaire de la monarchie.

Sans aller jusqu'à cet extrême, Montaigne, séduit par un auteur 'qui mêle à un registre public tant de considérations de mœurs et inclinations particulières' (*Essais*, 3, 8), lui emprunte d'abord quelques belles scènes de mort.[4] Il traduit certaines maximes et utilise quelques exemples des *Annales* dans le livre III, chapitre 2 des *Essais*, qui traite 'De l'utile et de l'honnête', et qui aborde le problème de la Raison d'Etat, problème que Tacite rencontre à chaque pas quand il s'agit d'exposer les prétextes invoqués par Tibère pour justifier ses crimes. Sans accorder à l'historien autant d'importance qu'à ses deux grands maîtres, Plutarque et Sénèque, Montaigne tire de ses œuvres des leçons à la fois morales et politiques qui ne tiennent peut-être pas une place majeure dans sa pensée, mais qui révèlent comment on pouvait lire Tacite, après avoir lu le *Contr'un*. Il voit en lui le témoin de 'tant de notables actions que nommément [la] cruauté [des empereurs] produisit en leurs sujets', et un historien qui fait une œuvre utile: 'Ce n'est pas un livre à lire, c'est un livre à étudier et à apprendre', car 'il a les opinions saines et il pend du bon parti aux affaires romaines'. Malgré cela, il sent le danger qui peut naître d'une étude peu judicieuse: '[Ce livre] est si plein de sentences qu'il y en a à tort et à droit; c'est une pépinière de discours éthiques et politiques, pour la provision et ornement de ceux qui tiennent rang au maniement du monde'.

---

1. Le titre réel de l'ouvrage, *Discours sur la servitude volontaire*, emprunté à Tacite, laisse deviner tout ce que La Boétie doit à l'historien. Cf. A. Michel, *De Cicéron et Tacite à Jean Bodin*, Revue des études latines 45 (1967), p.424.

2. Cf. P. Delaruelle, 'L'inspiration antique dans le *Contr'un*', *Revue d'histoire littéraire de la France* 17 (1910), p.36.

3. pp.162ss. Dans ce chapitre nous reprenons plusieurs des analyses ou des conclusions de cet ouvrage, auquel nous renvoyons une fois pour toutes.

4. *Essais*, 2, 3; 2, 13; et 2, 32. Cf. P. Villey, *Les Sources et l'évolution des Essais de Montaigne* (Paris 1908), i.224-27.

ii. La lecture tacitiste

Ces lignes, contemporaines des premiers commentaires de Juste-Lipse, laissent entrevoir l'ambiguïté de ces 'sentences' et de ces analyses qui se prêtent si bien à des démonstrations tendancieuses: à trop habilement démonter les mécanismes du pouvoir, à trop bien dévoiler les *arcana imperii*, les secrets du pouvoir, on risque de paraître en faire l'apologie, ou du moins en édicter les principes pour le plus grand profit des princes prêts à tout pour assurer leur domination. C'est ainsi que Tacite est compris des Italiens qui, à la suite de Juste Lipse, créent le 'tacitisme'.[5] L'impulsion est donnée par des œuvres comme les *Discorsi sopra Cornelio Tacito* de Sc. Ammirato (Florence 1594) et les *Commentarii* d'A. Scott (Rome 1589). Il serait trop long d'énumérer tous les commentateurs politiques qui se sont livrés à l'exégèse de la pensée de l'historien et qui ont entrepris d'expliquer la science du pouvoir fondée sur la dissimulation, dont le règne de Tibère offre les meilleurs exemples, afin d'en tirer des applications pratiques.[6] Citons seulement les noms de Tr. Boccalini et de L. Marretti parmi les Italiens, d'Alamos de Barrientos et de B. Gracian chez les Espagnols. Le tacitisme rencontre ce succès parce qu'il sert de relais, ou de bouclier, au machiavélisme que condamnait l'Eglise: reprendre les théories des tacitistes, dans la mesure où ils érigent la dissimulation en principe de gouvernement et où ils affirment la suprématie de la Raison d'Etat, c'est adopter sans le dire celles du penseur florentin, considéré comme le théoricien du pouvoir absolu; tel est le cas, par exemple, de L. Marretti.[7] Ce phénomène provoque des approximations grossières, en proposant une interprétation gauchie des idées de Machiavel et de Tacite; mais il est indispensable d'en tenir compte pour apprécier l'influence qu'a pu avoir le tacitisme, qui n'était pas susceptible, à lui seul, de prendre une telle importance, comme le montre l'examen de certains ouvrages.

Car si désormais, ce sont seulement des leçons politiques, et non plus des leçons morales, que l'on tire des *Annales* et des *Histoires*, on appauvrit considérablement des textes inlassablement répétés, et jamais approfondis. Quand, de plus, on prend la mesure de ces leçons politiques, on ne retire pas une idée plus flatteuse de certains de ces *Discours sur Tacite* bavards et ambitieux. Mais il en est d'autres, plus profonds et fort connus en France: on trouve en plusieurs exemplaires, dans la bibliothèque de La Brède, une traduction de l'œuvre principale de Gracian, *L'Homme de Cour*.[8] Montesquieu possédait aussi, sur ce sujet, des œuvres de moindre envergure, plus directement inspirées de Tacite, bien que les Français n'aient pas 'mordu à la grappe', pour reprendre une expression de Bayle (*Dictionnaire*). Tout d'abord, il pouvait lire le *Tibère: Discours*

---

5. L'expression est de G. Toffanin, in *Machiavelli e il tacitismo* (Padua 1921).

6. J. A. Fabricius, dans sa *Bibliotheca latina* (édition revue par J. A. Ernesti, 1773-1774, t.ii, ch.21, p.386-406) en dresse une longue liste, qui n'est certainement pas exhaustive, tâche à laquelle Bayle avait renoncé d'autant plus facilement que ce genre de littérature lui paraissait sans intérêt (*Dictionnaire historique et critique*, art. 'Tacite', iv.282-83 et note G p.282). Dans l'*Encyclopédie*, le chevalier de Jaucourt reprend les termes employés par Bayle (xv.162, art. 'Terni'): 'On a fait tant de versions de cet historien romain, et on l'a tant commenté, qu'une semblable collection pourrait composer une bibliothèque assez considérable.'

7. Cf. A. Momigliano, *Encyclopedia italiana* (Roma 1950), art. 'Tacito', *in fine*.

8. *Catalogue*, no.2387. Cette traduction est due à Amelot.

politique sur Tacite d'Amelot de La Houssaye, qui s'était fait le traducteur et le vulgarisateur en France du tacitisme.[9] Ecrivain sans génie, il occupe pourtant une place de choix dans l'histoire littéraire, et nous avons vu que ses traductions de Tacite étaient fort connues. On sait d'autre part l'usage qu'a fait Montesquieu de son *Histoire du gouvernement de Venise*.[10] Mais on peut douter de la portée de ses autres ouvrages, comme le font J.-A. Fabricius, par exemple, ou Th. Gordon,[11] et penser que les *Discours* ne sont pas à la hauteur de la réputation que leur ont faite le dix-septième et le dix-huitième siècles. Tout en ayant recours à l'autorité de l'auteur latin pour justifier les détails les plus insignifiants, Amelot dissèque longuement la personnalité de Tibère, pour faire apprécier l'habileté d'un prince dont le règne, dans ses débuts du moins, 'mérite d'être donné pour modèle à tous les grands princes'.[12] L'historien, en révélant les motifs secrets de Tibère et des sénateurs qui rivalisent d'hypocrisie, enseigne à ses lecteurs 'la vraie science de dominer, mais science utile, non seulement aux princes, mais aussi aux sujets', comme l'assure un autre élève des tacitistes, Laurens Melliet, dont les *Discours politiques et militaires* figurent aussi à La Brède.[13] Cet ouvrage se présente comme une suite incohérente de chapitres fort divers,[14] parsemés de maximes qui reprennent sans aucune originalité les images consacrées[15] et s'appuient sur des exemples empruntés quelquefois à Tacite, mais le plus souvent à toute l'histoire romaine et surtout à l'Ecriture Sainte. Melliet oppose sans nuances le 'pernicieux' Néron, ou le 'cauteleux' Tibère, coupable d'excessive dissimulation, au 'prudent' Auguste, pour lequel il s'épuise en superlatifs flatteurs, car il illustre parfaitement la doctrine politique professée par Melliet, qui admire la maîtrise avec laquelle il s'est emparé insensiblement du pouvoir: habileté suprême, il a su garder une autorité absolue sur des sujets qu'il ménageait sans pour autant relâcher une discipline nécessaire à l'Etat, car 'ceux qui savent obéir ne se rebellent jamais' (l.12, d.4). Melliet élabore ainsi la science que 'Tacite enseigne doctement' et dont les maîtres-mots sont 'dissimulation' et 'Raison d'Etat': leçon qu'à la suite de Sc. Ammirato[16] il tire de Tacite. L'historien latin est donc devenu le théoricien d'un art raffiné du pouvoir absolu, qui doit s'envelopper de précautions pour s'étendre avec plus de sûreté.

Ces trois ouvrages que nous venons d'examiner, celui de l'Espagnol Gracian

9. *Catalogue*, no.2438 (Amsterdam 1683). Le pseudonyme d'Amelot est 'La Mothe-Josseval d'Aronsel', et non 'd'Arondel', comme le transcrit le *Catalogue*.

10. Cf. édition Derathé de *L'Esprit des lois* (nous citons *Der.*), i.429.

11. *Discours historiques, critiques et politiques sur Tacite*, i, discours I, section 12. Les lecteurs modernes, comme J. von Stackelberg, pp.189-209, ou A. Cherel, *Le Machiavélisme en France* (Paris 1935), pp.162-63, ne sont pas moins sévères, mais on trouve un jugement plus indulgent, pour ne pas dire admiratif, sous la plume d'A. Momigliano (*Journal of Roman studies* 41 (1951), p.149) ou de G. Toffanin (d'après J. von Stackelberg, p.208) qui le considère comme 'le dernier des grands tacitistes'.

12. Epître dédicatoire au prince de Piémont.

13. *Catalogue*, no.2409; Lyon, A. Chard, 1628; livre 12, discours 4.

14. Cf., par exemple, livre 2, discours 1: 'Si la chasse est un vrai exercice de prince'; discours 2: 'Que les princes devraient introduire des marques d'honneurs pour exciter les soldats à la vertu'; discours 3: 'Qu'aux interprétations des auspices les Romains procédaient selon les coutumes de la religion', etc.

15. Par exemple: 'Les flatteurs sont les pestes de l'esprit des princes', ou 'les fruits de la courtoisie et de l'affabilité sont inestimables', l.1, d.1.

16. Selon J. von Stackelberg, p.279 (Bibliographie), ces *Discours* sont une traduction déguisée, et même 'une paraphrase exagérée et rhétorique' (p.122) des *Discorsi* d'Ammirato.

et ceux des Français Melliet et Amelot de La Houssaye, constituent les trois ramifications d'un même courant de pensée: l'école italienne, l'école espagnole, qui en diffère peu, et l'école française, copie fidèle et sans grande originalité des deux précédentes. Mais en ce début du dix-huitième siècle, elles sont à bout de souffle: cette science simpliste de la domination qui transpose sans scrupules les faits historiques[17] pour justifier la toute-puissance de la Raison d'Etat ne peut trouver un public à l'âge où se développent les théories des monarchies constitutionnelles et où apparaît la conscience de la relativité historique: l'objet et la méthode des tacitistes sont donc périmés, mais la durée de ce phénomène littéraire[18] suffirait pour donner la mesure de son importance. Si on n'adopte pas les théories d'un Amelot, on ne les ignore pas, ne serait-ce que pour les critiquer, et nous verrons comment, dans certains de ses écrits, Montesquieu vise implicitement les tacitistes; Diderot y fait une allusion, que nous avons relevée,[19] dans le *Plan d'une université*, quand il signale à Catherine II: 'C'est là qu'un souverain se perfectionne dans l'art que Tacite appelle les *forfaits de la domination* et que nous appelons *la raison d'Etat*.'[20] Et ses *Principes de la politique des souverains*, primitivement intitulés *Réflexions sur les notes écrites de la main d'un souverain en marge de Tacite*, constituent une réfutation d'un commentaire d'inspiration tacitiste, attribué à Frédéric II.[21] Cette double orientation permet d'expliquer les contradictions d'un texte parfois déroutant, et nous prouve que les idées des tacitistes gardaient tout de même, aux yeux de l'auteur de l'*Essai sur les règnes de Claude et de Néron*, contemporain de Catherine et de Frédéric, un prestige et une influence réels. Enfin, comme le machiavélisme n'est plus une doctrine maudite et comme l'on se détourne des commentateurs pour revenir à Machiavel lui-même, le tacitisme n'a plus à jouer le rôle qui avait tant contribué à son succès.[22] La place est donc libre désormais pour une nouvelle lecture de Tacite, plus respectueuse des intentions profondes de l'historien, mais surtout sous-tendue par d'autres courants idéologiques, qui parfois prennent de façon délibérée une direction opposée à celle des tacitistes, et qui retrouvent l'inspiration humaniste toujours latente.

17. Cf. J. von Stackelberg, pp.207-208, et p.222.

18. Rappelons qu'on peut fixer aux années 1580 le début du tacitisme, et qu'Amelot écrit jusqu'au début du dix-huitième siècle.

19. Cf. chapitre précédent.

20. *Œuvres complètes*, xi.802.

21. Cf. P. H. Meyer, 'Diderot's *Prince*: the *Principes de politique des souverains*', *Mélanges Otis Fellows* (Genève 1974), p.171.

22. Cf. A. Momigliano, *Enciclopedia italiana*.

4. L'Encyclopédie: la nouvelle image de Tacite

L'*Encyclopédie* ne pouvait ignorer un auteur qu'un de ses collaborateurs principaux, d'Alembert, estimait tant;[1] ce n'est pourtant pas lui qui signe les articles dans lesquels l'historien est longuement évoqué. Certes il n'omet pas de recommander, à l'article 'Collège' (iii.634ss.), 'l'étude d'une langue dans laquelle les Horaces et les Tacites ont écrit', car 'cette étude est absolument nécessaire pour connaître leurs admirables ouvrages'. Mais cet hommage adressé au passage à notre auteur, cette référence presque obligée à deux écrivains aussi différents l'un de l'autre, sont trop conventionnels pour être significatifs. Il en est de même pour l'article 'Annales', dû à l'abbé Mallet (i.477b) qui, afin de distinguer les annales des histoires, renvoie à un auteur qui a signé ces deux sortes d'ouvrages et qui a rendu célèbres ces deux titres.

L'article 'Germanie' (vii.645ss.) ne pouvait pas davantage passer sous silence le petit ouvrage que échappait aux critiques généralement adressées à l'historien des Césars. Jaucourt le mentionne comme un livre 'qui est entre les mains de tout le monde et qui renferme mille choses curieuses de la Germanie'. Mais ce n'est pas pour en faire l'éloge: '[Tacite] fut plus à portée que personne de s'informer du pays qu'il se proposait de décrire, et des peuples qui l'habitaient, mais ainsi que Pline, il ne parla que d'après le rapport d'autrui, et ne mit jamais le pied dans la Germanie transrhénane'. L'ambiguïté est levée: ces 'mille choses curieuses' ne sont pas le fruit d'une étude très sérieuse. Tacite obéissait à une mode quand, après César, Strabon, Pomponius Méla, Pline l'Ancien, son 'ami et contemporain' pour Jaucourt,[2] il 'fit à son tour un livre des mœurs des Germains' et se laisse prendre au mirage d'un pays dans lequel il n'avait pas pénétré et qui, aux yeux du chevalier, est en marge du monde réel, bien connu et civilisé qu'est l'empire romain.

Des articles épars se réfèrent pourtant implicitement aux descriptions de Tacite: à la rubrique 'Cheval' du Supplément (ii.291) se trouvent mentionnés les usages des Germains, qui nourrissent des chevaux à des fins augurales.[3] Dans la partie de l'article 'Droit allemand' (v.117) consacrée aux lois non écrites qui sont à l'origine du droit allemand moderne, nous apprenons qu'elles 'ne sont guère connues que par César et Tacite': suivent alors les résumés du livre iv de la *Guerre des Gaules* et de la *Germanie*, qui dispensent l'auteur de l'article, Boucher d'Argis, d'une étude approfondie fondée sur une comparaison précise des institutions germaniques anciennes et des lois modernes. Le rapport avec le débat sur les origines de la monarchie est à peine esquissé: 'Les coutumes et les lois des Francs qui étaient un mélange de différents peuples de Germanie peuvent aussi être considérées comme des vestiges du droit allemand'. Aussi peut-on se demander si Tacite est tenu pour un informateur réellement intéres-

---

1. La Table des matières comporte 6 renvois à Tacite: c'est peu par rapport aux 'grands classiques', Virgile (19 renvois), Cicéron (38), mais beaucoup par rapport aux historiens, Salluste (1 renvoi), Tite-Live (4). Tacite peut soutenir la comparaison avec Ovide (9 renvois) et Sénèque (9).

2. Cf. notre note 9 de ce chapitre.

3. Cf. *Germanie*, x.4.

sant, car si on peut lui emprunter certains détails ou se référer à lui d'une façon très vague, ce n'est pas à lui que l'on demande les descriptions et les anecdotes relatives aux empereurs romains; les Encyclopédistes citent rarement leurs sources, mais nous avons pu en identifier certaines: en général ce n'est pas chez Tacite qu'ils ont trouvé les éléments destinés à peindre les vices de Néron, de Claude, de Tibère, ou les curiosités qui ont marqué leur règne. Au sévère historien on préfère un Suétone ou un Dion Cassius. Evoque-t-on un personnage célèbre, le devin Thrasylle, par exemple, auquel Tacite consacre deux paragraphes qui lui inspirent une digression très importante et plus générale:[4] on se contente de remarquer que 'tous les historiens' parlent de lui.[5]

Pourtant, si l'on tient à connaître la vérité historique, c'est de préférence dans ses œuvres qu'il faut la chercher: d'après l'article 'Harangue' (Supplément, iii.291) dans lequel Marmontel étudie la pierre de touche de l'histoire antique, Tacite l'emporte sur ses prédécesseurs, car il pouvait disposer de documents et de témoignages irremplaçables: 'Il est vraisemblable que Tacite ait recueilli les propres discours de Germanicus, de Tibère, de Néron, de Sénèque, de Thraseas, d'Othon, surtout d'Agricola.' Mais 'si on y reconnaît leur esprit, on n'y reconnaît pas moins la plume de Tacite; ainsi dans l'histoire ancienne, à l'exception de quelques mots conservés par la tradition, tout paraît composé'. Cette conclusion le montre, Tacite n'évite pas les défauts des autres historiens, ou du moins, comme dans la *Germanie*, il reste en marge de la vérité historique, car il ne sait pas tirer profit des éléments qui lui permettraient de l'atteindre, ni se démarquer des conventions qui caractérisent un genre artificiel.

Cependant Marmontel, en évoquant la 'plume de Tacite', nous laissait entendre que si le style prenait le pas sur les qualités de véracité, c'était tout à l'honneur de l'écrivain. D'Alembert ne pouvait pas apporter la contradiction sur ce point: dans l'article 'Elocution' (v.520ss.) pour condamner les auteurs verbeux, il écrit: 'Ceux qui douteront que la concision puisse subsister avec l'éloquence, peuvent lire pour se désabuser les harangues de Tacite'. Mais si l'on s'attache, non plus à un domaine précis dans lequel notre auteur a pu déployer ses qualités, celui des harangues, mais au style historique en général, les avis sont partagés: n'est-ce pas une critique implicite que Jaucourt insère dans l'article 'Style' (xv.552), quand il affirme que le caractère principal du style historique est la clarté, et qu'il prend pour exemple César? Cette impression se confirme à la lecture d'autres articles: l'abbé Mallet profite de l'article 'Caractère' (ii.668b) dans lequel il définit 'la manière qui est propre à un auteur' pour rappeler le jugement que portait Fénelon sur les historiens grecs et latins dans la *Lettre sur l'éloquence*: 'Tacite montre beaucoup de génie, avec une profonde connaissance des cœurs les plus corrompus: mais il affecte trop une brièveté mystérieuse. Il est trop plein de tours poétiques dans ses descriptions, il a trop d'esprit, il raffine trop. Il attribue aux plus subtils ressorts de la politique, ce qui ne vient souvent que d'un mécompte, que d'une humeur bizarre, que d'un caprice etc.'

---

4. *Annales*, vi, 20-21 et vi, 22.
5. Article 'Phlionte', xii.520.

Ces reproches, qui n'ont rien d'original,[6] portent à la fois sur le fond et la forme: la phrase 'il a trop d'esprit' joue sur les deux plans et condense en une formule rapide les arguments longuement développés par l'auteur des *Anonymiana, ou Mélanges de poésie, d'éloquence et d'érudition,*[7] en une page que Bayle reprend à l'article 'Tacite' de son *Dictionnaire*. Le chevalier de Jaucourt la juge assez convaincante pour la reproduire à son tour, à l'article 'Terni' qu'il consacre presque entièrement à Tacite car cette ville 'se vante d'être [sa] patrie'.[8] Si, dans cet article, Jaucourt croit devoir limiter son apport personnel à sept lignes sur cent dix-sept, ce n'est pas seulement par manque d'intérêt ou par conscience de son incompétence.[9] On le sait, il pille parfois littéralement l'œuvre de Bayle et la comparaison entre les deux pensées offre d'intéressants aperçus sur l'orientation religieuse du chevalier.[10] Le sujet qui nous occupe est moins riche, mais il permet tout de même de mieux saisir les intentions profondes de l'Encyclopédiste qui compose son article, le plus important qui soit consacré à Tacite, en réorganisant le texte de Bayle.

S'il fait la part belle au jugement des *Anonymiana* (près d'un tiers de l'article) il ne manque pas d'équilibrer cette critique en lui opposant plus nettement que ne le fait Bayle une appréciation qu'il reprend à son compte et que le *Dictionnaire* attribuait à son auteur, Le Nain de Tillemont: 'Cependant l'art de Tacite à renfermer de grands sens en peu de mots, sa vivacité à dépeindre les événements, la lumière avec laquelle il pénètre les ténèbres corrompues des cœurs des hommes, une force et une éminence d'esprit qui paraît partout, le font regarder aujourd'hui généralement comme le premier des historiens latins'.[11]

En opposant une pièce rapportée à une autre, Jaucourt va peut-être plus loin que Bayle, qui les cite au fil de son développement. Et surtout, il reprend comme à plaisir les arguments des *Anonymiana*, car ils lui permettent d'exposer les tours et les détours d'une politique tyrannique, et grâce à la phrase de Le Nain de Tillemont, il balaye d'un seul coup les reproches faits à l'historien. Aussi le lecteur en vient-il à se demander si la pénétration qu'on estime 'excessive', la

6. Cf. J. von Stackelberg, ch.14, p.240. Nous ne sommes toutefois pas d'accord avec M. Stackelberg, qui considère la critique de Fénelon comme visant exclusivement la forme.

7. Paris 1700, d'après Bayle, p.281, note D.

8. xvi.161-62. Cet article compte 20 lignes dévolues à la ville de Terni, contre 117 à l'historien, selon un procédé familier aux Encyclopédistes.

9. L'information de Jaucourt est parfois floue: dans l'article 'Germanie', il prend Pline l'Ancien, qui s'était intéressé aux peuples du nord, pour son neveu Pline le Jeune, qui était bien 'l'ami et le contemporain de Tacite'. On trouve un flottement comparable à propos de la carrière de l'historien; dans l'article 'Germanie', Jaucourt nous dit qu'il fut procurateur de Gaule Belgique sous Vespasien; dans l'article 'Terni', il affirme qu'il exerça cette charge sous Titus: peut-être dans le premier cas s'est-il fié à Bayle, qui reprenait d'abord à son compte cette affirmation et ne la discutait qu'ensuite (note K). Enfin, il introduit une erreur difficilement explicable en ne citant pas le livre xv des *Annales* parmi ceux qui sont parvenus jusqu'à nous. Voir notre article 'Les historiens de Rome dans l'*Encyclopédie*', à paraître dans les actes du colloque de Cologne, 14-17 mai 1984, consacré à l'*Encyclopédie*.

10. Cf. P. Rétat, *Le Dictionnaire de Bayle et la lutte philosophique au dix-huitième siècle* (Paris 1971), p.413, note 268, et p.415.

11. *Vie de l'empereur Trajan*, article 27, 3. Nous avons déjà cité ce passage dans notre chapitre sur l'enseignement. Bayle le recopie avec plus d'exactitude, car il écrit: 'le fait regarder presque généralement comme le premier des historiens'. S'il ne fait pas l'unanimité, Tacite est du moins considéré par certains comme sans rival; pour Jaucourt, les avis sont moins partagés, mais Tacite ne saurait prétendre à une primauté absolue en littérature.

sévérité envers Tibère que l'on appelle 'partialité' ne seraient pas fondées. La tyrannie ainsi suggérée ne mérite-t-elle pas un observateur aussi minutieux, un dénonciateur aussi ardent?

Cette impression est confirmée par une petite phrase destinée à introduire une citation des *Histoires*, dont Bayle se servait déjà afin de préciser la chronologie des œuvres de Tacite: *L'Encyclopédie* porte: 'Il destinait pour sa vieillesse un ouvrage particulier aux règnes de Nerva et de Trajan, comme il nous l'apprend lui-même, *Histoires*, l.i, ch.i, *en ces mots dignes d'être aujourd'hui répétés*:[12] ("S'il me reste assez de vie, j'ai réservé pour ma vieillesse le principat du divin Nerva et celui de Trajan, sujets plus riches et moins dangereux, grâce au rare bonheur d'une époque où l'on peut penser ce que l'on veut et dire ce que l'on pense").' Cette citation, et surtout la formule sur laquelle elle s'achève,[13] est reprise, non seulement pour son élégance, mais également, sans nul doute, pour la résonance que peut avoir ce manifeste de la liberté de pensée et de parole à une époque où une entreprise comme l'*Encyclopédie* doit compter avec la censure.

Enfin, ne peut-on voir une intention maligne dans les dernières lignes de l'article, qui évoquent brièvement les traductions et les commentaires dignes d'intérêt?[14] Parmi les 'commentaires de critique', seul Juste Lipse mérite d'être cité; et 'entre les commentaires politiques, les Anglais estiment beaucoup celui de Gordon, qui est plein de fortes réflexions sur la liberté du gouvernement'. Quand l'on sait que l'ouvrage de Thomas Gordon, sur lequel nous aurons l'occasion de revenir,[15] est un véritable pamphlet antimonarchiste dont les révolutionnaires de 1789 sauront se souvenir,[16] on est tenté de voir dans cette allusion rapide, qui ignore presque toute la littérature tacitiste, le clin d'œil destiné à éveiller l'attention et à orienter l'amateur d'histoire ancienne vers une lecture nouvelle qui n'est pas encore 'révolutionnaire', mais qui privilégie la portée critique et politique d'un texte de tous les temps, dans un sens opposé à celui que prônaient les tacitistes.

Tacite est donc considéré comme porteur d'idées incisives, susceptibles d'être reprises à des fins polémiques. C'est en ce sens qu'il faut lire l'article 'Doute' dont le rédacteur, une fois encore l'abbé Mallet, cite les *Annales*, vi, 6, pour illustrer la définition du *doute* comme figure de rhétorique:[17] 'Il n'y a peut-être jamais eu de doute si marqué et en même temps si singulier que ce commencement d'une lettre [...] dont les paroles et les réflexions sont trop belles pour ne mériter pas place ici.' Ce jugement paraît dicté par des considérations polémiques plutôt qu'esthétiques: certes, le texte de Tacite est un modèle du genre,

12. C'est nous qui soulignons. Jaucourt cite seulement en latin le texte dont nous avons donné la traduction, *Histoires*, i, 1, 6: *Quod si uita suppeditet, principatum diui Nervae et imperium Traiani, uberiorem securioremque materiam senectuti seposui: rara temporum felicitate, ubi sentire quae uelis, & quae sentias dicere licet.*

13. On ne peut rien inférer de l'absence de toute traduction: Jaucourt ne fait que suivre l'usage de l'*Encyclopédie*, et celui du *Dictionnnaire* de Bayle.

14. Nous avons déjà cité ce texte, à propos des traductions dans notre note 14, ch.I.1.

15. Voir notre septième partie, pp.159-66.

16. Cf. J. von Stackelberg, pp.234-35.

17. Tome v, p.90. Voici la traduction du passage évoqué: 'le début de ce message [de Tibère au Sénat] parut remarquable, car César le commença par ces mots: "Que vous écrire, pères conscrits, ou comment vous écrire ou que dois-je ne pas vous écrire en ce moment? Les dieux et les déesses me fassent périr plus cruellement que je ne me sens périr chaque jour, si je le sais!"'

mais y aurait-il lieu de le répéter si on n'y trouvait pas 'la vive image de la perplexité, de l'agitation et des remords dont [Tibère] était alors troublé'?[18] Ces réflexions seraient-elles si 'belles' si Tacite, en rapportant les paroles d'un tyran déchiré de remords, n'avait dépeint les effets d'un pouvoir déchaîné qui se retourne contre lui-même et qui se rend insupportable à celui-là même qui l'exerce? D'une façon muette, et d'autant plus révélatrice, Mallet insiste sur cette idée, grâce à la typographie qui met en valeur une réflexion inspirée de Platon: 'Si l'on ouvrait le cœur des tyrans, on pourrait le voir déchiré et transpercé';[19] c'est donc pour dépeindre le juste châtiment du tyran que Mallet fait appel à Tacite.

La seconde partie de l'article 'Astrologie' (i.783) ne relève pas tout à fait de la même inspiration; d'Alembert profite de la tribune qui lui est ainsi donnée pour stigmatiser les méfaits de la crédulité; il argue de l'exemple que lui fournit Tacite, déchiré entre les préjugés 'd'un peuple ignorant et superstitieux' et la lucidité de sa raison; après avoir narré une anecdote relative au devin Thrasylle (*Annales*, VI, 25), il déclare: 'On trouve, dans ce même historien, l'un des plus grands génies qui furent jamais, deux passages qui font voir que quand un préjugé est général, les meilleurs esprits ne peuvent s'empêcher de lui sacrifier, mais ne le font pourtant qu'avec plus ou moins de restriction, et, pour ainsi dire, une sorte de répugnance'. Puis, après avoir cité, à l'appui de ses affirmations, deux passages des *Annales*,[20] il continue: 'Il me semble voir dans ce passage un grand génie qui lutte contre le préjugé de son temps, et qui pourtant ne saurait totalement s'en défaire.'

En mettant en lumière les 'faiblesses' de sa pensée, les aspects qui permettent de voir combien Tacite est 'de son temps', d'Alembert ne ternit pas l'image qu'il cherche à donner de lui. N'est-il pas méritoire de s'arracher à une attraction jusque-là irrésistible? Ce que Bayle, et Jaucourt à sa suite, avaient reconnu comme 'un des plus grands efforts de l'esprit humain'[21] doit, pour être mis en valeur, être replacé dans son contexte. Inversement, comment peut-on mieux prouver l'écrasante force d'inertie de la superstition, sinon en montrant les difficultés avec lesquelles les 'génies', les 'esprits supérieurs' tentent – sans succès – d'y échapper? Déjà, dans le premier tome de l'*Encyclopédie*, comme ensuite dans l'article 'Doute', le nom et la personnalité de Tacite sont dépassés par l'utilisation polémique qui en est faite.

Nous sommes ainsi bien loin de l'article que Bayle alourdissait de son érudition ou du jugement réticent porté par Fénelon, dont se prévalaient les rédacteurs prudents, pressés ou peu intéressés. L'*Encylopédie*, creuset dans lequel se mêlent de façon significative idées nouvelles et tradition, nous laisse entrevoir l'évolution qui a fait d'un historien au style 'dur' et obscur auquel on reconnaît toutefois certaines qualités, un 'génie', le porte-parole de tous ceux qui aspirent à la liberté. L'article 'Terni', entravé de précautions, mais parsemé de petites phrases lourdes de conséquences, illustre parfaitement cette métamorphose. Qu'il soit le dénonciateur de la tyrannie, comme dans l'article 'Doute', ou qu'il serve de

---

18. Cf. *Annales*, VI, 6, 1.
19. *Annales*, VI, 6, 2: *Si recludantur tyrannorum mentes, posse aspici laniatus et ictus.*
20. *Annales* VI, 21 et IV, 58, dans lesquels Tacite porte sur l'astrologie des jugements équivoques.
21. *Dictionnaire*, p.281; *Encyclopédie*, article 'Terni', p.161.

témoin, aux deux sens du terme, aux historiens d'une époque encore 'barbare' dont il subit l'emprise, et qu'il participe ainsi, d'ores et déjà, aux entreprises des Lumières, le Tacite de l'*Encyclopédie* n'a plus rien de commun avec celui qu'avaient créé les tacitistes à l'image de Machiavel, dont Jaucourt, de propos délibéré, ne souffle mot.[22]

L'âge de l'*Encyclopédie* renoue ainsi avec l'ancienne tradition humaniste qu'il renouvelle et surtout qu'il charge d'intentions polémiques bien déterminées, et ces quelques articles nous permettent de voir que des notions opposées peuvent coexister provisoirement, et que disparaissent finalement les interprétations périmées. Ainsi de Juste Lipse, d'Amelot, toujours présents au début du dix-huitième siècle, à Jaucourt et à Diderot, le fossé est immense. Le renouveau que nous avons constaté grâce aux données statistiques, éditions et traductions nouvelles, paraît confirmé. Un tel renversement pouvait-il s'opérer sans avoir de signes précurseurs? Ce phénomène ne s'enracine-t-il pas dans la première moitié du siècle?

L'article 'Lèse-majesté' (ix.399) nous indique une voie: sans faire la moindre allusion à Tacite, Jaucourt recopie les pages que Montesquieu consacre à cette loi dans le livre xii de *L'Esprit des lois* et dans laquelle, nous le verrons, il se réfère implicitement à Tacite. Mais l'encyclopédiste renvoie à l'article 'Libelle' (ix.460) qui, en revanche, mentionne l'auteur des *Annales*, à travers un exemple cité par ce même livre xii de *L'Esprit des lois*.[23] Une indication semblable nous est livrée par l'article 'Fermes (du Roi)' (vi.515) dans lequel Pesselier n'évoque Néron que par l'intermédiaire de Montesquieu – lequel devait une partie de ses réflexions à Tacite.[24] Ces deux exemples, peut-être isolés, montrent au moins que Montesquieu, dans certains cas, a servi efficacement de relais entre le dix-septième siècle et l'époque de l'*Encyclopédie*. Mais a-t-il joué le rôle que laissent deviner ces quelques traces? A-t-il modifié de façon certaine l'image de Tacite? Nous pourrons le mesurer en étudiant la place que tient l'historien dans l'œuvre et la pensée de Montesquieu.

22. On le voit en étudiant les rares remarques de Bayle que Jaucourt n'ait pas reproduites: s'il ignore la phrase 'C'est un grand éloge pour son esprit que de voir l'estime que plusieurs princes ont eue pour ses ouvrages' (p.282), c'est que Bayle l'accompagne d'un commentaire désormais ambigu (note F): 'Le pape Paul III avait usé tout son exemplaire à force de le relire. Cosme de Médicis premier grand duc de Florence faisait ses délices de cette lecture.' Le dix-huitième siècle ne peut tolérer de telles références!

23. Il s'agit du cas de Cremutius Cordus, dont le 'libelle' fut interdit, et n'en remporta que plus de succès. Cf. *Annales*, iv, 34, et *L'Esprit des lois*, xii, 13.

24. *L'Esprit des lois*, xiii, 19; *Annales*, xiii, 50.

Conclusion: Epuisement des lectures traditionnelles; renouveau de Tacite

Malgré les apparences, bien des signes convergent: si le début du dix-huitième siècle ne traduit plus Tacite, ne l'édite pas davantage, si seule la seconde moitié du siècle voit une floraison de travaux, parfois dus aux noms les plus célèbres des lettres ou de la politique, avant 1750, on peut toujours lire Tacite; les années 1700 à 1750, loin de représenter, dans l'histoire posthume de Tacite, le creux de la vague, constituent un temps de réflexion, pendant lequel se prépare le renouveau; car le mouvement qui anime à la fois Rousseau, Diderot, et d'Alembert ne part pas du néant. Entre eux et le Tacite poussiéreux des humanistes et des tacitistes, ce n'est pas l'enseignement qui assure la transition. Le rôle principal s'offre à celui qui, de par sa formation et ses lectures, reste ancré dans la tradition du siècle précédent, tout en proposant une interprétation nouvelle, qui regarde Tacite non plus comme un moraliste, un politique tortueux ou un écrivain de génie, mais aussi comme un historien et un penseur à part entière. Si l'image de Tacite évolue avec un dynamisme étonnant au cours du dix-huitième siècle, c'est sans doute à Montesquieu qu'il faut en attribuer la responsabilité. Notre travail se fonde sur cette intuition.

II

Montesquieu devant Tacite: ses instruments de travail

Nous avons tracé une esquisse de l'arrière-plan culturel qui permettait à Montesquieu et à ses contemporains de connaître Tacite. La question qui se pose maintenant est la suivante: comment Montesquieu lisait-il Tacite? Disposait-il de tous les éléments que nous avons cités? A travers le riche catalogue de sa bibliothèque, ou grâce aux indications sommaires livrées par ses œuvres, nous allons essayer de préciser quelles éditions, quelles traductions étaient utilisées par Montesquieu. A-t-il eu un contact direct avec des œuvres qu'il cite si souvent? Notre étude devrait nous permettre de répondre à cette question, préalable indispensable à un examen détaillé de l'utilisation des sources.

1. Les éditions latines

i. Inventaire et description

Pour dresser l'inventaire des éditions de Tacite utilisées par Montesquieu, le *Catalogue* de sa bibliothèque de La Brède est un instrument précieux, car il nous donne des indications particulièrement précises; la part de la conjecture est d'autant plus réduite que nous imaginons mal Montesquieu empruntant à ses amis bordelais ou à des bibliothèques parisiennes[1] un texte aussi classique, aussi répandu, et dont il fait un si grand usage. Reportons-nous donc à ce *Catalogue* qui, à la rubrique *Romanarum rerum scriptores* (pp.199-205), signale deux éditions:

TACITE. *Opera cum notis Justi Lipsii*. Antuerpiae, Plantin, 1589.
      In-f°, 1 vol/Double. [no.2880, p.204]
        Id., cum eiusdem notis, Parisiis, 1559. In-8°, 1 vol. [no. 2881]

et une sous le titre *Germanicarum rerum scriptores* (pp.224-25):

TACITE. *De moribus Germanorum liber* ... ex recensione H. Coringii. [no.3109, p.225]

Rectifions d'abord une erreur évidente: Lipse n'a publié sa première édition de Tacite qu'en 1574; l'exemplaire numéro 2881 doit donc être attribué à un autre éditeur, ou reporté à une autre date. Il existe bien une édition lyonnaise, dérivée de la recension de Beatus Rhenanus, qui paraît chez Gryphe en 1559; mais il faut alors supposer une erreur portant à la fois sur le lieu d'édition et sur le nom de l'éditeur, ce qui est peu plausible. Dans le second cas, la faute de transcription porte sur un seul chiffre: en 1599 paraît chez J. Gesselin[2] une édition parisienne dérivée de la recension lipsienne.[3] C'est, à notre avis, celle que possédait Montesquieu.

A ces trois éditions s'ajoute une traduction, que nous examinerons par la suite; c'est peu, apparemment, si l'on établit une comparaison avec les quelque treize volumes consacrés à Ovide (pp.152-53) ou les treize éditions ou traductions de Sénèque le philosophe (pp.113-14) que contenait la bibliothèque de La Brède; une telle disproportion s'explique par le caractère fragmentaire de ces publications: on ne trouve aucune édition intégrale de l'œuvre originale d'Ovide, et seulement trois de celle de Sénèque; il paraît donc plus profitable d'établir un rapprochement avec l'œuvre de Tite-Live (sept éditions ou traductions), celle de César (cinq ouvrages), celle de Suétone (cinq volumes dont une traduction), et surtout avec celle de Denys d'Halicarnasse (une traduction et une édition seulement) dont le nom revient comme un *leitmotiv* dans les notes des *Considérations*

---

1. L'inventaire de la bibliothèque parisienne de Montesquieu (*Catalogue*, Appendice 1, pp.241-44) ne porte aucune mention de Tacite, mais il est trop sommaire pour que nous puissions tirer la moindre conclusion.

2. C'est également chez ce libraire que paraît la traduction des *Œuvres de Tacite et de Velleius Paterculus*, mentionnée dans le *Catalogue* sous le numéro 2882.

3. La BN possède, non pas cette édition, que nous n'avons pu consulter, mais une reproduction de 1606 (Cote J. 13609).

et de certains chapitres de *L'Esprit des lois*.[4] Montesquieu avait donc à sa disposition, le plus souvent, un certain nombre d'exemplaires d'un même ouvrage, et une traduction; Tacite ne fait pas exception. Ces différentes éditions ne faisaient-elles pas double emploi? Pour répondre à cette question, ou peut d'abord tenter d'identifier l'exemplaire des œuvres de Tacite sur lequel s'appuyait Montesquieu.

ii. L'utilisation des éditions

Nous avons la preuve que Montesquieu s'est effectivement servi de l'édition de 1589: dans la *Pensée* 2197; 174, intitulée 'Corruption de Rome', Montesquieu fait suivre une allusion à Vestilia, une Romaine noble et dépravée, de la parenthèse suivante: 'Tacite, livre II°, p.43.' Tacite mentionne Vestilia au livre II, ch.85, 2 des *Annales*.[5] Or, dans cette édition, ce passage se trouve précisément à la page 43. Si, avec R. Shackleton, on donne à cet extrait des *Pensées* une date postérieure à 1749,[6] on peut être certain qu'après la parution de *L'Esprit des lois*, Montesquieu a consulté cette édition; R. Shackleton n'exclut pas absolument une date antérieure pour la transcription des *Geographica*, mais rien ne permet d'affirmer qu'en composant *L'Esprit des lois* ou les *Considérations* Montesquieu ait bien eu recours à cette œuvre de Juste-Lipse.

Un doute supplémentaire surgit, si l'on recherche de la même manière la référence à laquelle Montesquieu fait correspondre, au livre XXIII, ch.21 de *L'Esprit des lois*,[7] la page 117 des *Annales*. Le texte en question (l.III, ch.25) ne se trouve à cette page ni dans notre édition ni dans aucune de celles que nous avons pu consulter. Mais peut-être cette référence s'applique-t-elle à d'autres ouvrages qu'aux éditions, à un recueil d'extraits, par exemple? N'est-elle pas erronée? nous ne pouvons résoudre le problème soulevé par une indication aussi mince.

Nous ne saurions pas davantage tirer parti d'une mention semblable que nous trouvons dans la *Dissertation sur la politique des Romains dans la religion*.[8] Montesquieu note en marge d'une citation extraite du chapitre 34 de la *Germanie* (p.50): 'l.5, c.34'. Nulle part ailleurs, il ne précises ses citations en indiquant le numéro du chapitre auxquelles elles sont empruntées; ce détail laisse supposer que l'édition employée est postérieure à 1607, date à laquelle Gruter introduit cette subdivision. Mais si cette édition avait été son instrument de travail habituel, il se serait sans doute appuyé plus souvent sur des références précises: J. B. Crevier et J. A. Ernesti [9] ont trop beau jeu d'opposer l'exactitude de leurs références à l'imprécision de certains textes allégués par Montesquieu, qui aurait pu prévoir la riposte à ces attaques trop faciles. Une fois encore, on peut regretter

---

4. Cf. notre tableau comparatif des références par auteur, p.182.

5. Et non, comme le précise Nagel, ii.660, au livre II, ch.35.

6. Montesquieu a dicté au secrétaire *q* les ff.458r-463r, soit les numéros 2192-2201 du t.iii des *Pensées*, ainsi qu'une partie des *Geographica*. Ce secrétaire apparaît à partir de 1749.

7. La rédaction de ce chapitre remonterait à la période 1741-1743.

8. Lue à Bordeaux en juin 1716; Nagel, iii.37-50.

9. J. B. Crevier, *Observations sur le livre De l'esprit des lois* (Paris 1764), *passim*. J. A. Ernesti, *Animadversiones philologicae in librum francicum De caussis legum* (Leipzig 1751), p.ix, par exemple.

la fragilité de cet indice, d'autant plus que grâce à ces trois jalons (1716, 1741-1743, 1749 et années suivantes) nous aurions pu déterminer d'une façon cohérente et assez complète la façon dont Montesquieu a utilisé ces éditions.[10]

Nous disposons cependant d'autres éléments: Montesquieu a disséminé dans son œuvre environ soixante-seize citations latines ou traductions calquées sur le texte original de Tacite. Généralement le texte proposé ne fait pas problème, car il est conforme à la tradition suivie par tous les éditeurs, depuis Béroald en 1515, jusqu'à notre époque. Mais dans un certain nombre de cas, les leçons reproduites par Montesquieu sont controversées; en les étudiant de façon précise, nous pouvons tenter de confirmer les indications livrées par le *Catalogue*.

Ces cas sont malheureusement fort peu nombreux;[11] on peut relever d'abord *Annales*, I, 10, 5, cité dans le *Catalogue*:[12] *Postremo Livia grauis in rempublicam mater, grauis domui Caesarum nouerca.* D'après J. Ruysschaert,[13] Juste Lipse, dans sa première édition de 1574, corrige, à la suite de Beroaldo, en *grauis* la leçon *grauius* reproduite par le manuscrit et l'édition de Beatus Rhenanus qu'il utilisait; mais en 1607, à l'instigation de Pichena, il adopte une autre correction, *grauior*: donc, en 1589 comme en 1599, Juste Lipse en reste au texte *grauis*, qui est conforme à ce que nous attendions.

Il en est de même pour le texte des *Annales*, XIII, 19, cité dans une note du livre I, ch.19 de *L'Esprit des lois* supprimée en 1749: *Fato potentiae non sua ui nixae.* Lipse modifie définitivement dès la première édition l'expression *non sua ui nixa,*[14] transmise per Beroaldo et Beatus Rhenanus, en *non sua ui nixae.*[15] Enfin, en *Germanie*, XI, 1, *apud principes pertractentur*, cité dans *L'Esprit des lois*, XI, 6, et, avec une variante de détail, dans *L'Esprit des lois*, XVIII, 30, Lipse en reste à la version traditionnelle *pertractentur*, à laquelle Muret substitue *praetractentur*. J. F. Gronovius et, plus tard, J. A. Ernesti, entre autres, reprendront cette leçon, comme plus cohérente; mais Montesquieu s'est rangé à l'opinion de Juste-Lipse dans les deux passages que nous signalons.

A une nuance près, le cas de *Germanie*, V, 1 est semblable; Montesquieu cite *pleraque improcera*,[16] alors que l'édition de 1589 porte *plerumque improcera*. Mais

---

10. J. von Stackelberg, p.222, dit n'avoir relevé aucune annotation en marge de ces éditions.

11. Il importe de distinguer les cas où les éditions modernes sont en désaccord avec toutes celles que pouvait connaître Montesquieu; celui-ci écrit, en citant fidèlement ses sources (*Germanie*, VII, 1): *infinita aut libera potestas*, dans la *Pensée* 1171, et deux fois: *libera aut infinita potestas*, en inversant sans doute par inadvertance les deux termes, dans *L'Esprit des lois*, XVIII, 30, et XVIII, 31, alors que nous lisons dans l'édition procurée par J. Perret: *infinita ac libera potestas*. De même, Montesquieu traduit au ch.17 des *Considérations*, p.137 n.3: 'On portait autrefois d'Italie [...] du blé dans les provinces reculées', d'après cette lecture d'*Annales*, XII, 43, 2: *Ex Italiae regionibus longinquas in prouincias commeatus portabant*, alors que depuis J. A. Ernesti, on restitue: *Italia legionibus l. in p. commeatus portabant*.

12. Le texte du *Catalogue*: *gravis domui Caesarem noverat*, est absurde; il a été rectifié, conformément au manuscrit, par R. Shackleton dans le compte rendu de cet ouvrage, publié dans *French studies* 9 (1955), pp.71-75.

13. J. Ruysschaert, *Juste Lipse et les Annales de Tacite: une méthode de critique textuelle au seizième siècle* (Louvain 1949), 'Annexe 1: Liste et index des corrections lipsiennes apportées au texte des Annales', pp.169ss.

14. Cf. J. Ruysschaert, p.199.

15. On peut objecter que Montesquieu écrit dans la *Pensée* 751: 1805 (Nagel, ii.224) *libertas non sua ui nixa*; mais dans ce cas il modifie délibérément en fonction du mot *libertas* l'expression qu'il comprend manifestement comme Juste Lipse, en faisant accorder le participe *nixae* avec *potentiae*.

16. *Considérations*, p.170, n.6, ch.22.

une note en marge, signalée par un astérisque, introduit très visiblement la correction *pleraque*, selon l'usage alors en vigueur parmi les éditeurs, qui est d'ajouter à un texte de base, *liber uulgatus*, leurs propres lectures. Les autres éditions lipsiennes et notamment celle de Paris, 1606, que nous avons déjà évoquée, reproduisent seulement *plerumque*.

L'exemple offert par *Agricola*, III, 1, *facilitatem imperii*, que Montesquieu nous présente à deux reprises,[17] est moins clair. Lipse doute de cette leçon sans pour autant modifier son texte, et se contente d'une note.[18] De nombreux érudits, et d'abord Pichena, adoptent la leçon *felicitatem*.[19] On peut supposer que Montesquieu n'a pas eu connaissance de ces discussions, ou qu'il n'est pas allé chercher dans des notes serrées en bas de pages ou ramassées en fin de volume une tournure différente de celle qui le satisfaisait, pour rude qu'elle fût.

Les cinq exemples que nous venons d'étudier ne prouvent pas que Montesquieu n'ait pu trouver ailleurs que chez Lipse les leçons qu'il adopte; mais il nous semble clair que les éditions mentionnées par le *Catalogue* ne présentent aucune contradiction flagrante avec les citations faites par Montesquieu. Il est cependant plus difficile de rendre compte d'une citation[20] de la *Germanie*, XXXIV, 1: Montesquieu reproduit les mots *referre consueuimus*, alors que les éditions lipsiennes de 1581, 1589 (Paris et Genève), et l'édition de H. Conring portent *referre consensimus*. Or, dans l'édition de 1649, dérivée de la recension lipsienne, nous lisons *consueuimus*, comme chez Pichena dès 1609 et chez J. F. Gronovius en 1672. C'est donc seulement dans l'édition de Pichena (avec laquelle, nous l'avons vu, Montesquieu se trouve parfois en contradiction) ou dans une édition tardive que Montesquieu a pu trouver la leçon *consueuimus*, ou en consultant une note lapidaire de Juste Lipse: *Scriptus liber: referre consueuimus*, qui justifie la correction sans la faire apparaître dans les éditions qui nous intéressent.[21]

Cet indice à lui seul semble prouver que Montesquieu n'a pas utilisé que l'édition de 1589; est-ce suffisant? on peut fort bien imaginer en effet qu'il ait eu recours à certains intermédiaires – historiens, commentaires divers sur le texte de Tacite, voire recueils d'extraits rassemblés par Montesquieu lui-même – pour justifier ce détail; mais pour l'essentiel, il est certain que Montesquieu s'est bien servi des ouvrages qui figuraient dans sa bibliothèque. Point n'était besoin de faire appel aux travaux vieillis de Beroaldo ou de Rhenanus, aux remarques érudites d'un Muret ou d'un Acidalius, ou aux diverses recensions dérivées de celle de Lipse pour offrir à des lecteurs attentifs un texte satisfaisant.[22] En effet,

17. *L'Esprit des lois*, XII, 25: 'Nerva, dit Tacite, augmenta la facilité de l'empire'; Montesquieu traduit ainsi sans l'ombre d'une hésitation 'une chose que je ne peux pas bien exprimer en français et que Tacite appelle *imperii facilitatem*' (*Correspondance de Montesquieu à Bulkeley*, lettre autographe du 1er janvier 1716, Nagel, iii.758).

18. *Anne felicitatem imperii? tametsi uulgatum quoque aptum ad scriptoris mentem.*

19. Ceux qui choisissent cette dernière leçon en ont, comme Montesquieu, ressenti la difficulté; cf. l'édition *Ad usum Delphini* de Pichon, et celle de J. A. Ernesti.

20. *Dissertation sur la politique des Romains dans la religion*, Nagel, iii.50.

21. Edition de 1589, *Liber Commentarius*, p.liii.

22. Tel n'est pourtant pas l'avis de Cl. Dupin, qui écrit dans ses *Observations sur un livre intitulé De l'esprit des lois*, ii.73, à propos d'*Agricola*, III, 1: 'L'auteur de *L'Esprit des Lois*, qui a répandu tant de science dans son livre, aurait dû proposer cette anecdote (la correction *felicitatem*); il a fait des recherches plus éloignées de son sujet que celle-ci ne l'est.' C'est pourtant à bon droit que Montesquieu n'a pas déployé les talents philologiques que Dupin estime nécessaires à la compréhen-

bien que sa parution remonte à une date relativement ancienne, l'ouvrage de 1589 garde toute sa valeur: Juste Lipse n'en reste pas moins pour lui l'éditeur le plus respectable et le plus sûr. Mais on peut se demander si les scrupules d'ordre philologique ont été les seuls facteurs qui ont déterminé ce choix, et voir si l'examen des données chronologiques ne permet pas d'approfondir l'analyse.

iii. Problèmes chronologiques: dates d'achat et de lecture des ouvrages cités

Il est difficile de dater des lectures qui, nous l'avons vu, remontent à la jeunesse de Montesquieu et dont les traces s'échelonnent sur toute sa carrière littéraire.[23] La même incertitude se présente en ce qui concerne les ouvrages qui composaient sa bibliothèque: comment faire le départ entre ceux dont il a hérité et ceux qu'il a achetés?[24] Ainsi il paraît douteux que Montesquieu lui-même se soit procuré des ouvrages datant de près de deux siècles,[25] et il est vraisemblable de voir figurer Tacite parmi le fonds d'une bibliothèque déjà fort riche. Mais nous le savons amateur d'éditions anciennes ou rares (*Catalogue*, 'Introduction', p.xv): il a fort bien pu acheter celles qui nous intéressent; les numéros 2880-2882 ont été transcrits dans le *Catalogue* par l'abbé Bottereau-Duval (p.xvii), sans doute pendant les voyages de Montesquieu, comme c'est le cas de la plus grande partie de sa bibliothèque; nous ne pouvons donc savoir s'il les a acquis avant 1738, ou s'il les a reçus en héritage. En revanche, l'exemplaire de la *Germanie* édité par H. Conring (numéro 3109) apparaît plus tard: il est inscrit par le secrétaire *o* en même temps que plusieurs ouvrages relatifs à l'Allemagne,[26] dont deux de Conring. Ce secrétaire est resté au service de Montesquieu de 1746 à 1747: on peut donc supposer que Montesquieu a acquis cette édition supplémentaire d'un texte qu'il connaissait déjà fort bien à un moment où il nourrissait un regain d'intérêt pour les institutions germaniques, ou plutôt pour les rapports qu'il discernait entre ces sociétés à peine ébauchées et des systèmes politiques complexes.

Dans la composition même de *L'Esprit des lois*, cette tendance est illustrée par la rédaction précipitée des derniers livres,[27] où fourmillent les références à la *Germanie*. Entre 1746 et 1748, Montesquieu a écrit presque un tiers des chapitres de *L'Esprit des lois*; on trouve dans ces chapitres près de la moitié des références

sion de *Germanie*, xi, 1; en effet, J. Perret, dans son Introduction, p.66, n.1, donne raison à notre philosophe contre tous ceux qui ont prétendu corriger Tacite en substituant *praectractentur* à *pertractentur*. Même en ce domaine, le persiflage des critiques contemporains de Montesquieu n'atteint pas son but. Voir également notre Appendice I, p.181.

23. Voir notre index chronologique des références à Tacite.

24. Nous ne trouvons aucune mention d'ouvrage de Tacite dans les notes de libraire disséminées parmi les papiers personnels de Montesquieu.

25. Cf. J. Ehrard, *Le XVIIIe siècle*, p.21. Le tableau comparatif des bibliothèques de Dortous de Mairan et de Montesquieu montre que ce dernier possédait une masse beaucoup plus importante d'ouvrages antérieurs à 1600 (21% contre 5%).

26. *Catalogue*, Appendice 2, Table des écritures, p.245.

27. Cf. *Correspondance avec Mgr Cerati*, Nagel, iii.1116, lettre du 28 mars 1748, à propos du livre XXVIII.

à Tacite, et presque les cinq sixièmes des références consacrées à la *Germanie*.[28] Le rapport entre cette acquisition et le travail de ces deux années nous semble donc parfaitement clair. Si l'on ne peut affirmer que Montesquieu a utilisé l'édition de Conring,[29] il est raisonnable d'avancer qu'il a trouvé dans cet ouvrage exclusivement consacré à son sujet de prédilection un instrument plus maniable,[30] plus récent, plus riche et davantage tourné vers l'histoire.[31]

Mais ce surcroît d'intérêt se limite-t-il à la *Germanie*? Ne concerne-t-il pas l'œuvre de Tacite dans son ensemble? C'est ce que permet de croire l'étude des nombreuses additions et variantes que Montesquieu introduit dans la seconde édition des *Considérations*, datée elle aussi de 1748. Sur les dix-huit références à Tacite avouées par notre auteur, onze apparaissent seulement en 1748, et une douzième est alors remaniée. Mais l'essentiel de ces apports (9/12) concerne les *Annales* et plus précisément le livre i; Montesquieu n'a pris dans la *Germanie* qu'une référence supplémentaire. Parmi les cinq passages des *Considérations* que nous estimons tirés en droite ligne de Tacite sans que Montesquieu avoue sa dette, trois seulement figuraient déjà dans l'édition de 1734, mais aucun n'a trait à la *Germanie*: le sujet de l'ouvrage, il est vrai, ne permet pas à Montesquieu d'introduire les analyses historiques qui lui tiennent à cœur, et il ne peut greffer sur un volume publié depuis longtemps des chapitres comparables à ceux qu'il envoie 'in extremis' à J. Vernet.

Aussi retirons-nous de cette étude la certitude que Montesquieu a relu de très près toute l'œuvre de Tacite dans les années antérieures à 1749; son attention s'est portée de préférence vers le domaine qui lui paraissait devoir être défriché, mais il n'a pas négligé les chapitres bien connus des *Annales* et des *Histoires*; au contraire, il a fait preuve en la matière d'un soin particulier. Bien loin de se contenter de la culture latine dispensée par les Oratoriens, et dont les souvenirs pouvaient s'estomper, Montesquieu s'est replongé dans l'étude quand il lui a fallu rédiger ou revoir ses ouvrages. L'immense érudition déployée à propos des lois féodales nous laissait déjà entrevoir l'énergie avec laquelle il se lançait dans des sujets mal connus; nos conclusions nous montrent même qu'il ne se fiait pas à ce qui était réputé acquis: les années dévolues à la rédaction de *L'Esprit des lois* ont été consacrées à un travail infiniment plus important que nous ne l'imaginions.

28. Cf. *Lettres de J. Vernet à Montesquieu*, p.1121, juillet-août 1748, et pp.1134-35, du 11 septembre 1748, à propos des livres xxx et xxxi. Cette estimation par chapitres est très approximative, mais les écarts constatés sont assez importants pour être significatifs; les chiffres exacts sont: 183 chapitres sur 605 écrits après la révision de 1746, soit 30,2%, 34 références ou citations sur 71 concentrées dans ces chapitres, soit 48,1%, et 27 références à la *Germanie* sur 34, soit 79%.

29. Remarquons que dans la lettre à Mgr Cerati déjà citée, Montesquieu souhaite se retirer en sa 'campagne' pour achever ses livres sur les lois féodales: c'est donc bien dans sa bibliothèque de La Brède qu'il faut chercher ses instruments de travail.

30. Cet in-4° de 1652 était peut-être tout simplement plus clair que l'in-8° de 1599, et moins encombrant que l'in-f° de 1589.

31. Cf. le sous-titre: *Accedunt praeter alia de rebus germanici antiqui ex priscis monumentis excerpta, ex recensione H. Coringii, cum eiusdem de usu histori et reip. germanico.* N'ayant pu consulter cette édition, nous ne pouvons en restituer avec certitude le titre exact: ... *germanici antiqui status?* ... *De usu historiae et reipublicae Germaniae?*

2. Les traductions

NOTRE étude des éditions de Tacite ne saurait être complète si nous n'examinions aussi les traductions dont Montesquieu a pu se servir. Nous avons déjà fait allusion à un ouvrage signalé par le *Catalogue*, à la suite des éditions latines (no.2882, p.204): *Tacitus et Velleius Paterculus en françois*, Paris, 1610. In-4°, 1 v. Cette traduction est due à J. Baudoin. Elle ne nous livre aucun renseignement notable, car les notes de Juste Lipse et d'Annibal Scott dont elle s'accompagne sont résumées et appauvries par Baudoin au point de constituer une simple paraphrase;[1] si Baudoin formule une réflexion personnelle, c'est pour insister sur un détail:[2] les passages les plus riches ou les plus discutables ne lui inspirent aucun commentaire.[3] Quant à la traduction elle-même, bien qu'il ne nous appartienne pas de la juger,[4] elle nous paraît si verbeuse et si lourde qu'on imagine mal comment Montesquieu aurait pu s'y référer alors qu'il disposait du texte original. Si l'on examine les passages dans lesquels Montesquieu semble trahir la pensée de Tacite, on s'aperçoit qu'aucune des distorsions infligées au texte ne se trouve chez Baudoin.[5] Dans le cadre de cette étude, un tel ouvrage présente donc peu d'intérêt.

Il est impossible de passer sous silence deux traductions, plus modernes que celle de Baudoin, procurées par Perrot d'Ablancourt et Amelot de La Houssaye; elles n'apparaissent pas dans le *Catalogue*, mais parmi les nombreuses traductions parues entre 1650 et 1740, elles se détachent par leur qualité et leur diffusion.[6] Seule serait probante pour nous la découverte d'une 'parenté dans l'erreur' entre Montesquieu et ces traducteurs, mais la confrontation de ces textes n'est pas plus féconde que celle que nous avons déjà opérée avec l'ouvrage de Baudoin. Aussi notre seule conclusion est-elle que l'apport de telles lectures est négligeable chez un auteur qui connaissait l'œuvre originale de Tacite.

1. Cf. *Histoires*, I, 5 et *Considérations*, 15, p.122: 'C'est une parole digne d'un capitaine et d'un conducteur d'armée, qu'il choisit ses soldats, et ne les achète pas; et à la vérité le soldat doit être choisi et non acheté.'

2. Cf. *Histoires*, III, 24, 6, la légion syrienne saluant le soleil levant.

3. Cf. par exemple *Annales*, XII, 60, et *Considérations*, 15, p.119, n.1.

4. Cf. R. Zuber, *Perrot d'Ablancourt et ses 'Belles infidèles'. Traduction et critique de Balzac à Boileau* (Paris 1968), pp.318-33.

5. Cf. *Annales*, XIII, 50 et *L'Esprit des lois*, XIII, 19: 'Pour cette cause le Prince fit un édit par lequel il ordonna que les taxes de chacun péage, jusques à l'heure tenues secrètes, seraient mises en évidence.' Cf. aussi *Annales*, XIII, 27, et *L'Esprit des lois*, XV, 18; *Annales*, III, 54, et *L'Esprit des lois*, VII, 4.

6. En ce qui concerne Perrot d'Ablancourt, il n'est besoin pour s'en persuader que de lire l'ouvrage cité de R. Zuber, qui a pour sous-titre *Perrot d'Ablancourt et Guez de Balzac*. Quant à Amelot, nous avons déjà parlé de la diffusion de sa traduction p.14.

3. Les intermédiaires éventuels: les historiens

S'IL paraît désormais établi que Montesquieu avait une connaissance directe et approfondie du texte de Tacite, on peut se demander s'il n'a pas éprouvé le besoin de compléter son information, et s'il n'a pas trouvé chez certains historiens modernes une appréciation claire et une vue synthétique des événements relatés par Tacite et par d'autres écrivains anciens.[1] Dans ce domaine encore, nous prenons dans le *Catalogue* de la bibliothèque de La Brède l'essentiel de nos renseignements; nous apprenons ainsi que Montesquieu avait en sa possession un certain nombre d'ouvrages relatifs à la Rome antique, et, directement ou non, aux Germains. Il faut exclure de notre recherche tous les dictionnaires et autres sommes portant sur les institutions romaines, fort riches en détails techniques tirés de tous les auteurs latins, y compris de Tacite, car il est impossible de déterminer dans quelle mesure ils ont pu compléter la connaissance que Montesquieu avait de cet auteur, ou comment ils ont pu attirer son attention sur tel ou tel point.[2] Il faut cependant remarquer que certaines questions intéressent davantage ces écrivains; les problèmes de la solde, par exemple, et de la monnaie en général, sont largement traités par Juste Lipse dans le *De militia romana*,[3] ou dans les *Opera omnia quae ad criticam spectant*.[4] Si l'on rapproche ces exposés du passage des *Considérations* (ch.16, p.129) dans lequel Montesquieu ouvre une parenthèse pour 'chercher quelle était la paye du soldat romain', on constate qu'il a facilement pu trouver chez Lipse une partie des références qu'il signale et qui paraissent d'abord très hétérogènes. Lipse ne cite ni Pline ni Orose, sur lesquels Montesquieu appuie son argumentation,[6] mais son analyse est plus détaillée: il distingue l'état de la solde sous César (six ou sept as par jour) et sous Auguste (dix as par jour) d'après Tacite,[7] alors qu'en arguant du même passage Montesquieu estime la solde à dix onces de cuivre sous César et sous Auguste. Il est donc impossible de conclure à l'influence directe de Juste-Lipse sur Montesquieu en ce domaine précis, mais nous pouvons y voir un exemple du parti qu'il a pu tirer de semblables ouvrages; il dispose ainsi d'une documentation très diverse, minutieusement rassemblée, qui lui évite des

1. Dans ce chapitre nous n'étudions pas l'œuvre de Th. Gordon, auteur de *Discours historiques, critiques et politiques sur Tacite*, qui, d'après J. Dedieu, ont inspiré à Montesquieu certaines idées sur la tyrannie, car si Gordon a pu intéresser Montesquieu, ce n'est pas parce qu'il fait écho à Tacite, mais à cause de ses idées personnelles sur le principat. Le problème soulevé par J. Dedieu est examiné dans notre septième partie, pp.159-66.

2. Citons brièvement les ouvrages d'A. Alessandri, *Genialium dierum libri* (no 2809) du président Brisson, *De formulis ac solemnibus* (no 2815), de G. Duchoul, *Discours sur la castramétation et discipline militaire des Romains, des bains et antiques exercitations grecques et romaines ...* (no 2822), etc., soit quelque douze titres sous la seule rubrique *Romanarum Rerum Scriptores*.

3. *Catalogue*, no 2848, livre 5, discours 16.

4. *Catalogue*, no 1904, livre 1, chapitre 2 des *Electarum Quaestionum*.

6. Montesquieu n'avait d'ailleurs aucun besoin de signaler Orose puisqu'il renvoyait aussi à Suétone (cf. n.9). Est-ce par coquetterie d'érudit qu'il le fait?

7. *Annales*, I, 17, 4. L''excursus' relatif à ces lignes qui figure dans les éditions de Tacite ne porte pas exactement sur ces problèmes, mais sur le rapport entre le denier et l'as, et sur une comparaison entre la solde des Romains et celle des Grecs.

recherches fastidieuses; sans remettre en question l'érudition de Montesquieu,[8] on comprend mieux la facilité avec laquelle il accumule les références à Orose, Suétone, Plaute ou Tacite, en s'appuyant sur des détails fondus dans l'ensemble du texte.

Mais on voit bien que toute recherche en ce sens est limitée, et qu'il faut examiner les cas des historiens proprement dits. Pour la période impériale, le *Catalogue* nous donne seulement les noms de N. Coeffeteau (no.2821) et de Cuspinianus (nos 2823-26). On hésite à ranger ces auteurs dans une catégorie définie car, comme l'écrit R. Zuber à propos de Coeffeteau (1re partie, ch.1, 2, p.30), son *Histoire romaine* n'est 'rien d'autre qu'un regroupement dans l'ordre chronologique des empereurs de traductions assez libres, mais parfaitement reconnaissables, de divers auteurs anciens. Tant il est vrai qu'à cette époque, prose d'histoire et traduction sont deux choses indissociables.' A l'inverse des divers auteurs de *Discours politiques sur Tacite*, 'Coeffeteau expulse toutes les réflexions générales et maximes d'ordre psychologique et politique.' Or, nous verrons que c'est précisément la synthèse de ces divers aspects qui fait aux yeux de Montesquieu toute la valeur de Tacite. Quant au texte même, le seul fait que Coeffeteau ne fasse aucune citation en latin et ne précise jamais ses sources montre qu'il n'a pu servir de relais entre Tacite et Montesquieu.

Il en est de même pour Cuspinianus,[9] qui, dans les *De consulibus romanorum commentarii*, s'appuie sur une documentation très riche et très variée; il fait souvent appel à des écrivains tardifs, mais aussi à Tacite à qui il renvoie aussi sommairement que le fait Montesquieu[10] à propos de la 'désolation publique' qui suit la mort de Germanicus,[11] sous prétexte que personne n'en a mieux parlé. Il suit Tacite pas à pas, en raison de l'ordre annalistique qu'il a choisi, et souvent le cite mot à mot; mais rien n'indique un emprunt caractérisé.

Il est impossible de dresser une liste exhaustive des historiens que pouvait connaître Montesquieu, sans pour autant les avoir dans sa bibliothèque. Relevons seulement les noms des pères Catrou et Rouillé, dont Dupin fait le plus grand éloge. Leur ouvrage présente des qualités évidentes, suit Tacite sans le paraphraser, et donne des explications précises, mais il s'arrête au règne de Claude, ce qui le rend beaucoup moins intéressant pour nous. Quant à l'œuvre monumentale de Le Nain de Tillemont, *Histoire des empereurs*,[12] elle est d'autant moins négligeable qu'elle permet d'expliquer un détail du livre XIII, ch.7 de *L'Esprit des lois*: 'Quelques auteurs ont dit que Néron avait ôté le droit du vingt-cinquième des esclaves qui se vendaient'. Or cela semble viser l'interprétation

---

8. Nous examinerons ce point sous un autre angle en étudiant l'hypothèse selon laquelle Montesquieu aurait dressé un recueil d'extraits d'ordre historique.

9. Dans son *De Caesaribus atque imperatoribus romanis*, Cuspinianus ne consacre que cinq pages à Tibère, quatre à Claude, et cinq à Néron, ce qui est assurément trop sommaire pour Montesquieu.

10. *Considérations*, ch. 14, p.114, n.1.

11. Sous le consulat de M. Sillanus et C. Norbanus Balbus, p.362, ce qui correspond chez Tacite, à *Annales*, II, 82, 3.

12. Montesquieu ne possédait aucun ouvrage de Le Nain, contrairement à ce que dit L. Desgraves ('Un carnet de notes inédit de Montesquieu: les *Bigarrures*', *in Actes du congrès Montesquieu*, Bordeaux 1956, pp.109-18), qui renvoie au numéro 2804 du *Catalogue*. L'ouvrage cité est une édition des *Décades* de Tite-Live, due à Jean Nicolas de Tralage, dit Joannes Tillemonius.

donnée par Le Nain:[13] 'Néron fit en ce temps-ci quelque libéralité au peuple et abolit un impôt du vingt-cinquième denier, mis sur les esclaves qui se vendaient', car Tacite avait bien vu la subtilité de cette mesure, qui n'abolissait pas l'impôt, mais le faisait payer par l'acheteur. La seule allusion à cet ouvrage que nous puissions éclaircir est donc négative: si Montesquieu l'a lu,[14] il n'a pas hésité à le critiquer et à préférer la source antique, plus exacte.[15] Sans doute a-t-il tiré de cette lecture des enseignements plus utiles, mais il est difficile de les estimer, et ils échappent au cadre de notre analyse. Nous sommes tout de même assurés que Montesquieu ne s'est pas contenté des auteurs anciens pour étudier l'époque impériale, mais aussi qu'il les a toujours gardés présents à l'esprit: aucune lecture ne l'a dispensé du contact direct avec les textes antiques.

Le problème est quelque peu différent en ce qui concerne les interpétations que Montesquieu tire de la *Germanie*. Plusieurs titres, consacrés aux origines de l'empire allemand et à l'histoire de France, renvoient à Tacite. Chez certains auteurs, comme Scipion Dupleix,[16] la référence à Tacite est présente, mais se limite à l'avant-propos: les Germains sont des ancêtres très lointains, qui vivent dans une société à peine organisée (Avant-propos 3), dominés par des rois dont l'autorité n'est guère reconnue qu'en temps de guerre. La distinction entre *duces* et *reges*, à laquelle Montesquieu attache tant d'importance,[17] mérite discussion: Dupleix se refuse à y voir la trace d'une répartition effective du pouvoir: 'Si certains [rois] ont été appelés *duces*, ce n'est pas un titre distinct' (Avant-propos 4). L'institution des *duces* et des *comites* est aussi l'objet de nombreux commentaires: P. Hachenberg réfute la théorie selon laquelle le vasselage tire son origine du *comitatus* dont parle Tacite (*Germanie*, XIII-XIV).[18] Pour J. Du Tillet, en revanche, *duces* et *comites* sont des titres empruntés à l'empire romain au moment de la conquête des Gaules par les Germains.[19] Tel n'est pas l'avis de H. Conring, dont nous avons déjà parlé, et qui suit de très près le texte de Tacite, tout en s'appuyant sur une documentation beaucoup plus fournie que

13. Tome i, *Vie de Néron*, p.264. Nous ne trouvons rien de semblable chez Coeffeteau, qui se contente de signaler que 'pour faire croire qu'il avait un esprit populaire, [Néron] ôta les tributs excessifs qui pesaient sur la commune' (*Néron*, p.410), ce qui est très vague.

14. J. B. Crevier (p.33) pose la question à propos du problème de la polygamie exposé dans *L'Esprit des lois*, v, 5: 'Cette fable a été réfuté par M. Bossuet et par M. de Tillemont [...] M. de Montesquieu l'ignorait-il? On peut le soupçonner: car je vois que dans son ouvrage il ne cite jamais ces deux grands écrivains. Une telle ignorance ne serait pas une excuse pour M. de Montesquieu, mais une nouvelle faute'.

15. Cf. notre troisième partie, p.68.

16. *Catalogue*, nos 2937 et 2938, Scipion Dupleix, *Histoire générale de la France*, 1660 et 1638.

17. Cf. *L'Esprit des lois*, XXXI, 4, et surtout *Pensées* 1096; 1302 et 1548, à propos de la *Germanie*, VII, 1.

18. *Catalogue* no 3105, P. Hachenberg, *Germania media [...] in qua res mediorum saeculorum quae a Traiano ad Maximilianum primum fluxere, ex priscis auctoribus recensentur.* 1686. Dissertation ixe, *De re feudali*, p.325: '*Nec tamen assentior maximae eruditionis Equiti, primaevam Feudi Vassalorumque conditionem repeti posse a comitibus, quos Tacitus Principibus pagorum consilium adfuisse et auctoritatem, in libro De moribus Germanorum scribit*'. Hachenberg expose ensuite (p.326) sa propre conviction: pour conserver ce qu'ils avaient acquis par les armes, les chefs suprêmes durent distribuer les terres les plus exposées à des nobles, qui devinrent ainsi plus acharnés à les défendre.

19. *Catalogue* no 3057, *De rebus gallicis* 1579, pp.152ss.: *Scribit Tacitus Germanis fuisse duces et Comites: quos verisimile est, et voces Latinae ostendunt, ex forma imperii Romani factos ab illis esse; Francos vero a Germanis Gallias comparantibus institutum illud accepisse.*

celle des autres historiens.[20] C'est sans doute chez ce dernier auteur que Montesquieu a pu trouver, sinon une théorie constituée, du moins l'exemple d'une approche scrupuleuse et érudite des institutions féodales, à partir des témoignages anciens.

Mais depuis Boulainvilliers, dont l'*Histoire de l'ancien gouvernement de France* paraît en 1727, et Dubos, qui lui répond en 1734 avec l'*Histoire critique de l'établissement de la monarchie française*, le débat sur les origines de la monarchie suscite les passions et relance l'intérêt que l'on porte à Tacite. Montesquieu se situe dans la lignée de la querelle entre romanistes et germanistes, c'est-à-dire entre partisans de l'origine franque ou romaine des institutions françaises; il essaie, non de concilier ces thèses, mais de tirer de chacune les éléments les plus probants, tout en penchant pour l'interprétation germaniste de Boulainvilliers.[21] Pour évaluer l'importance de l'apport franc, les historiens sont souvent amenés à se référer à la *Germanie*; certains y voient même la source de toutes les institutions des premiers temps de la monarchie. Citons, à l'appui de cette théorie, un mémoire de l'abbé de Vertot, prononcé devant l'Académie des inscriptions entre 1701 et 1710: *Dissertation dans laquelle on tâche de démêler la véritable origine des Français par un parallèle de leurs mœurs avec celles des Germains*,[22] qui compare longuement le texte de Grégoire de Tours et celui de Tacite. Dans cette perspective, la référence à Tacite n'est donc pas une idée nouvelle quand Montesquieu écrit *L'Esprit des lois*, elle était même un des piliers des théories germanistes; mais il appartenait à Montesquieu d'en tirer des conséquences précises, ce qu'il ne pouvait faire qu'en analysant de très près la *Germanie*. Si Montesquieu a eu quelques prédécesseurs, ceux-ci sont bien loin de remplacer l'historien latin: ils ne pouvaient guère recommander à Montesquieu qu'une lecture toujours plus approfondie de l'ouvrage *Des mœurs des Germains*.

20. *Catalogue* no 3108, *Historico-politica acroamata sex [...] de Imperii Germanici civibus, urbibus, ducibus et comitibus, electoribus, episcopis et judiciis*, 1654.

21. Pour le mépris que montre Montesquieu à l'égard de l'abbé Dubos, cf. *L'Esprit des lois*, xxx, *passim*. Quant à Boulainvilliers, Montesquieu nous dit seulement 'qu'il avait plus d'esprit que de lumières, plus de lumières que de savoir; mais ce savoir n'était point méprisable, parce que, de notre histoire et de nos lois, il savait très bien les grandes choses' (*L'Esprit des lois*, xxx, 10).

22. *Mémoires de l'Académie des inscriptions et belles-lettres*, ii.611-51.

4. Un recueil d'extraits?

i. Eventualité et utilité d'un recueil d'extraits

IL nous reste à envisager une hypothèse, que nous suggère l'existence de plusieurs recueils d'extraits, dont quelques-uns ont été retrouvés. Il en est de deux sortes: les recueils consacrés à un thème, et ceux qui regroupent des pages empruntées à un auteur en particulier. Montesquieu n'aurait-il pas usé de cette méthode avec Tacite, comme il l'a fait avec de très nombreux auteurs anciens et modernes? Nous en avons la certitude pour près d'une centaine de livres, grâce à des allusions présentes dans les *Pensées* ou le *Spicilège*; c'est le cas pour les œuvres d'Ammien-Marcellin (*Pensées* 716; 1262), d'Aristote (*Pensées* 1501; 1502), de Justin (*Pensées* 41; 1461), d'Ovide (*Pensées* 2180; 879), de Platon (*Pensées* 1766; 359), de Pétrone (*Spicilège* 206), de Plutarque (*Pensées* 665; 710 et *Pensées* 1789; 309), de Strabon (*Pensées* 2189; 166), de Tite-Live (*Pensées* 1809; 283) et chez les modernes, pour celles de H. Conring (*Pensées* 396; 1464).

Certains extraits sont parvenus jusqu'à nous, et ont été publiés parmi les œuvres complètes de Montesquieu: ainsi savons-nous qu'il a soigneusement copié, ou fait copier, plusieurs passages d'Homère et de Virgile.[1] Mais nulle part dans l'œuvre de Montesquieu il n'est question d'un tel recueil à propos de Tacite. On peut donc supposer que Montesquieu n'avait pas jugé utile d'en constituer un ou, s'il l'a fait, qu'il n'en a tiré aucun parti, ce qui serait surprenant.

La seconde catégorie d'extraits est représentée notamment par les *Geographica II*, le seul recueil de ce genre qui nous soit parvenu. Dans les *Pensées* et le *Spicilège* on trouve aussi mentionnées bien des pièces aujourd'hui perdues: entre autres des *Politica* en deux volumes,[2] des *Politica-historica* (*Pensées* 1834; 376), des *Juridica* en deux volumes (*Pensées* 2055; 1814), des *Mythologica et antiquitates* (*Pensées* 906; 709), et des *Extraits de mes extraits*, qui comprennent des *Ridicula*.[3] Il serait suprenant que le nom de Tacite n'ait pas figuré au détour de l'un de ces recueils, comme on le trouve dans les *Pensées* et dans le *Spicilège*, qui fournissent quelques exemples de notes de lecture et nous permettent de voir quel usage Montesquieu en faisait, en les comparant avec le texte correspondant de *L'Esprit des lois*.

Quand dans *L'Esprit des lois*, XVIII, 24, il reprend le texte de la *Germanie*, XVII-XIX, qu'il citait déjà dans le *Spicilège*,[4] il ne recopie pas la page qu'il avait écrite et qui portait deux erreurs:[5] preuve supplémentaire que Montesquieu, entre 1746 et 1748, a relu avec beaucoup de soin le texte de la *Germanie*, sans se fier aveuglément aux notes prises plus de vingt ans auparavant. On ne peut toutefois dégager de règle générale, car, dans d'autres cas, il semble bien que Montesquieu ait réutilisé une citation et le commentaire qu'il en tirait: dans *L'Esprit des lois*,

---

1. *Nagel*, iii.703-11: pp.703-706 pour l'*Iliade*, pp.706-707 pour l'*Odyssé*, pp.708-709 pour l'*Enéide* (Chants VII et VIII), pp.710-11 pour les *Géorgiques* (I et II).

2. D'après les *Pensées*, 1502; 1501; 1767-1768; 431 et 240; 1776; 215 et 1880; 268.

3. *Pensées* 326; 952, et cf. commentaire de R. Shackleton, p.322.

4. Le texte du *Spicilège*, 244, est de 1724-1726, celui de *L'Esprit des lois* de 1746-1748.

5. *Exceptis paucis* au lieu de *exceptis admodum paucis*, et *propter nobilitatem* au lieu de *ob nobilitatem*.

XVIII, 31, il reprend deux erreurs qui figuraient déjà dans les *Pensées*, 1171; 1585.[6] Cet exemple, sans être parfaitement probant,[7] est toutefois intéressant: dans les derniers temps de la rédaction de *L'Esprit des lois*, Montesquieu a pu être tenté de mettre à profit le travail des *Pensées* et de justifier pleinement l'existence de tels recueils.

ii. *Les Bigarrures* peuvent-elles être attribuées à Montesquieu?

Ce n'est donc pas sans raison que l'on est tenté de rechercher tous les documents de ce genre dont Montesquieu peut être l'auteur. Ainsi L. Desgraves a proposé de lui attribuer le manuscrit intitulé *Les Bigarrures*.[8] Il estime que ce carnet, constitué pour une partie, la plus importante, de notes prises au hasard, et pour l'autre, d'articles classés par ordre alphabétique, sans aucun élément personnel, serait un des recueils aujourd'hui perdus auxquels Montesquieu fait allusion en usant d'une formule vague: 'Voyez l'extrait que j'ai fait'. M. Brèthe de La Gressaye a vivement critiqué cette attribution:[9] l'absence de toute allusion précise à un tel recueil ne lui paraît pas négligeable et, surtout, il objecte, en rejetant les rapprochements opérés par L. Desgraves, que 'les textes [qu'il cite] ne ressemblent guère à la pensée ni au style de Montesquieu; aucun d'entre eux ne paraît être la source irrécusable d'un paragraphe de *L'Esprit des lois*, à la différence de tant de passages des *Pensées*'. Comme Desgraves signale que ce manuscrit contient trois références à Tacite, nous pouvons essayer de voir s'il est possible d'en tirer argument.

Ces trois extraits portent les numéros 162, 222 et 239. Le premier est une simple citation de l'*Agricola*, insérée au milieu de réflexions diverses, sans rapport entre elles: *Proprium est humani ingenii, odisse quem laeseris*.[10] Cette maxime fréquemment citée a souvent inspiré moralistes ou écrivains politiques.[11] Montesquieu, qui répète volontiers certains passages de l'*Agricola*, ne fait aucune allusion à celui-là.

Les deux autres extraits ne sont pas plus déterminants: le numéro 222 relate une anecdote destinée à illustrer l'influence du vin en amour, tout comme l'extrait suivant, emprunté à Aristophane. Sous le titre 'Conduite d'Agrippine mère de Néron avec son fils' se trouve traduit librement, mais d'assez près, le texte des *Annales*, XIV, 2, 1:[12] 'Cette femme pour conserver sur son fils une

---

6. *Est permissum* au lieu de *permissum*, et *bellatoribus* au lieu de *bellantibus*, dans *Germanie*, VII, 1.

7. Dans *L'Esprit des lois* Montesquieu fait une inversion, *libera aut infinita potestas* au lieu de *infinita aut libera p.*, et omet *quidem* qui se trouvait dans les *Pensées*.

8. L. Desgraves, 'Un carnet de notes inédit de Montesquieu: les *Bigarrures*'. M. Desgraves, dans un 'Catalogue des manuscrits appartenant à la ville de Bordeaux', non encore publié, le recense sous le numéro 2056: 'Bigarrures. Recueil de notes ayant peut-être appartenu à Montesquieu'.

9. Nous citons cette édition sous le sigle: BG; iii.xv-xvi.

10. *Agricola*, XLII, 5. Le texte exact porte: *Proprium humani ingenii est odisse …*, 'Il est dans la nature humaine de haïr ceux qu'on a lésés'.

11. Cf. par exemple La Bruyère, *Les Caractères*, 'Du cœur', 68: 'Comme nous nous affectionnons de plus en plus aux personnes à qui nous faisons du bien, de même nous haïssons violemment ceux que nous avons beaucoup offensés.'

12. '*[Tradit Cluuius] ardore retinendae Agrippinam potentiae eo usque prouectam ut, medio diei, cum id temporis Nero per uinum et epulas incalesceret, offerret se saepius temulento, comptam et incesto paratam*', '[Cluvius rapporte que] dans son ardeur à maintenir sa puissance, Agrippine en vint au point que,

authorité voulut lier avec lui un commerce infame et incestueux. Elle prenait son temps[13] lorsqu'il avait bu: c'est alors qu'elle se montrait à lui bien parée et qu'elle lui faisait des avances.' L'auteur des *Bigarrures* attribue à Tacite cette tradition que l'historien se contente de rapporter avec les plus grandes précautions. Un tel sujet n'est peut-être pas sans intérêt pour notre écrivain curieux de tout et qui, à l'occasion, s'est livré à quelques réflexions de ce genre.[14] Mais Montesquieu envisage essentiellement les rapports entre l'usage du vin et le climat: 'L'ivrognerie se trouve établie par toute la terre, dans la proportion de la froideur et de l'humidité du climat' (*L'Esprit des lois*, XIV, 10). Nulle part ailleurs, il n'aborde la question évoquée par les *Bigarrures*:[15] on ne peut donc établir aucun rapprochement décisif.

Le troisième extrait (numéro 239) figure en conclusion d'une anecdote relatant l'obstination d'Euclide, disciple de Socrate, qui, par ruse, réussit à voir assidûment son maître en dépit de l'interdiction faite aux Mégariens de se rendre à Athènes: '*Saeuienti fortunae animus submittendus, ita tamen ut flectamur, non frangamur.*'[16] Cette citation, que les *Bigarrures* attribuent à Tacite, ne figure pas sous cette forme dans les *Annales* II, 72, 1, où Germanicus sur son lit de mort adresse à sa femme cette exhortation: '[*Orauit*] ... *saeuienti fortunae summitteret animum, neu regressa in Vrbem aemulatione potentiae ualidiores inritaret.*'[17] La seconde partie de la phrase rapportée par les *Bigarrures* n'est pas de Tacite. Est-elle empruntée à un autre écrivain ancien? Est-elle l'œuvre de l'auteur des *Bigarrures*? Nous ne pouvons donner de réponse. Quoi qu'il en soit, Montesquieu est loin d'ignorer un tel procédé, fort répandu.[18] Quant au fond même de cette réflexion, il nous paraît relever d'une 'sagesse' qui ne porte la marque distinctive d'aucune époque, à la rigueur, d'un stoïcisme 'vulgarisé' qui pourrait trouver sa source chez Sénèque. Le philosophe qui fait son propre portrait dans les *Pensées* (213; 4) ne renierait peut-être pas cette idée; mais il est hasardeux d'aller plus loin.

Nous ne pouvons pas davantage nous fonder sur l'absence de tout rapprochement significatif pour infirmer l'attribution proposée par L. Desgraves, car bien des réflexions, dans les *Pensées* ou le *Spicilège*, se présentent comme de simples notes, que Montesquieu se proposait de reprendre, sans que pour autant ses œuvres en portent la trace.[19] Nous ne pouvons pas non plus considérer comme

au milieu du jour, au moment où Néron s'échauffait sous l'effet du vin et de la bonne chère, elle s'offrit plusieurs fois au jeune homme en état d'ivresse, toute parée et prête à l'inceste.'

13. 'Son temps': lecture incertaine.

14. *Pensée* 133: 'Ceci n'a pu entrer dans mon *Mémoire sur les Habitants de Rome*: "Le vin, par la joie qu'il inspire, favorise l'intempérance, et, nous ramenant insensiblement vers lui-même, fait renaître nos débauches ou, du moins, notre goût"'; et 'Réflexions sur la sobriété des habitants de Rome, comparée à l'intempérance des anciens Romains', *Nagel*, iii.357-60, et *L'Esprit des lois*, xiv.10: 'Des lois qui ont rapport avec la sobriété des peuples'.

15. On ne saurait considérer comme significatif le renvoi à 'Tacite, Suétone, Juvénal et Martial' qui clôt le chapitre 13 du livre VII, 'Des peines établies par les empereurs contre les débauches des femmes', car ce chapitre porte sur les rapports entre les mœurs et la législation au début de l'empire romain.

16. 'L'âme doit se soumettre à la fureur du sort, mais à condition de plier, non de rompre.'

17. '[Il la supplia] d'abaisser son âme sous les coups de la fortune, et, une fois rentrée à Rome, de ne pas irriter par une rivalité de pouvoir un parti plus fort.'

18. Voir notre troisième partie, pp.67-68.

19. Cf. *Pensées* 1, 1: 'Quelques réflexions ou pensées détachées que je n'ai pas mises dans mes ouvrages.' *Pensées* 2; 2: 'Ce sont des idées que je n'ai pas approfondies, et que je garde pour y penser

décisive la remarque de Desgraves selon laquelle la plupart des livres cités dans les *Bigarrures* sont des ouvrages que possédait Montesquieu: Tacite, nous l'avons vu, était relativement connu au dix-huitième siècle comme au dix-septième, et n'importe quel amateur éclairé pouvait citer son nom ou certains passages de ses œuvres. Il nous est donc impossible de tirer la moindre conclusion des extraits que nous avons cités.

à l'occasion.' *Pensées* 3; 3: 'Je me garderai bien de répondre de toutes les pensées qui sont ici. Je n'ai mis là la plupart que parce que je n'ai pas eu le temps de les réfléchir, et j'y penserai quand j'en ferai usage.'

Conclusion

La réponse aux questions que nous nous posions est sans équivoque: Montesquieu a connu directement les textes auxquels il fait allusion. Il s'y est même souvent reporté, surtout pendant la phase finale de rédaction de *L'Esprit des lois*. Ses recueils d'extraits ne nous livrent aucune révélation d'importance. Voilà qui est certain. En revanche l'attribution des *Bigarrures* reste en suspens; mais, dans la perspective qui est la nôtre, ce problème est sans gravité.

Montesquieu historien, érudit, dispose donc des éléments les plus solides, et sa méthode paraît sérieuse. Mais quand il utilise les œuvres de Tacite, est-il pour autant inattaquable? Quel usage fait-il de connaissances que nous tenons pour sûres? Si Montesquieu a pour lui autant d'atouts et s'il donne l'impression d'avoir travaillé avec rigueur, il n'est pas exempt de reproches, comme nous allons l'examiner dans notre troisième partie.

III

De l'information à la déformation: l'utilisation des sources par Montesquieu

Le parti que Montesquieu tire de ses sources et la rigueur de sa méthode ont fait l'objet de bien des critiques. Cet éternel problème nous a paru mériter d'être reconsidéré sous un angle précis: celui de l'utilisation des références à Tacite, malgré les difficultés d'une enquête qui tenterait de réduire en données chiffrées des nuances souvent difficilement appréciables. Une étude détaillée des cas plus ou moins douteux, qui vont des fautes d'inattention (ou peut-être d'impression!) aux contresens délibérés, nous a paru susceptible de nous fournir des conclusions positives en nous permettant de juger la méthode de Montesquieu et surtout en nous révélant le sens dans lequel s'opère la déformation des textes de Tacite, si légère soit-elle.

Nous avons vu l'abondante information sur Tacite dont Montesquieu disposait. Eût-il oublié les œuvres de l'historien étudiées au collège, il les aurait immanquablement retrouvées au cours de ses lectures, par l'intermédiaire d'innombrables citations, traductions, paraphrases, commentaires et allusions. Mais quel usage a-t-il fait de ces connaissances si solides à l'origine?

Dès la parution de L'Esprit des lois, on a contesté la valeur de cette information qui, disait-on, n'était pas prise aux meilleures sources, et qui surtout manquait de fidélité et de rigueur. Montesquieu répond de façon nuancée au premier de ces reproches quand il se réfère à Tacite. Le second n'est pas seulement l'expression sans gloire d'une critique pointilleuse et jalouse: il pose un problème important, car la célèbre formule de la préface de L'Esprit des lois: 'J'ai posé les principes et j'ai vu les cas particuliers s'y plier comme d'eux-mêmes' a suscité très tôt les commentaires les plus acerbes:[1] on a conclu que l'esprit des lois, l'esprit des faits, 'l'esprit de l'Antiquité'[2] se ramenaient chez Montesquieu à son esprit de système, et que les faits étaient volontairement trahis: l'occasion s'offre à nous de vérifier la portée de ces accusations.

On s'aperçoit rapidement que ce genre de critique porte à faux, et que l'essentiel n'est pas la véracité de tel ou tel détail. Il n'est pas toujours facile d'estimer la déformation des faits, de la 'quantifier', de décider ce qui est erreur volontaire, ignorance, négligence grave ou omission sans conséquence. On est même amené à se demander s'il est possible d'utiliser le nom d'un historien, les renseignements qu'il donne ou les jugements qu'il porte, aux fins d'une démonstration, sans risquer de les infléchir insensiblement. En fait, on peut dire

1. Cf. Linguet, dont l'édition R. Derathé de L'Esprit des lois (Paris 1973), (nous citons Der.), i.541, reprend une page extraite de la Lettre sur la théorie des lois civiles ... (Amsterdam 1770), pp.27-28: 'J'ai vu que presque tous ses principes n'étaient que des mots auxquels il avait ensuite accommodé les faits pour les ériger en axiomes', avec la note suivante: 'N'est-il pas plaisant que dans un ouvrage qui ne devrait porter que sur des faits, on pose d'abord les principes, et que ce soit ensuite aux faits à s'y prêter?'
2. Préface de L'Esprit des lois.

qu'aucun recours à une source donnée, quelle qu'elle soit, n'est innocent. Ainsi chaque fois que Montesquieu se réfère à Tacite, il est à la limite de l'interprétation tendancieuse; il franchit délibérément le pas quand il ne distingue pas les deux niveaux d'analyse, celui de l'historien et le sien. Il joue de cette confusion en omettant un détail ou une remarque inutiles, voire nuisibles à son raisonnement, ou en reconstruisant savamment des passages entiers qu'il cite à l'appui de ses affirmations. Ce passage insensible de l'information à la déformation nous a paru mériter une étude approfondie.

1. Peut-on croire Tacite?

La première critique formulée à l'égard de Montesquieu est de s'être référé à des auteurs peu crédibles: si les récits de voyages se prêtent particulièrement à toutes les fantaisies, les historiens anciens aussi font parfois la part belle à l'imagination, et se laissent entraîner au plaisir d'écrire une page plus brillante qu'exacte. Montesquieu sait qu'en citant Tacite, il se met à l'abri de ce reproche. Le dix-huitième siècle, nous l'avons vu, n'admet pas sans réticences les récits de l'historien et doute parfois de leur véracité; la tendance générale en ce domaine est cependant en faveur de ce témoin lucide, peut-être aigri, peut-être partial, mais jamais calomniateur.[1] Pourquoi dans ce cas Montesquieu signale-t-il soigneusement en quelles occasions le témoignage de Tacite recoupe celui d'autres auteurs, Dion, Suétone, et surtout César?[2] Il constate plusieurs fois avec satisfaction la parfaite concordance des descriptions des Germains que l'on trouve chez Tacite et chez César. Est-ce par méfiance envers chacun de ces auteurs qu'il préfère se prévaloir d'une double caution? Non, car perdu dans le 'labyrinthe obscur' (*L'Esprit des lois*, xxx, 2) des lois féodales, Montesquieu garde une confiance inébranlable en ses deux guides qui se complètent. Comme le montrent d'innombrables formules (Tacite dit que ..., On trouve dans Tacite ...), tout au long de *L'Esprit des lois* ou des *Pensées*, qui présentent de façon catégorique les arguments empruntés à l'historien, son enthousiasme pour le Tacite de la *Germanie* est sans bornes, et s'il est heureux de relever les points de convergence entre plusieurs écrivains, c'est, comme il le dit lui-même dans la préface de *L'Esprit des lois*, en voyant que 'tout ce que je cherchais est venu à moi'.

Montesquieu est cependant plus réservé à l'égard du Tacite des *Annales*; s'il est conscient de l'incohérence qui consisterait à s'appuyer sur le témoignage d'un auteur tout en le suspectant,[3] il ne veut pas pour autant suivre aveuglément un historien, si admirable soit-il, qui lui paraît s'égarer dans des détails techniques sur lesquels un moderne, juriste de surcroît, est mieux renseigné, quand il dispose de tous les textes voulus. Il en est ainsi dans le livre xxii, ch.22 de *L'Esprit des lois*, où Montesquieu affirme: 'Il est visible que [Tacite] s'est trompé, car il confond une loi citée par Tite-Live et une loi des Douze Tables.'[4] Montesquieu accorde une grande importance à ce problème, qu'il traite en plusieurs pages touffues où reviennent en *leitmotiv* les références à cette erreur de Tacite, et qu'il reprend dans la *Défense de L'Esprit des lois*, pour des raisons

---

1. Cf. Diderot, *Essai sur les règnes de Claude et de Néron*, xiii.411: 'que devient la certitude de l'histoire, si l'on peut contester le témoignage de Tacite?' et p.435: 'Que Dion soit un imposteur ou non, il est certain que l'auteur des *Annales* est véridique.'

2. Tacite est cité une fois avec Suétone (*Dissertation sur la politique des Romains* ...), deux fois avec Dion (*Considérations*, p.113; *L'Esprit des lois*, viii, 7), huit fois avec César (*Considérations*, p.170; *L'Esprit des lois*, xviii, 21; xviii, 22; xx, 2; xxx, 2; xxx, 3; xxx, 4; xxx,6), quatre fois avec d'autres auteurs (*Considérations*, p.114; *L'Esprit des lois*, xxii, 22; vii, 11; *Pensées* 1485; 2006).

3. Voir *Pensées*, 142; 1451.

4. L'interprétation de Montesquieu, semble-t-il, est juste dans l'ensemble, mais peut-être s'est-il trop avancé en condamnant Tacite aussi catégoriquement (cf. *BG*, iii.398, n.78, et *Der*, ii.517, n.32).

que nous verrons. La 'Table analytique des matières' de *L'Esprit des lois*, à l'article 'Tacite', renvoie d'abord à ce chapitre: 'Erreur de cet auteur prouvée'.[5] Mais peut-être faut-il voir là justement la preuve d'une grande confiance en Tacite: on peut se contenter de railler les bévues ou les maladresses d'un Quinte-Curce,[6] mais pour prouver une défaillance de Tacite, il faut faire appel à un arsenal d'érudition: on peut donc se vanter de pareil exploit.[7]

Montesquieu considère donc Tacite comme une des sources les plus sûres qu'il puisse utiliser. Aussi lui arrive-t-il de préférer cet auteur aux historiens modernes qu'il pouvait connaître. Nous avons déjà fait allusion au problème du 'droit du vingt-cinquième' modifié sous Néron (*L'Esprit des lois*, xiii, 7), et nous avons vu que Montesquieu avait su déceler l'erreur commise par Le Nain de Tillemont. L'examen du manuscrit (vol.3, f.111*v*), dans lequel ne figure pas la citation des *Annales*, xiii, 31, montre que, pour justifier pleinement la critique qu'il adressait à ces 'quelques auteurs', Montesquieu estimait nécessaire de citer intégralement le texte de Tacite dans la version définitive de *L'Esprit des lois*, mais sans lui ajouter le moindre commentaire: là encore, le nom de l'historien ancien suffit à faire autorité contre les historiens modernes.

5. Il est vrai que l'auteur de cette *Table* s'est plu à insister sur le travail critique de Montesquieu envers les auteurs antiques, comme on le voit à la rubrique 'Tite-Live', qui comporte une seule référence: 'Erreur de cet historien, 6, 15', alors que Montesquieu fait grand usage de son œuvre (voir nos relevés). Les articles 'Platon' et 'Aristote' n'omettent pas de signaler que certaines de leurs idées sont 'vicieuses'.

6. Cf. *Pensées*, 2178; 880: 'Ce rhéteur [...] sans savoir et sans jugement'.

7. Ce n'est pas exactement une correction, mais une addition que Montesquieu insère au ch.15 des *Considérations* (p.119), à propos des procurateurs: dans l'édition de 1734, il se contentait de reprendre le texte de Tacite, *Annales*, xii, 60, qui était fort peu explicite; ayant lu, depuis, l'*Ordo Perantiquus judiciorum civilium* de Lebret, il rectifie en 1748: 'Je n'ai point marqué dans les Romains cette juridiction ordinaire des procurateurs de César, lorsque j'ai parlé de Claude' (Nagel, iii.720). Il ne s'agit donc pas d'une remise en cause de la source antique, mais de l'éclaircissement d'un point difficile.

2. Rigueur ou désinvolture de Montesquieu?

MONTESQUIEU se libère ainsi du premier reproche dont il fait l'objet. Il en est un autre, sur lequel ont beaucoup insisté ses contemporains: Montesquieu aurait usé avec désinvolture des textes dont il se prévaut. Pourquoi accorder aujourd'hui tant d'importance à des griefs qui ont couvert de ridicule les détracteurs de *L'Esprit des lois*, ces 'frelons'[1] qui s'acharnèrent à dénigrer l'ouvrage, parmi lesquels on peut énumérer le fermier général Cl. Dupin, le fameux professeur de Leipzig J. A. Ernesti,[2] J. B. Crevier, le disciple de Rollin, voire Voltaire et Condorcet, comme les rédacteurs des *Nouvelles ecclésiastiques* ou ceux du *Journal de Trévoux*? Nous sommes tentés de minimiser un problème qui a été exagéré en son temps par la critique, mais cette voie n'est peut-être pas non plus la bonne, car dans la mesure où Montesquieu veut donner un fondement scientifique à une analyse ambitieuse, où il n'épargne pas ses railleries à ceux qui ne montrent pas la rigueur qu'il préconise,[3] il se doit d'être inattaquable, ce qui n'est pas tout à fait le cas. Les censeurs de *L'Esprit des lois* se plaisent à faire assaut d'érudition et à dénoncer erreurs et lacunes, afin de disqualifier les prétentions scientifiques de Montesquieu,[4] et arguent de ces insuffisances de détail pour blâmer l'ensemble de son projet. L'importance de ce débat est mise en lumière par la *Défense de L'Esprit des lois*, dans laquelle Montesquieu déclare, à propos de l'usure à Rome:[5] 'Il n'est pas question de savoir si l'auteur a manqué d'érudition ou non, mais de défendre ses autels. Cependant, il a fallu faire voir au public que le critique prenant un ton si décisif sur des choses qu'il ne sait pas [...] ignorant les choses et accusant les autres d'ignorer ses propres erreurs, il ne mérite pas plus de confiance dans les autres accusations.'[6] Ainsi comprend-on que Montesquieu se donne la peine de répondre longuement à ces observations, et que nous ayons cru bon de vérifier si elles étaient fondées.

Voltaire donne le ton, avec ce jugement sévère: 'Montesquieu a presque toujours tort avec les savants, car il ne l'était pas.'[7] Pour un latiniste réputé comme Ernesti, le problème est simple en effet: Montesquieu aurait évité bien des erreurs s'il avait mieux manié le latin et s'il avait regardé ses sources de plus près (p.v). Il n'a pas tort de relever, entre autres, une traduction fautive de Tacite, *Annales*, II, 50, au livre VII, ch.13 de *L'Esprit des lois*, sur laquelle nous

1. Voir *Pensées*, 1598; 93. 1643; 94. 2239; 96. 2057; 97.
2. Cf. Grimm, *Correspondance littéraire* du 15 août 1768.
3. Par exemple l'abbé Dubos, sa cible favorite, dont il blâme et les méthodes et les conclusions: voir *Pensées*, 1906; 285. *L'Esprit des lois*, XXVIII, 3 *in fine*: 'M. l'abbé Dubos a puisé de mauvaises sources pour un historien'; *L'Esprit des lois*, XXX, 12: 'Il n'y a point de grammairien qui ne pâlisse en voyant comment ce passage a été interprété par M. l'abbé Dubos.' Voir aussi *L'Esprit des lois*, XXX, 10; 14; 23 à 25.
4. Cf. J. B. Crevier, p.125: 'Les fautes sur l'antique rendent l'auteur suspect sur le moderne.'
5. *L'Esprit des lois*, XXII, 22, que nous avons évoqué à la page précédente. Cf. aussi lettre de J. Vernet à Montesquieu, du 5 juin 1748 (Nagel, iii.1118): 'Prenez la peine de revoir cet endroit.'
6. Edition R. Caillois (Paris 1949-1951), ii.1158, et *Der.*, ii.449. Cf. aussi J. B. Crevier, p.141: 'Si, sur des matières qui roulent sur des principes certains, clairs et aisés à saisir, M. de Montesquieu se trompe si fréquemment, combien est-il nécessaire de nous défier de lui, lorsqu'il manie la Métaphysique et la Morale...'
7. *Dictionnaire philosophique*.

reviendrons, mais la sévérité dont il fait preuve est en général excessive; les juristes modernes, sans donner forcément raison à Montesquieu, sont loin d'être aussi catégoriques que cet érudit.[8]

Quant aux critiques de ceux qui n'étaient pas des savants, mais qui se voulaient des amateurs éclairés et scrupuleux, elles sont tout aussi précises, et prennent une importance démesurée, car elles polarisent l'attention sur des points de détail sans prendre en compte l'immensité de l'information nécessaire à Montesquieu. Des études plus générales ont montré que ces erreurs, sans être exceptionnelles, étaient relativement peu fréquentes. C. Jullian, dans la préface de son édition des *Considérations* (Paris 1896), affirme que si Montesquieu n'hésite pas parfois à déformer ses sources, il leur est fidèle plus souvent qu'il n'y paraît, car il ne les cite pas toujours, même lorsqu'elles sont sûres; R. P. Jameson, à propos du livre xv de *L'Esprit des lois*, ne relève qu'un petit nombre d'inexactitudes.[9] M. Dodds est plus mitigée, à propos des récits de voyages: les références qu'elle a étudiées lui paraissent le plus souvent inexactes, mais, reconnaît-elle, Montesquieu n'en est peut-être pas responsable; les citations suivent rarement mot à mot le texte original. Cependant, sa conclusion est indulgente: on peut réellement parler, dans le cas de Montesquieu, de fidélité aux sources.[10]

8. Cf. *BG*, 1, p.308, n.27 du livre 7, et Ernesti, pp.vii-viii, à propos des *quaestiones perpetuae* et de leur rôle dans le déclin du tribunal domestique.

9. R. P. Jameson, *Montesquieu et l'esclavage* (Paris 1911), pp.260-85.

10. M. Dodds, *Les Récits de voyage sources de 'L'Esprit des lois' de Montesquieu* (Paris 1929), pp.158ss.

3. Utilisation du texte de Tacite

CES trois études sont-elles confirmées par l'examen d'une source plus précise que les récits de voyage? Les chiffres en ce domaine risquent d'être trompeurs car, pour les besoins de la statistique, on est contraint de mettre sur le même plan des modifications de portée très diverse. Aussi, avant de dresser un bilan chiffré et détaillé, faut-il passer en revue les moindres allusions à Tacite, afin de déterminer l'importance des 'erreurs' que l'on peut relever. Mais il convient d'écarter d'emblée celles qui peuvent être dues aux intermédiaires qui ont servi de relais entre Tacite et Montesquieu, et entre Montesquieu et ses lecteurs. Un exemple illustre le premier cas: dans les *Pensées* (1895; 361), Montesquieu mentionne un auteur dont il ne précise pas le nom, qui 'cite le passage de Tacite: *Finis XII Tabularum iuris aequi*'. Or, Tacite, *Annales*, III, 27, 1, dit: *XII Tabulae, finis aequi iuris*, 'les Douze Tables le degré suprême du droit fondé sur l'équité',[1] expression obscure qui peut également être comprise ainsi: 'les Douze Tables, *la fin* du droit fondé sur l'équité'. La leçon de Montesquieu, qui pourrait à la rigueur être traduite par 'le but des Douze Tables [est le but] du droit fondé sur l'équité', est absurde. Ce passage a sans doute été reproduit par Montesquieu tel qu'il l'avait lu: nous ne pouvons tirer la moindre conclusion de ce détail car il est évident que Montesquieu, en jetant rapidement ces notes dans ses cahiers, n'allait pas les confronter avec le texte original.

Le deuxième problème que nous devons envisager se pose en fait à chaque ligne de *L'Esprit des lois*: le secrétaire ou l'imprimeur n'ont-ils pas trahi la pensée de l'auteur, contraint de s'en remettre à eux? Nous avons un exemple d'erreur purement matérielle de transcription, qui ne doit pas, nous semble-t-il, être interprété comme une négligence de Montesquieu: dans *L'Esprit des lois*, XXX, 3, il cite la *Germanie*, XXXI, 5: *prout ad quem uenere aluntur* au lieu de *... ad quemque ...* On peut chercher quelle nuance est introduite ou supprimée par l'usage de l'indéfini, mais il est vraisemblable que le texte du manuscrit portait l'abréviation *quemq.*, très fréquente dans les ouvrages latins,[2] et dont nous trouvons trace dans le manuscrit même de *L'Esprit des lois*, livre XI, ch.6, qui porte (vol.2, f.186*v*): *ut ea quoq. quorum ...* pour *ut ea quoque quorum ...*, leçon exacte de la *Germanie*, XI, 1, correctement transmise par les éditions. Le manuscrit de *L'Esprit des lois* ne contenant pas les derniers livres, nous ne pouvons affirmer que tel est le cas, et que l'erreur est due à une mauvaise lecture de l'imprimeur, pourtant habitué à de semblables abréviations. Mais cet exemple nous paraît significatif dans la mesure où il nous met en garde contre des condamnations trop rapides qui s'appuient sur des points de détail dont l'auteur n'est pas forcément responsable. Cependant, malgré sa cécité, Montesquieu s'est soigneusement fait relire ses ouvrages, comme en témoignent les innombrables ratures du manuscrit, et

---

1. Sauf indication contraire, nous reprenons les traductions parues dans la *Collection des Universités de France*, aux Belles Lettres (voir Bibliographie).

2. L'erreur peut aussi venir d'une mauvaise lecture de Montesquieu; mais nous lui faisons plus confiance qu'à l'imprimeur accusé d'avoir 'estropié' *L'Esprit des lois* (cf. *Correspondance*, Nagel, iii.1195).

toutes les additions ou corrections qu'il prévoit pour les éditions nouvelles. Nous devons considérer qu'il est entièrement responsable de chaque page qu'il dicte ou se fait relire.[3]

Ainsi, certains passages se retrouvent à plusieurs reprises dans les diverses œuvres de Montesquieu, et la confrontation de versions différentes d'une même citation nous confirme dans l'idée qu'on ne peut tirer aucune conclusion défavorable d'erreurs de détail, provoquées soit par les raisons que nous venons d'invoquer, soit par une inattention passagère. Grâce au *Catalogue*, p.229, qui porte, de la main de Montesquieu, conformément au texte de Tacite, *Annales*, I, 47, 2: *major e longinquo reuerentia*,[4] nous pouvons supposer que la leçon des *Pensées* (1656; 523), recopiée également par Montesquieu lui-même, *major et longinquo reuerentia*, est le fait d'une inadvertance. De même, dans une page biffée du manuscrit de *L'Esprit des lois* (livre XII, ch.4) (vol.3, f.16*v*), il cite les *Annales*, III, 24, 2, en ces termes: *Poenam inter uiros* ..., alors qu'au livre VII, ch.13, il écrit correctement: *Culpam inter uiros* ... .[5]

Un certain nombre d'erreurs minimes, paradoxalement, prouve même que Montesquieu connaissait parfaitement son Tacite: car c'est sans doute en citant de mémoire les lambeaux de phrase qui lui traversent l'esprit qu'il les modifie insensiblement. Le plus souvent, il s'agit de réflexions éparses des *Pensées* ou du *Catalogue*, qui n'ont pas été l'objet d'une mise en forme ou d'une vérification. Parfois, il lui arrive simplement d'inverser des mots, comme dans les *Pensées* (1729; 281) où il écrit: *doctae crebris expeditionibus hostem* ... pour: *crebris expeditionibus doctae hostem* (*Histoires*, I, 9, 3), ou comme dans le *Catalogue*, p.233, *despectissima seruientium pars*, pour: *despectissima pars seruientium* (*Histoires*, V, 8, 4) et, p.225, *nihil in exercitibus ualidum praeter externum* pour: *nihil ualidum in exercitibus nisi quod externum* (*Annales*, III, 40, 3). Dans ce dernier exemple, il substitue un mot à un autre, sans que le sens ou la correction grammaticale en soient affectés. De même, dans les *Considérations*, ch.15, p.121, n.4, on lit: *gaudebat miles, quasi semet absolueret*, au lieu de *[...] tamquam semet [...]* (*Annales*, I, 44, 3). Montesquieu modifie plus sensiblement le texte des *Histoires*, I, 49, 8: *capax imperii nisi imperasset*, qui devient dans les *Voyages* (Nagel, ii.1114): *optimus imperator si non imperasset*; on pourrait discuter la nuance apportée par le superlatif, mais dans la mesure où il s'agit d'une remarque notée par Montesquieu à un moment où il ne pouvait faire appel qu'à ses souvenirs,[6] on ne peut y voir d'intention particulière.

Si bon nombre de modifications de détail peuvent se justifier, pour peu qu'on ne fasse pas preuve de malveillance envers Montesquieu, on est forcé cependant d'admettre que d'autres sont indéfendables; manifestement, dans certains cas,

---

3. Il semble cependant inutile d'aller jusqu'à reprocher à Montesquieu, comme le fait Crevier, de parler de la loi *Pappia Poppaea* (*L'Esprit des lois*, XXIII, 21) alors qu'il aurait dû écrire *Papia Poppaea* (*Annales*, III, 25, 1). Seule l'édition *BG* reprend cette 'bévue'. Cet exemple donne la mesure des critiques adressées à Montesquieu.

4. R. Shackleton, dans son article des *French studies* déjà cité, a ainsi corrigé, d'après le manuscrit, l'édition Desgraves du *Catalogue*.

5. *Der.*, i.390, donne cette variante en y introduisant une faute: *suasque ipsas leges*, alors que Montesquieu écrit correctement: *suasque ipse leges*.

6. Montesquieu a bien sûr revu le manuscrit des *Voyages*, mais il a tenu à en garder la spontanéité: on peut donc supposer qu'il n'a pas cherché à vérifier le détail des impressions recueillies au jour le jour.

il a lu trop rapidement le texte de Tacite, et l'a mal compris, ou, croyant s'en souvenir parfaitement, il l'a remanié et plus ou moins adapté aux besoins de sa démonstration. Si l'on s'attache au principe, fondamental aujourd'hui, qui est de respecter le texte avec la plus extrême rigueur, Montesquieu mérite les reproches de ses critiques.[7] Mais en réalité ces modifications, même si elles vont parfois jusqu'au contresens, sont-elles si importantes?

Examinons d'abord ce qui paraît être l'exemple même d'une faute de lecture: Montesquieu souligne la conclusion du livre XII, chapitre 25, de *L'Esprit des lois*: 'Il faut que le prince encourage, et que ce soient les lois qui menacent' par une note: 'Nerva, dit Tacite, augmenta la facilité de l'empire'. Or, nous lisons dans l'*Agricola*, III, 1: *[Quamquam ...] augeat[que] cotidie facilitatem imperii Nerua Traianus*, '[bien que ...] chaque jour Trajan accroisse la facilité de l'empire'.[8] L'empereur Trajan est désigné du nom de *Nerva Traianus*, nom qu'il portait depuis son adoption par Nerva, son prédécesseur.[9] Cette confusion entre les deux empereurs est d'autant plus suprenante que Montesquieu décerne à Trajan les plus vives louanges, en se contentant de citer Nerva, dont le seul mérite, dans le chapitre 15 des *Considérations*, est d'avoir adopté Trajan.[10] Cependant, comme nous le voyons dans la *Correspondance* de Montesquieu,[11] l'essentiel n'est pas d'attribuer le changement intervenu dans l'empire à tel ou tel prince; c'est le nouvel esprit, signe d'une ère nouvelle, instauré par Nerva et renforcé par celui qui lui succéda peu de mois après son accession au pouvoir, que rappelle Montesquieu à propos de la Régence. La confusion dont il s'est rendu coupable dans *L'Esprit des lois* est donc sans conséquence aucune pour son propos qui est, non de caractériser une situation historique définie, mais d'appuyer par un exemple l'idée générale énoncée dans ce chapitre. On ne saurait attacher davantage d'importance à un passage de *L'Esprit des lois* (XVIII, 25), dans lequel Montesquieu expose la pureté des mœurs des Germains, telle que la décrit Tacite dans la *Germanie* (XIX, 3); Montesquieu traduit inexactement la phrase: *Nemo illic uitia ridet* par: 'les vices n'y sont point un sujet de ridicule',[12] alors que le sens exact est: 'Personne là-bas ne rit des vices', ce qui signifie: on punit sévèrement les vices, au lieu de les prendre pour des caprices amusants, comme on le fait à Rome. Il ne s'agit que d'une 'expression louche', pour parler comme Crevier (p.83), et non d'une faute grave, car le sens de la page de Tacite est clair, et Montesquieu l'utilise à bon escient, comme le prouve l'ensemble du chapitre.

Que doit-on penser en revanche des quelques cas dans lesquels l'inattention conduit Montesquieu à l'incorrection grammaticale, alors que le texte est parfaitement connu de lui? Ainsi, dans les *Pensées* (1580; 927), le texte d'*Agricola*,

---

7. Encore faut-il toujours distinguer le cas de *L'Esprit des lois* ou des *Considérations*, dont Montesquieu doit constamment appuyer les thèses par des exemples dignes de foi, et celui des *Pensées* ou du *Spicilège*, ses cahiers personnels.

8. Si l'on adopte l'édition de Juste Lipse, comme nous l'avons signalé p.40.

9. Cf. *Agricola*, note *ad. loc.*, p.40 et 'Introduction', p.v.

10. Dans les *Considérations*, ch.15, p.122, Nerva est présenté comme un 'vénérable vieillard', et Trajan comme 'le prince le plus accompli dont l'histoire ait jamais parlé': contraste significatif.

11. Lettre de Montesquieu à Bulkeley, du 1er janvier 1726.

12. Montesquieu doute si peu de son exemple qu'il le répète sous cette forme quand il met au point la rédaction définitive de cette page. A l'origine, le chapitre s'ouvrait même par cette phrase (vol. 3, f.85r du manuscrit).

II, 3: *Sicut prima aetas uidit quid ultimum in libertate esset, ita nos quod in seruitute*, contient deux modifications, alors qu'il est cité avec exactitude dans le *Spicilège* (no. 233, p.174): *Sicut uetus aetas* et *nos quid in seruitute*. La première, *prima* pour *uetus*, est, sans doute, intentionnelle, mais la dissymétrie introduite par le relatif *quod* au lieu de *quid* est difficilement explicable. De même, dans *L'Esprit des lois*, XVIII, 22, Montesquieu écrit: *Idem apud avunculum quam patrem honor*, tandis que les *Pensées* (1840; 362), qui portent *idem [...] qui apud patrem honos*, offrent une version plus exacte de ce passage de la *Germanie*, XX, 5: avec le doublet *honos* de *honor*, et la même confusion entre *apud* et le *ad* que Tacite employait.

Dans la première phrase, Montesquieu introduit la relative au lieu de l'interrogative indirecte après le verbe *uidere* 'voir', dans la première, et dans la seconde la conjonction *quam*, ordinairement employée après un comparatif, comme le *que* français, à la place du relatif *qui*, pour introduire le complément du démonstratif *idem* 'le même'. Ces deux modifications n'altèrent en rien le sens de ces phrases, qui restent d'autant plus compréhensibles qu'elles sont calquées sur des expressions françaises: le raisonnement de Montesquieu ne repose donc pas sur des bases fausses et reste valable. Sur un plan plus général, ces deux erreurs révèlent-elles les faiblesses de sa méthode, comme le dénonce un Ernesti, qui refuse de faire confiance à un écrivain connaissant si mal la langue latine? Dans ces deux exemples, nous pourrions voir les failles spectaculaires d'un savoir incertain; mais ces erreurs sont celles d'un débutant: elles sont trop grossières pour être convaincantes, trop élémentaires pour prouver l'ignorance de Montesquieu; elles sont le signe d'une inattention que tout lecteur peut connaître, et dont nous avons vu quelques exemples sans conséquences: joignons donc au même dossier les deux cas que nous venons d'examiner.

Pour en terminer avec l'examen des erreurs insignifiantes de Montesquieu, nous devons signaler quelques inadvertances dans le choix des références: il cite un texte pour un autre, quand il connaît bien, trop bien même, son sujet. Parfois, la faute n'est qu'apparente, et il faut reconstituer les idées intermédiaires que Montesquieu n'hésite pas à sauter: ainsi, dans *L'Esprit des lois* (XXVIII, 17) et dans les *Pensées* (1172; 1586), quand il affirme que les Germains 'n'avaient jamais été subjugués', il invoque la *Germanie* IV, 2, *Omnibus idem habitus*, ou du moins l'adaptation qu'il donne de ce passage ... *habitus ... corporum idem omnibus*, 'ils ont tous la même apparence', sans en changer le sens. Il faut connaître le début du chapitre IV de la *Germanie* pour savoir que Tacite se déclare en faveur de la pureté de la race germaine, qui ne se serait jamais unie avec d'autres tribus, donc qui n'aurait jamais été vaincue, sans quoi elle aurait été contrainte de se mêler à ses vainqueurs, et n'aurait pu garder intact son type physique.

Tous les cas ne se laissent pourtant pas expliquer aussi facilement: dans les *Considérations* (ch.22, p.170), Montesquieu ajoute en 1748, donc à une époque où la *Germanie* n'a plus de secrets pour lui, une note extraite de cet ouvrage; dans une page où il expose les mérites relatifs de la cavalerie dans différentes nations, il mentionne à propos des chevaux des Germains, peu renommés, une phrase qui ne s'applique qu'au bétail: *Germania pecorum fecunda, sed pleraque improcera*, 'La Germanie est féconde en troupeaux mais en général de petite taille' (V, 1) alors qu'il pouvait trouver au chapitre suivant une citation tout à fait satisfaisante: *Equi non forma, non uelocitate conspicui*, 'Leurs chevaux ne se font remarquer ni par leur beauté ni par leur vitesse (vɪ, 3). De même, dans une des *Pensées* (1840; 362) postérieure à 1748, il traduit Tacite (*Germanie*, xx, 5) *Quidam sanctiorem ... hunc nexum sanguinis arbitrabantur*, 'Quelques-uns regardent même ce nœud comme plus saint', à propos des rapports entre oncles et neveux, mais il cite le passage suivant (*Germanie*, xx, 6), qui montre les limites de ces liens familiaux: *Heredes tamen successoresque sui cuique liberi, et nullum testamentum*, 'Cependant pour héritiers et successeurs, chacun a ses propres enfants, et il n'y a pas de testament'. Montesquieu, qui s'est intéressé à ce problème dans *L'Esprit des lois* (xvɪɪɪ, 22), a commis une de ces fautes d'inattention que nous avons relevées en grand nombre; mais celle-ci, pas plus que les autres, n'est le fait de la mauvaise foi ou de l'esprit de système. Une nouvelle fois, devant des erreurs d'inattention si peu lourdes de conséquences, les critiques sont sans effet.

4. Les procédés de déformation

De telles erreurs, qu'il importait d'étudier afin d'en réduire la portée, sont faciles à relever. Il est moins aisé, par contre, de définir ce qui est interprétation tendancieuse ou fidèle, voire de distinguer le moment où l'interprétation succède à une lecture impartiale, les cas où les renseignements les plus anodins en apparence sont utilisés sans scrupules. Un certain nombre d'exemples montre, pourtant, combien Montesquieu est capable d'exactitude. Dans cette catégorie, on peut ranger toutes les notes qui lui servent à prouver un fait précis, recueilli par l'historien, remarques portant sur les institutions 'barbares' dans la *Germanie*, sur des événements susceptibles d'être datés ou sur des particularités des institutions romaines dans les *Annales*; Montesquieu cite alors honnêtement ce qu'il doit à l'historien et, dans la mesure où l'on fait confiance à Tacite, on est assuré de la véracité de tous ces points, parmi lesquels nous trouvons d'abord les affirmations concernant la vie des Germains: ils cultivent peu les terres (*L'Esprit des lois*, XVIII, 21; sans référence précise; en fait, il s'agit de la *Germanie*, XIV, 5-15), ils en changent tous les ans (*L'Esprit des lois*, XVIII, 22; *Germanie* XXVI, 3), ils n'ont en général qu'une femme (*L'Esprit des lois*, XVIII, 24; *Germanie*, XVIII, 1), les crimes capitaux sont portés devant l'assemblée (*L'Esprit des lois*, XVIII, 30; *Germanie*, XII, 1). Quelques détails viennent aussi des *Annales*: l'extension que prend la classe des affranchis sous l'empire (*Considérations*, ch. 13, p.109; *Annales*, XIII, 27, 1), la modification des comices sous Tibère (*Considérations*, ch.14, p.113; *Annales*, I, 15, 1), les privilèges accordés aux gens mariés qui avaient des enfants (*L'Esprit des lois*, XXIII, 21; *Annales*, II, 51, 1), le montant de la solde à une époque donnée (*Pensées*, 1485; 2006; *Histoires*, I, 24, 2), ou tout simplement le titre d'un ensemble de lois (*L'Esprit des lois*, XXIII, 21; *Annales*, III, 25, 1).

A ces emprunts parfois limités à quelques mots, parfaitement compris par Montesquieu qui les exploite sans les fausser et sans en tirer de conséquence discutable, on peut joindre un certain nombre de développements conformes aux intentions de Tacite: la confusion du délit d'adultère et du crime de lèse-majesté (*L'Esprit des lois*, VI, 13; *Annales*, III, 24, 2), les moyens de conserver la discipline dans l'armée (*Pensées*, 1729; 281; *Histoires*, I, 9, 3 et 4), les droits sacrés de l'hospitalité (*L'Esprit des lois*, XXX, 9: *Germanie* XI, 2) ou les limites de l'esclavage (*L'Esprit des lois*, XV, 10; *Germanie*, XXV, 1) chez les Germains, ou le rôle joué chez ce peuple par les 'bonnes mœurs', dont Montesquieu tire argument pour déduire que chez les Romains, par contre, il fallait des lois, et pour supposer l'existence à Rome d'un règlement condamnant l'exposition des enfants, inconnue chez les vertueux Germains (*L'Esprit des lois*, XXIII, 22; *Germanie*, XIX, 6); il ne fait ainsi qu'appliquer parfaitement la méthode adoptée par Tacite qui, en évoquant les 'admirables' mœurs des Germains, suggère à ses auditeurs, par contraste, les vices des Romains, ou simplement certains détails peu glorieux de leurs institutions.

Ces exemples apparemment indiscutables, qui se ramènent pratiquement à un simple énoncé de faits, permettent cependant de poser le problème de l'utilisation des informations tirées de Tacite: Montesquieu ne les présente pas d'une manière indifférente. En invoquant comme garant l'historien latin, il entend leur donner le plus de poids possible. Nous savons que le nom de Tacite fait autorité; le citer, c'est en quelque sorte se retrancher derrière l'historien, et reprendre mot pour mot ses affirmations, c'est vouloir donner l'impression que la réalité parle d'elle-même, alors qu'elle se conforme aux exigences du philosophe dans le cadre de son exposé; aussi Montesquieu aime-t-il particulièrement laisser la parole à Tacite[1] au point qu'il articule un chapitre de *L'Esprit des lois* sur trois citations de cet auteur;[2] l'une d'elles ouvre même le chapitre, et Montesquieu en tire par avance la leçon de toute la page: '"Les Suions, nation germanique, rendent honneur aux richesses, dit Tacite; ce qui fait qu'ils vivent sous le gouvernement d'un seul". Cela signifie bien que le luxe est singulièrement propre aux monarchies et qu'il n'y faut point de lois somptuaires.'

Une telle présentation ne nous paraît pas innocente, et Montesquieu peut ainsi présenter comme incontestables des détails soigneusement choisis et assurer à ses démonstrations des bases solides. On a, pour cette raison, dénoncé les citations faussement attribuées à Tacite,[3] et il faut prendre garde à la façon dont Montesquieu introduit notes ou traductions. Ainsi, dans le chapitre 22 du livre XXIII de *L'Esprit des lois*, intitulé 'De l'exposition des enfants', il s'appuie sur la *Germanie*, XIX, 6: *Numerum liberorum finire aut quemquam ex adgnatis necare flagitium habetur*, 'limiter le nombre de ses enfants ou tuer un de ceux qui naissent après les héritiers passe pour un crime honteux', pour affirmer: 'Les Germains, dit Tacite, n'exposent point leurs enfants.' Faute sans gravité certes, puisque le sens de la phrase n'est pas dénaturé, mais réelle dans la mesure où Montesquieu se couvre abusivement du nom de Tacite, en faisant passer pour une traduction une adaptation très libre adoptée pour convenir au sujet de ce chapitre.[4]

Il arrive également à Montesquieu de reconstruire quelques textes, qu'il présente éventuellement au style direct pour leur donner un cachet d'authenticité apparemment incontestable. Certaines modifications ne relèvent pas à proprement parler de cette étude, car elles sont le fait de l'écrivain, mais d'autres ont pour seul objet d'infléchir le texte, avec lequel Montesquieu prend toujours plus de libertés. En particulier quand il s'intéresse à des problèmes économiques, il est tenté de surimposer des idées modernes et de refaire à sa manière les données dont il dispose.

---

1. *L'Esprit des lois*, XXX, 3, par exemple, et *passim*.
2. *L'Esprit des lois*, VII, 4; *Germanie*, XLIV, 3; *Annales*, III, 52-55; III, 34, 2.
3. Cf. J. B. Crevier, p.37, à propos de *L'Esprit des lois*, XIX, 2. Voir notre Appendice II, p.185.
4. On peut objecter qu'au dix-huitième siècle, les usages sont assez flottants; mais si Cl. Dupin, en général fort mesquin dans ses critiques, il est vrai, blâme Montesquieu d'avoir ainsi présenté cette citation (iii.258-59), on peut penser que ce genre de reproche n'est pas anachronique. *L'Esprit des lois*, XXX, 3 nous fournit un exemple particulièrement clair: Montesquieu présente au style direct une phrase qu'il tire de la Germanie (XIII) et qu'il adapte avec une grande liberté: Tacite dit 'que chaque prince avait une troupe de gens qui s'attachaient à lui et le suivaient'. En revanche, il ne signale pas, dans la phrase suivante, qu'il suit presque mot pour mot le texte de Tacite: 'Il y avait entre eux une émulation singulière pour obtenir quelque distinction auprès du prince, et une même émulation entre les princes sur le nombre et la bravoure de leurs compagnons.' Cette phrase reprend un extrait de la *Germanie*, XIII, 3: *Magnaque et comitum aemulatio, quibus primus apud principem suum locus, et principum, cui plurimi et acerrimi comites*, 'Il y a aussi une grande émulation et entre les compagnons à qui aura la première place auprès du chef, et entre les chefs à qui aura les compagnons les plus nombreux et les plus ardents.'

Le premier exemple nous est fourni pas les 'quatre ordonnances' imaginées par Néron pour mettre un terme aux exactions des publicains (*L'Esprit des lois*, XIII, 19). Montesquieu présente l'affaire en résumant habilement le chapitre 50, 1 du livre XIII des *Annales*, à quelques nuances près, et la replace dans la ligne de son chapitre: 'Il n'imagina point la régie; il fit quatre ordonnances; que les lois faites contre les publicains, qui avaient été jusque-là tenues secrètes, seraient publiées; qu'ils ne pourraient plus exiger ce qu'ils avaient négligé de demander dans l'année; qu'il y aurait un préteur établi pour juger leurs prétentions, sans formalités; que les marchands ne paieraient rien pour les navires'. La première de ces ordonnaces est entachée d'un contresens de taille:[5] le texte original, *leges cuiusque publici occultae ad id tempus proscriberentur*, 'les règlements relatifs à chaque impôt, tenus secrets jusque-là, seraient publiés', concerne les *leges censoriae*, les lois 'domaniales' pour Dupin, c'est-à-dire les conditions selon lesquelles les censeurs accordaient aux publicains l'affermage de l'impôt. Apparemment Montesquieu suit de très près le texte de Tacite, mais ce contresens oppose un démenti fâcheux à une si bonne attention; il est vrai que cette méprise est sans conséquence.

Les phrases qui, dans les *Annales*, suivent immédiatement celle-là sont en revanche traduites avec exactitude; ce sont les deuxième et troisième ordonnances. La quatrième ne se trouve pas dans ce paragraphe des *Annales*, mais dans le suivant, où elle figure au même titre que plusieurs autres mesures, évoquées de façon allusive par Tacite. A la suite des trois réformes que nous avons vues, Néron en avait édicté une autre, dont Montesquieu ne souffle mot, en prolongeant l'immunité accordée aux soldats. Cette dernière mesure lui avait sans doute paru négligeable: il s'intéresse de préférence à un domaine plus évocateur, celui du commerce maritime, sans tenir compte de l'ordre que Tacite avait sans doute adopté en fonction de l'importance relative de ces 'ordonnances'.[6]

De même, quand Montesquieu fait parler Tibère contre l'établissement des lois somptuaires (*L'Esprit des lois*, VII, 4), il reprend une partie d'un discours extrait des *Annales*, III, 54, 3. Sur une phrase très générale qui lui permet d'annoncer la décision de l'empereur, 'L'Etat ne pourrait subsister dans la situation où sont les choses', il greffe deux interrogations oratoires: 'Comment Rome pourrait-elle vivre? Comment pourraient vivre les provinces?' Si la première est conforme au sens général de la page de Tacite, la seconde n'est nullement évoquée dans les *Annales*, où apparaît seulement la dépendance de Rome à l'égard des provinces. Montesquieu emprunte ensuite à Tacite deux courtes phrases: 'Pourquoi donc l'esprit d'économie était-il autrefois si puissant?[7] Parce que nous étions citoyens d'une seule ville',[8] qu'il condense ainsi, en supprimant l'interrogation oratoire: 'Nous avions de la frugalité quand nous

---

5. Relevé bien sûr par J. B. Crevier, pp.82-83, et par ce spécialiste des questions financières qu'était Cl. Dupin, ii.224.

6. Il en est de même pour d'autres mesures signalés par Tacite (XIII, 51, 2): la suppression des taxes du cinquantième et du quarantième, dont nous ne savons rien, ou de la taxe sur le transport du blé dans les provinces d'outre-mer.

7. *Cur ergo olim parsimonia pollebat?*

8. *Quia unius urbis ciues eramus.*

étions citoyens d'une seule ville.' Puis il tire des phrases suivantes l'idée qu'il exprime en ces termes: 'Aujourd'hui nous consommons les richesses de tout l'univers', et pour finir sur une des formules frappantes pour lesquelles il a tant d'affection, il dresse un tableau sans nuance de la domination romaine: 'On fait travailler pour nous les maîtres et les esclaves', qui vient sans doute de la phrase de Tacite: 'Si les ressources des provinces ne subviennent plus un jour aux besoins des maîtres, des esclaves et des champs...'.[9]

Ainsi Montesquieu fait-il disparaître un des principaux arguments de Tibère, pour qui l'amour du luxe est le fait d'une dépravation irréversible et non une nécessité économique, ou plutôt il considère cette condamnation morale comme une des ruses dont cet empereur était coutumier: 'ce prince, qui avait des lumières' (*L'Esprit des lois*, VII, 4), les met au service de la tyrannie et maintient les Romains dans l'esclavage auquel ils auraient pu échapper. En adoptant cette idée directrice, en introduisant une notion économique moderne, la nécessité d'échanges qui permettent aux provinces de subsister, en mettant en œuvre plusieurs procédés rhétoriques afin de rendre plus sévère la mise en garde de Tibère, Montesquieu élabore un texte qui, sans être radicalement différent du discours transcrit par les *Annales*, n'en est pas moins éloigné de l'original dont il se prévaut: après tout, n'en use-t-il pas avec ces textes comme l'historien le faisait avec les discours qu'il rapportait?

Montesquieu va même jusqu'à user comme argument d'un texte qu'il invente, en ajoutant à un fragment authentique de Tacite un membre de phrase qu'il rédige pour les besoins de sa démonstration. Dans *L'Esprit des lois*, XII, 16, il dénonce avec ironie les *arcana imperii*, les secrets du pouvoir, transmis par Sylla aux empereurs; 'C'est Sylla qui leur apprit qu'il ne fallait point punir les calomniateurs. Bientôt on alla jusqu'à les récompenser.' A l'appui de cette fin de chapitre, il cite Tacite en ces termes: *Et quo quis distinctior accusator, eo magis honores assequebatur, ac ueluti sacrosanctus erat*, 'Et plus l'accusateur se distinguait, plus il remportait d'honneurs, et il était en quelque sorte inviolable. Or Tacite écrit: *Vt quis destrictior accusator uelut sacrosanctus erat*, 'En se montrant plus agressif, un accusateur se rendait en quelque sorte inviolable.'[10] L'expression qu'ajoute Montesquieu, 'plus il remportait d'honneurs', est précisément celle qui justifie sa référence. Pour le fond et la forme, cette addition n'est pas étrangère à l'historien: Montesquieu la calque, en modifiant en conséquence la structure du reste de la proposition, sur certains passages des *Annales* où nous retrouvons une idée similaire:[11] Montesquieu aurait pu trouver bien d'autres exemples pour confirmer ses dires; le renvoi aux *Annales*, en ce sens, n'est donc pas tout à fait faux, comme le montre une note du livre VI, chapitre 8 de *L'Esprit des lois*: 'Voyez dans Tacite les récompenses accordées à ces délateurs', pour faire un portrait de ces 'hommes funestes' inspiré des nombreux tableaux de ce genre que brosse

---

9. *Nisi prouinciarum copiae et dominis et seruitiis et agris subuenerint.*

10. *Annales*, IV, 36, 3. Pour le passage de *destrictior* à *distinctior*, voir notre Appendice I, p.181.

11. I, 2, 1: *Ceteri nobilium, quanto quis seruitio promptior opibus et honoribus extollerentur*, 'Les nobles qui subsistaient recevaient, en fonction de leur empressement à la servitude, richesses et dignités.' Cf. aussi I, 7, 1. Pour l'idée, cf. IV, 30, 3: *Sic delatores, genus hominum publico exitio repertum [...] per praemia eliciebantur*, 'Ainsi les délateurs, cette engeance inventée pour la ruine de l'Etat [...] étaient attirés par des récompenses.'

l'historien. Les mots sont identiques dans ces deux chapitres composés à des époques différentes,[12] preuve que dans l'esprit de Montesquieu, Tacite est l'historien de la loi de lèse-majesté, le peintre des délateurs: ces mots appellent immédiatement, presque automatiquement son nom. Aussi Montesquieu n'éprouve-t-il pas le besoin de vérifier une idée qui lui paraît parfaitement nette; mais c'est au détriment du texte dont il ne respecte plus guère la lettre.

Montesquieu ne fait pas non plus preuve d'un excès de scrupule quand il use du procédé inverse et présente comme une idée originale une réflexion de Tacite.[13] Nous devons toutefois faire une fois encore la part des défaillances de mémoire, comme nous y invite un extrait des *Pensées*, auquel Montesquieu ajoute une note écrite de sa main: 'Voir si cette réflexion vient de moi ou de Diodore' (*Pensées*, 1916; 305). Cependant il est au moins un cas où il aurait dû rendre à Tacite ce qu'il lui devait: dans *L'Esprit des lois*, XIII, 7, il parle d'une mesure financière prise par Néron, la suppression apparente d'une taxe, pour en signaler la subtilité, que n'ont pas aperçue 'quelques auteurs'. En note, il cite le passage des *Annales* qui s'y rapporte.[14] Or, ces 'quelques auteurs' sont des auteurs modernes, car dans la citation même de Tacite on trouve exprimée l'idée selon laquelle Néron 'n'avait pourtant fait qu'ordonner que ce serait le vendeur qui la paierait, au lieu de l'acheteur', pour reprendre les termes de Montesquieu. En effet, Tacite écrit: *Vectigal [...] remissum specie magis quam ui, quia cum uenditor pendere iuberetur in partem pretii, emptoribus accrescebat*, 'L'impôt fut supprimé, en apparence plus qu'en réalité, car le vendeur, obligé de payer la taxe, majorait le prix d'achat': Montesquieu laisse au lecteur la possibilité de confronter ce texte avec les conclusions qu'il tire lui-même, mais sans préciser qu'il se contente de reprendre une remarque déjà faite par Tacite, et en s'attribuant tout le mérite de la clairvoyance.

Si Montesquieu use avec habileté de toutes les ressources que lui offre la présentation de ses citations, il ne joue pas moins insidieusement d'un second procédé qui fausse les perspectives, même dans les cas les plus anodins, et qui tient à la fragmentation de l'information empruntée à Tacite: une phrase isolée de son contexte prend un relief nouveau.[15] Ainsi, dans *L'Esprit des lois*, XII, 25, il tire de l'*Agricola*, VIII, 3, la phrase que nous avons déjà examinée: 'Nerva, dit Tacite, augmenta la facilité de l'empire' et qui appartient au prologue solennel et oratoire de cet ouvrage. Faut-il prendre au pied de la lettre cette expression? Ce serait un moyen de renouveler la lecture de textes usés, mais on risque trop souvent de tomber dans l'excès et d'oublier l'orientation de chaque passage: la

---

12. *L'Esprit des lois*, VI, 8: période 1741-1743; *L'Esprit des lois*, XII, 16: révision antérieure à 1746.

13. Nous ne parlons pas, bien sûr, des cas où Montesquieu omet les guillemets quand il traduit le plus soigneusement possible le texte qu'il cite en note (*L'Esprit des lois*, XVIII, 31: *Germanie*, VII, *Germanie*, XI-XII; *L'Esprit des lois*, XX, 2: *Germanie*, XXI, 2-3; *L'Esprit des lois*, XXIV, 17: début de la citation de *Germanie*, XXI, 1, dont seule la fin est placée entre guillemets).

14. *Annales*, XIII, 31, 2. Cf. notre deuxième partie, p.46.

15. On peut appliquer à Montesquieu ce qu'il disait lui-même dans les *Pensées* (1308; 1445): 'Quand on veut chercher quelque chose dans l'Antiquité, il faut prendre garde que les choses qui sont citées en preuve par les auteurs ne doivent pas toujours être prises pour exactement vraies; parce que le besoin qu'on en a eu peut faire que l'auteur leur a donné une plus grande extension qu'elles n'ont réellement.'

tentation est grande alors de la modifier à son gré et Montesquieu ne sait pas y résister.

Aussi abuse-t-il de ses références quand il passe sous silence les réflexions de Tacite qui contrediraient ses propres remarques. Dans *L'Esprit des lois*, XVIII, 22, il déclare, d'après l'historien: '[Les Germains] ne peuvent souffrir que leurs maisons se touchent les unes les autres, chacun laisse autour de sa maison un petit terrain ou espace qui est clos et fermé', pour faire comprendre l'importance que revêt chez les Germains ce qui deviendra la 'terre salique' ou terre possédée personnellement. 'Tacite parlait exactement', dit Montesquieu; mais Tacite ajoute deux explications: 'Soit défense contre les hasards du feu, soit ignorance de l'art de bâtir.'[16] Les idées de Tacite ne paraissent 'exactes' à Montesquieu que s'il peut en faire usage; quand elles se ramènent à des considérations d'ordre pratique, peu flatteuses pour les 'admirables' Germains, ou qui interdiraient les déductions les plus hardies, elles ne méritent pas l'attention.

Encore à propos des Germains, dans *L'Esprit des lois*, VII, 4, 'Des lois somptuaires dans les monarchies', Montesquieu néglige certaines indications livrées par Tacite: pour prouver que 'le luxe est singulièrement propre aux monarchies', il fait cette citation que nous avons déjà vue: 'Les Suions [...] rendent honneur aux richesses [...] ce qui fait qu'ils vivent sous le gouvernement d'un seul', et qui est une traduction presque exacte du passage correspondant de la *Germanie*.[17] Si Montesquieu avait cité la suite, il n'aurait pu appliquer ce texte aux monarchies: 'un seul exerce le pouvoir, sans limitation cette fois et avec un droit absolu à l'obéissance'.[18] Les Suions se distinguent donc des autres nations germaniques assujetties à des rois (cf. *Germanie*, XLIV, 1) par le pouvoir absolu qu'ils accordent à celui qui les gouverne. Quelle meilleure définition du pouvoir despotique Montesquieu pouvait-il trouver chez Tacite? Mais comme il consacre la plus grande partie de ce chapitre aux monarchies, il préfère passer outre ce détail.

Les omissions portent aussi sur les précisions qui risquent d'égarer l'attention du lecteur. Dans *L'Esprit des lois*, XXX, 19, Montesquieu affirme que 'les seuls crimes qui fussent publics' chez les Germains, la trahison et la lâcheté, étaient punis de mort (*Germanie*, XII, 1). Or, Tacite déclare qu'on punit ainsi 'les traîtres et les transfuges', *proditores et transfugas*, 'les lâches et les poltrons', *ignauos et imbellis*, mais aussi 'les gens de mœurs infâmes', *corpore infamis*. Pourquoi Montesquieu omet-il ce point, qui doit être mis en rapport avec la prééminence des valeurs viriles et guerrières chez les Germains, et qui ainsi n'aurait pas été étranger à son propos? Ce n'est certes pas parce qu'il craint d'aborder un sujet dit 'scabreux',[19] mais sans doute parce qu'il considère comme inutile de s'intéresser à un sujet qui n'introduit aucun élément fondamentalement nouveau, et qui serait incompatible avec l'image sans tache qu'il souhaite donner des Germains. Aussi Montesquieu, en négligeant ce détail, en arrive-t-il à considérer la poltronnerie comme le plus grand des crimes chez les Germains, comme on

---

16. *Germanie*, XVI, 2: *Siue aduersus casus ignis remedium siue inscientia aedificandi.*

17. *Germanie*, XLIV, 3: Montesquieu omet une nuance, car Tacite écrit: *Est apud illos et opibus honos*, 'chez eux la richesse *elle aussi* reçoit des honneurs'.

18. *Germanie*, XLIV, 3: *unus imperitat, nullis iam exceptionibus, non precario iure parendi.*

19. *L'Esprit des lois* (XII, 6; XII, 14; XVI, 10) en témoigne.

le voit dans le fragment 36 des textes rejetés de *L'Esprit des lois* (Nagel, iii.635), alors que Tacite le met sur le même plan que d'autres délits.

De même, dans une citation qui se trouve à la fois dans *L'Esprit des lois*, XXIX, 9, et dans les *Considérations*, ch.12 (p.102) *Eorum qui de se statuebant humabantur corpora, manebant testamenta, pretium festinandi* 'Ceux qui disposaient d'eux-mêmes avaient leurs corps inhumés et leurs testaments respectés, il valait la peine de se hâter' (*Annales*, VI, 29, 1), alors que Montesquieu récapitule l'ensemble des motifs qui poussaient les Romains condamnés ou menacés par l'empereur à se suicider, il ne reprend pas la première cause évoquée par Tacite: *Nam promptas eius modi mortes metus carnificis faciebat,* 'Car cet empressement à se donner la mort avait pour cause la crainte du bourreau.' Il fait disparaître ce mobile, qui est beaucoup moins honorable que tous ceux qu'il évoque (progrès des idées stoïciennes, sentiment de dignité) et qui nuirait à l'image théâtrale qu'il retient de ces 'belles morts'.

Enfin, dans *L'Esprit des lois*, XIII, 19, en ne prenant pas garde à une restriction temporelle, Montesquieu prend une mesure provisoire pour une réforme exemplaire: 'Tacite nous dit que la Macédoine et l'Achaïe [...] obtinrent d'être du nombre [des provinces] que l'empereur gouvernait par ses officiers.' Il fait allusion à ce texte des *Annales* (I, 76, 2): *Achaiam ac Macedoniam [...] leuari in praesens proconsulari imperio tradique Caesari placuit,* 'On décida de soulager pour le moment du gouvernement proconsulaire l'Achaïe et la Macédoine et de les remettre à l'empereur.'

Cette légère distorsion n'est pas dictée, comme les précédentes, par une tendance à l'idéalisation, mais elle relève d'un souci de cohérence qui, poussé à l'excès, permet toutes les généralisations: il suffit pour cela, non plus seulement d'omettre les détails gênants, mais de les modifier. Un exemple suffit pour prouver que Montesquieu, dans l'histoire ancienne comme dans les relations de voyage, est attiré par des particularités qu'il prend pour des vérités quotidiennes: alors qu'on trouve chez Tacite le démenti d'une généralisation abusive à laquelle Suétone se laisse aller, c'est à ce dernier que Montesquieu se réfère; dans *L'Esprit des lois*, XII, 14, il présente comme habituel 'l'expédient de faire violer [les filles qui n'étaient pas nubiles] par le bourreau avant de les envoyer au supplice', conformément à ce qu'assure Suétone (*Vie de Tibère*, LXI, 14), alors que Tacite cite un seul exemple, celui de la fille de Séjan, en signalant l'atrocité de ce procédé: *Tradunt temporis eius auctores quia triumuirali supplicio adfici uirginem inauditum habebatur, a carnifice laqueum iuxta compressam,* 'Les auteurs de ce temps rapportent que, comme il semblait inouï d'infliger à une vierge la peine capitale, le bourreau, prêt à lui passer le lacet fatal, la viola' (*Annales*, V, 9, 2). Montesquieu qui cherche à peindre Tibère sous les couleurs les plus noires, choisit la version qui lui est le plus défavorable, et généralise un fait assez exceptionnel pour être reconnu 'inouï' par Tacite, qui écrit moins d'un siècle après cet événement.

Autre exemple de généralisation abusive: dans la *Dissertation sur la [...] religion* (Nagel, iii.46), Montesquieu parle des 'fréquents arrêts que le sénat fut obligé de rendre pour bannir [le] culte' égyptien de Rome; il répète ce pluriel dans le paragraphe suivant: 'Les mêmes arrêts qui abolirent à Rome les cérémonies égyptiennes mettent toujours les cérémonies juives avec celles-ci, comme il paraît par Tacite et Suétone, *Vies de Tibère et de Claude'*.[20] Il se réfère dans les deux cas au livre II des *Annales*. Or les *Annales* ne font état que d'une mesure de ce genre: *Actum et de sacris Aegyptiis Iudaicisque pellendis factumque patrum consultum ut ... etc.*, 'On s'occupa aussi de bannir les cérémonies égyptiennes et judaïques, et un sénatusconsulte ordonna que ... etc.' (II, 85, 4). Il est donc tout à fait abusif de parler d''arrêts', et même de 'fréquents arrêts'.

De même, la remarque que Tacite, pourtant enclin lui aussi aux généralisations,[21] n'applique qu'aux Chattes: *Nulli domus aut ager, aut aliqua cura prout ad quem venere aluntur,*[22] 'Aucun d'eux n'a maison ou terre ou souci de rien; selon qu'ils viennent chez quelqu'un, on les nourrit' (*Germanie*, XXXI, 5), est reprise par Montesquieu dans *L'Esprit des lois*, XXX, 3, quand il parle des Germains en général, alors que la première partie de la *Germanie*, consacrée aux mœurs communes à tous les Germains, offre un texte en ce sens.[23]

Pourtant Montesquieu, par deux fois, déclare s'inspirer de la phrase de Tacite: *Haec in commune de omnium Germanorum origine ac moribus accepimus; nunc singularum gentium instituta ritusque, quatenus differant [...] expediam,* 'Voilà les renseignements d'ordre général que nous avons recueillis sur l'origine et les mœurs de tous les Germains; je vais exposer maintenant les institutions et les usages de chaque nation, et en quoi elles diffèrent' (*Germanie*, XXVII, 5). Il l'adapte à son propos: 'Les nations germaines, dit Tacite, avaient des usages communs; elles en avaient aussi de particuliers', pour justifier les différences existant entre les codes des diverses peuplades barbares;[24] mais il confond souvent usages particuliers et usages communs, alors que Tacite les examine successivement, en deux parties très distinctes.

Cependant les modifications que Montesquieu introduit dans le texte de Tacite ne vont pas seulement dans le sens d'une généralisation: afin d'étayer plus solidement ses démonstrations, il cherche à grossir les effets qu'il veut obtenir, et souvent au mépris du respect le plus élémentaire des textes. C'est le cas, par exemple, dans *L'Esprit des lois*, XXIII, 21; au cours de ce chapitre dans lequel il montre l'étendue des privilèges accordés aux pères de famille par les lois romaines, il cite Tacite pour prouver que 'le consul qui avait le plus d'enfants [...] avait le choix des provinces'. Or, le texte de Tacite: *Prouincias inter patres sortiti,* 'Ayant obtenu du sort les provinces parmi les pères de famille' (*Annales*, XV, 19, 1), signifie qu'il y avait un tirage au sort propre aux pères de famille, sans aucun doute plus avantageux, mais non que les provinces les plus intéressantes étaient données aux pères de famille les plus méritants: les lois qui, à Rome, tentaient d'enrayer la dénatalité, leur accordaient un certain nombre de privilèges, mais n'allaient pas jusque-là.

De même, dans *L'Esprit des lois*, XV, 18, intitulé *Des affranchissements*, Montes-

---

20. L'information de Montesquieu est peu sûre en ce passage car, dans *La Vie de Claude*, Suétone ne fait justement allusion qu'aux Juifs poussés par 'Chrestos', et non aux Egyptiens.

21. L'idée exprimée par Tacite à propos des Chattes paraît être elle-même une généralisation abusive: seuls quelques guerriers devaient avoir un tel mode de vie (cf. J. Perret, *Introduction à la 'Germanie'*, p.29, n.2).

22. Rappelons que le texte exact est: *ad quemque,* 'chez l'un ou chez l'autre'.

23. *Germanie*, XIV, 5; XV, évoqué dans *L'Esprit des lois*, XVIII, 21.

24. *L'Esprit des lois*, XVIII, 22: 'La loi des Wisigoths, au contraire [etc.]'; *L'Esprit des lois*, XXVIII, 13: 'La loi des Francs ripuaires avait un tout autre esprit.'

quieu énumère les droits des affranchis à Rome: 'On leur donna peu, et on ne les exclut presque de rien [...] ils pouvaient avoir part aux charges et au sacerdoce même; mais ce privilège était, en quelque façon, rendu vain par les désavantages qu'ils avaient dans les élections. Ils avaient droit d'entrer dans la milice; mais pour être soldat, il fallait un certain cens'. Il renvoie au livre XIII des *Annales*, comme dans une note qu'il ajoute en 1748 aux *Considérations*,[25] en citant le début du passage évoqué: *Late fusum id corpus etc.*, 'Cette classe est largement répandue'. La suite porte: *[Disserabatur...] hinc plerumque tribus, decurias, ministeria magistratibus et sacerdotibus, cohortes etiam in Vrbe conscriptas ...*, '[On soutenait que ...] de là provenaient souvent les tribus, les décuries, les services des magistrats et des prêtres, les cohortes mêmes levées dans la ville' (XIII, 27, 1). Au lieu de prendre *ministeria* au sens de 'services, personnel', Montesquieu l'entend au sens de 'fonction', ou peut-être néglige ce mot, comme si Tacite avait écrit ... *decurias, magistratus et sacerdotes* ...: alors que les affranchis n'avaient accès qu'à des emplois subalternes, Montesquieu leur attribue un rôle important dans la cité; de même, quand Tacite parle de *cohortes in Vrbe conscriptas*, des 'cohortes levées dans la ville', il s'agit des cohortes de vigiles, c'est-à-dire de pompiers, qui n'ont aucun rapport avec les milices urbaines préposées à la garde de la cité, plus prestigieuses que les légions. Ajoutons ce qui ne se trouve pas chez Tacite: la notion de cens avait disparu dans l'armée romaine depuis Marius, et les légions étaient devenues des 'armées de pauvres': le dernier argument de Montesquieu tombe donc de lui-même. La série d'antithèses qu'il voulait flagrantes entre droits théoriques et droits réels des affranchis est donc moins convaincante si l'on se reporte au texte de Tacite, et les lois politiques des Romains paraissent moins 'admirables', moins subtiles que Montesquieu ne voudrait le faire croire: il force les oppositions nécessaires à son raisonnement et se laisse emporter par l'esprit de système.

Une semblable inexactitude de traduction, au livre XV, chapitre 10 de *L'Esprit des lois*, permet à Montesquieu de présenter l'esclavage dans un 'peuple simple' comme le peuple germain, sous des dehors flatteurs: 'Vous ne pourriez, dit Tacite, distinguer le maître de l'esclave, par les délices de la vie'. Or, Tacite écrit: *Dominum ac seruum nullis educationis deliciis dignoscas*, 'Aucun raffinement ne distingue l'éducation du maître de celle de l'esclave' (*Germanie*, XX, 3). Si aucun raffinement n'est, à l'origine, le privilège des jeunes gens libres, c'est que ces derniers reçoivent une éducation extrêmement sévère, destinée à les endurcir; avec l'âge viennent les différences. Une fois de plus, Montesquieu force les faits en les simplifiant pour les faire correspondre à ses arguments ou pour leur donner plus de poids.[26]

---

25. Début ch. 13, p.109, n.1.

26. Montesquieu n'agit pas selon un principe différent quand il choisit d'emprunter à Tacite des jugements excessifs, comme dans les *Considérations*, 15, p.119, où il rapporte fidèlement l'opinion suivante: 'Les guerres de Marius et de Sylla ne se faisaient principalement que pour savoir qui aurait [le] droit [de rendre la justice], des sénateurs ou des chevaliers.' Cette phrase vient des *Annales*, XII, 60, 3, où Tacite déclare, après avoir exposé l'évolution de ce droit: *Cum Marius [...] et Sylla olim de eo uel praecipue bellarent*, 'Lorsque ce droit était jadis le principal enjeu des guerres entre Marius et Sylla'. D'après R. Syme, *Tacitus* (Oxford 1958), i.378, c'est à la fois par ignorance et par souci de simplification que Tacite, mal renseigné sur le dernier siècle de la république, émet un tel jugement.

De même, dans *L'Esprit des lois*, VIII, 7, il ne mentionne la fameuse conjuration de Pison, qui tenta en 65 d'abattre Néron, que comme une 'prétendue conjuration', alors que Tacite affirme avec le plus grand soin la réalité de ce complot: *Coeptam adultamque et reuictam coniurationem neque tunc dubitauere, quibus uerum noscendi cura erat, et fatentur qui post interitum Neronis in Vrbem regressi sunt*, 'Qu'un complot ait été formé et développé puis percé à jour, nul n'en douta alors parmi ceux qui avaient souci de la vérité, et le déclarent aussi les exilés qui rentrèrent à Rome après la mort de Néron' (xv, 73, 2). Montesquieu évoque cet événement dans la seule intention de stigmatiser la corruption du régime monarchique, qui se dégrade lorsqu'on avilit les honneurs; or, il lui paraît d'autant plus honteux d'accorder aux favoris de Néron les ornements triomphaux 'sur la découverte et la punition' de cette conjuration que ceux-ci n'ont rendu à leur empereur aucun service susceptible de leur attirer sa reconnaissance. Mais s'il s'est effectivement ourdi un tel complot et si Néron a couru un réel danger, comme c'est le cas, l'exemple perd beaucoup de sa valeur.

Un procédé identique permet à Montesquieu de rendre plus frappante l'iniquité de Tibère, au livre XII, ch. 13 de *L'Esprit des lois*, car cet empereur attacha le grief de crime de lèse-majesté aux écrits 'à cause de [libelles injurieux] qu'il crut faits contre lui'. Or Tacite dit: *Hunc [...] asperauere carmina incertis auctoribus uulgata in saeuitiam superbiamque eius et discordem cum matre animum*, 'Il avait été exaspéré par des vers anonymes qui couraient sur sa cruauté, son orgueil et sa mésintelligence avec sa mère' (*Annales*, I, 72, 4). L'historien latin ne doute pas un instant de la réalité de ces écrits. Si Montesquieu ajoute: 'qu'il crut faits contre lui', c'est pour ajouter aux vices de Tibère une manie de la persécution qui le pousse à d'odieuses vengeances, parfaitement injustifiées.

Montesquieu va même jusqu'au contresens pour accroître les effets créés par les exemples qu'il expose. Le premier n'est pas très grave; il se trouve dans *L'Esprit des lois*, xv, 18, où il écrit: 'Il y eut même des temps où l'on n'osa pas faire des lois [à propos des affranchissements]. Lorsque, sous Néron, on demanda au sénat qu'il fût permis aux patrons de remettre en servitude les affranchis ingrats, l'empereur écrivit qu'il fallait juger les affaires particulières et ne rien statuer de général.' Ces derniers mots reprennent le passage de Tacite: *[Scripsit Caesar senatui] priuatim expenderent causam libertorum, quoties a patronis arguerentur, in commune nihil derogarent*, '[César écrivit au sénat] d'examiner cas par cas la cause des affranchis chaque fois qu'ils seraient accusés par les patrons, mais de ne déroger en rien à la règle commune' (XIII, 27, 3). Il semble que Montesquieu ait confondu *rogare* 'proposer' (une loi), et *derogare*, 'déroger' (à une loi), confusion facilitée par la présence de l'expression *in commune*, 'en général, pour le bien général', peu compréhensible après un verbe dont le régime devrait être à l'ablatif, précédé ou non de la préposition *ab* ou *ex*.[27] Chez Tacite, Néron invite les sénateurs à ne pas modifier la loi existante, à ne pas nier les droits accordés à tous, et à ne pas faire d'exception. Bien que 'l'embarras où l'on se trouva à cet égard' soit patent, la remarque que Montesquieu avait fondée sur ces lignes de Tacite ne se justifie pas autant qu'il le laisse entendre.

Est-ce un contresens que cette traduction qui précise un terme trop vague

---

27. Ou: *in commune nihil derogarent*: que, dans l'intérêt de tous, ils ne fassent aucune exception.

pour servir à une démonstration? Montesquieu n'en est pas loin quand il cite la *Germanie* en ces termes: 'Chacun laisse autour de sa maison un petit terrain ou espace, qui est clos et fermé' (*L'Esprit des lois*, XVIII, 22). Ce pléonasme traduit une expression beaucoup plus simple qu'il reproduit en note: *Suam quisque domum spatio circumdat*, 'chacun entoure sa maison d'un espace' (*Germanie*, XVI, 2). Dans le cas qui nous occupe, le mot *spatium* est ambigu, car il signifie 'espace non construit' et rien n'interdit formellement qu'il soit 'clos et fermé'; mais rien n'indique qu'il constitue une propriété nettement délimitée. L'insistance avec laquelle Montesquieu formule cette idée est d'autant plus forte qu'on ne peut tirer aucun argument du texte invoqué. Il s'agit donc d'une interprétation tendancieuse proche du contresens, destinée à prouver une fois de plus que toutes les institutions germaniques importantes sont décrites dans l'ouvrage de Tacite.

Plus grave est le contresens qui conduit Montesquieu à se méprendre sur l'institution du tribunal domestique, qu'il expose dans *L'Esprit des lois*, XII, 13, 'Des peines établies par les empereurs contre les débauches des femmes': 'Une des principales tyrannies de Tibère fut l'abus qu'il fit des anciennes lois. Quand il voulut punir quelque dame romaine au-delà de la peine portée par la loi Julia, il rétablit contre elle le tribunal domestique.' Il invoque à l'appui de cette affirmation un passage des *Annales*, II, 50, 9: *Adulterii grauiorem poenam deprecatus, ut, exemplo maiorum, propinquis suis ultra ducentesimum lapidem remoueretur suasit. Adultero Manlio Italia atque Africa interdictum est*, 'Ayant demandé un adoucissement à la peine de l'adultère, il persuade ses parents de suivre l'exemple de ses ancêtres en l'éloignant de Rome à une distance de deux cents milles. Son complice Manlius se vit interdire l'Italie et l'Afrique.' Le sens des *Annales* est clair: il s'agit, non d'une aggravation, mais d'une diminution de la peine habituelle, la déportation dans une île,[28] plus lourde que ne le pensait Montesquieu.[29] Son erreur vient sans doute d'une mauvaise interprétation du verbe *deprecatus*, qui signifie à la fois 'prier de ne pas' et 'demander, solliciter'. Aussi compréhensible que soit ce contresens, il n'en est pas moins grave,[30] car Montesquieu généralise la conclusion qu'il tire de cette page mal comprise; alors que Tacite ne se livre à aucun commentaire, Montesquieu fait découler de cette décision deux conséquences conformes aux idées reçues ou à celles qu'il avait déjà exprimées, et qui l'ont poussé à d'autres inexactitudes, comme nous l'avons vu: la cruauté de Tibère se manifeste dans tous ses actes, et surtout sa suprême habileté est de recourir aux formes légales pour imposer l'injustice.[31] Une

---

28. Cf. *BG*, i.310, n.36.

29. *L'Esprit des lois*, VII, 11, n.2 et n.3.

30. Aussi est-il allègrement relevé par Dupin, ii.84, et par Ernesti, p.ix.

31. Cf. *Considérations*, ch.14, p.111, où Montesquieu écrit, à propos de Tibère: 'Il n'y a point de plus cruelle tyrannie que celle que l'on exerce à l'ombre des lois, et avec les couleurs de la justice'. Cette haine de la tyrannie se retrouve une fois de plus dans la traduction que donne Montesquieu de l'expression: *Plebs circo ac theatris sueta*, 'La plèbe accoutumée aux jeux et aux spectacles' (cf. *Histoires*, I, 4, 3; I, 72, 4; I, 32, 1; III, 2, 3). Il modifie insensiblement la phrase, en la faisant passer à la voix active et en rejetant sur un indéfini 'on' c'est-à-dire les empereurs, la responsabilité de l'avilissement de la plèbe: 'On l'avait accoutumé[e] aux jeux et aux spectacles' (*Considérations*, ch.15, p.118). Tacite n'est pas opposé à cette analyse: il insiste plusque Montesquieu sur la bassesse de ces masses et sur leur penchant naturel aux occupations les plus dégradantes. Cet exemple minime nous a pourtant paru particulièrement révélateur, et confirme la leçon qu'il faut tirer de modifications

nouvelle fois, l'esprit de système prend le dessus d'une manière particulièrement visible: Montesquieu trahit réellement Tacite.

plus grossières.

Conclusion: fidélité et partis pris

Au terme de cette analyse, il nous est possible de porter un jugement précis sur la fidélité avec laquelle Montesquieu a traité le texte de Tacite. Si l'on écarte plusieurs erreurs minimes qui nous paraissent cependant devoir être signalées, ne serait-ce que pour en montrer l'insignifiance, le nombre des cas douteux n'est pas réellement important, par rapport au grand nombre d'emprunts scrupuleux qui, à première vue, n'attirent pas notre attention mais qui constituent la majorité des références à Tacite.

Ces références, présentées comme des citations exactes, sont parfois trompeuses, comme on le voit lorsque Montesquieu adapte une traduction (à propos de l'exposition des enfants), reconstruit un texte (les 'quatre ordonnances' de Néron, le discours de Tibère relatif aux lois somptuaires), ajoute une phrase de son cru à une ligne de Tacite (au sujet des récompenses accordées aux délateurs) ou donne comme sienne une idée de Tacite (le paiement des droits par l'acheteur). Fautes vénielles, qui prouvent une désinvolture, consciente ou non, peu surprenante au dix-huitième siècle, et qui modifient à peine la portée de ces références.

Le second défaut qui tient à la forme de l'information présentée par Montesquieu vient du fait que toute citation est privée de son contexte: Montesquieu peut donc être tenté d'en user avec quelque liberté. Trois extraits de la *Germanie* (à propos de l''espace clos et fermé' qui entoure la maison, du régime monarchique des Suions, et des crimes capitaux), et deux pages des *Annales* (les causes de la vogue des suicides à Rome et le changement de statut de deux provinces) le montrent.

Mais le procédé le plus fréquent, le plus visible et le plus dangereux consiste à modifier le texte original ou le sens qui s'en dégage: qu'il s'agisse des arrêts rendus à Rome contre les cultes étrangers, des coutumes propres aux Chattes, des privilèges destinés à favoriser la 'propagation de l'espèce', des droits des affranchis, de la douceur de l'esclavage chez les Germains, de la 'prétendue' conjuration de Pison, de l'institution par Tibère de la loi de lèse-majesté, nous avons affaire à des inexactitudes de traduction, plus ou moins graves et en nombre limité (sept). En revanche Montesquieu se fonde sur de véritables contresens, ou peu s'en faut, quand il évoque les problèmes juridiques posés par les affranchis ingrats, l'espace 'libre' de la terre salique et le rétablissement du tribunal domestique par Tibère; de ces trois cas, seul le dernier est incontestable et a de réelles conséquences. Rappelons en regard que nous avons compté, dans toute l'œuvre de Montesquieu, cent quarante-sept emprunts à Tacite![1]

Ces chiffres et l'analyse précise de chaque cas démentent donc l'impression qui se dégage d'abord de la multitude d'inexactitudes ou d'erreurs que nous avons relevée. Certes la méthode de Montesquieu n'est pas sans faiblesse, mais on ne peut guère lui reprocher de ne pas avoir montré une rigueur dont bien des modernes seraient incapables. On peut tout de même affirmer que, compte

---

1. Voir notre Appendice II, pp.183ss.

tenu de l'importance de la documentation nécessaire et de la difficulté que présente l'insertion de la pensée d'autrui dans une œuvre personnelle, Montesquieu a su dans l'ensemble faire preuve de perspicacité, de soin et d'honnêteté. A la limite, en donnant aux faits ces petits 'coups de pouce', Montesquieu n'a fait que suivre la direction indiquée par Tacite: n'est-ce pas Tacite qui, dans la *Germanie*, a fait de peuplades sauvages 'un peuple de demi-dieux'?[2] N'est-ce pas aussi à lui que l'on doit la dénonciation impitoyable et souvent partiale de la tyrannie exercée par Tibère? Montesquieu n'a-t-il pas fait preuve de la plus grande fidélité en reprenant jusqu'aux défauts de l'historien? Ce serait aller trop loin, car nous avons rencontré plusieurs manifestations de l'esprit de système propre au philosophe.

Souvent les effets en sont peu importants. Dans un certain nombre de cas, très divers, pour une démonstration de portée limitée, Montesquieu a besoin d'un détail précis: il fait alors plier le texte de Tacite, il croit le lire dans les termes qui lui conviennent. Mais nous pouvons également dégager certaines constantes; c'est essentiellement pour idéaliser la république romaine, mais surtout le peuple germain, ou bien pour mettre l'accent, de façon presque antithétique, sur la tyrannie des empereurs romains, et surtout sur celle de Tibère, que Montesquieu procède à des généralisations, des simplifications, des exagérations qui se traduisent par des modifications de tous ordres. L'omission se prête davantage, semble-t-il, à l'idéalisation, comme le montrent les trois cas dans lesquels Montesquieu ne tient pas compte du contexte immédiat, dans la *Germanie*; mais cette règle n'est pas absolue; proclamer la douceur de l'esclavage chez les Germains est une inexactitude grave. Les modifications les plus sensibles, les plus proches du contresens, convergent pour noircir Tibère ou Néron: si Montesquieu a l'amour de la liberté et d'un certain idéal incarné par les Germains, on peut penser qu'il a aussi la haine de la tyrannie. Voilà les principales leçons que nous retiendrons d'une étude peut-être fastidieuse, mais particulièrement révélatrice, des partis-pris et des convictions profondes de Montesquieu.

2. L'expression est de J. Perret, Introduction, p.30.

IV

Affinités esthétiques

QUAND Montesquieu délaisse le travail historique d'information pour privilégier l'aspect littéraire des textes qu'il emploie, est-il réellement fidèle à l'artiste dont il se proclame parfois le modeste traducteur? Il ne serait pas l'écrivain que nous connaissons s'il n'avait souvent cédé à la tentation de réécrire les pages qui le frappaient: ainsi procède-t-il avec Tacite. Il nous est donc encore possible, en comparant le texte de l'historien et les passages qui en sont inspirés, de surprendre Montesquieu dans son travail 'créateur' et d'apprécier ainsi ses tendances profondes. Paradoxalement, le philosophe qui, nous l'avons vu, se plaît à exagérer certains effets suggérés par les *Annales*, est aussi un écrivain soucieux de les atténuer; la *Germanie* ne lui paraît jamais assez sobrement écrite. Il n'en reste pas moins cohérent avec lui-même, car en tant qu'historien il éprouve le même besoin de simplifier, d'épurer le texte dont il dispose. Mais ce qui répond à une exigence de clarté est chez l'écrivain un appauvrissement incontestable, et si Montesquieu admire le peintre qu'est Tacite, son trait est trop sec pour qu'il puisse espérer l'imiter – dans la mesure où telle était son intention. En effet, n'espérant pas réellement *traduire* Tacite, il sait *s'inspirer* d'un langage conforme a ses propres aspirations. Imprégné du style énergique et concis qui a fait la réputation de l'historien, il fait de la maxime chère au moraliste un des principes de son esthétique: le style devient l'emblème d'une méthode.

1. Montesquieu traducteur de Tacite: refus de la mauvaise rhétorique

i. Exemples tirés de la *Germanie*

Un passage particulièrement long montre au mieux la façon dont Montesquieu supprime les élégances réelles ou supposées du texte de Tacite, pour le rendre plus sobre, plus nerveux et plus clair. Pour faciliter la comparaison, nous mettons en regard le texte de la *Germanie*, xiii, 3-xiv, 5, la traduction de J. Perret et la version que Montesquieu en donne dans le livre xxx, chapitre 3 de *L'Esprit de lois*:

Germanie	Traduction de J. Perret	*L'Esprit des lois*
XIII, 3 *Magnaque et comitum aemulatio, quibus primus apud principem suum locus, et principum, cui plurimi et acerrimi comites.*	Il y a aussi une grande émulation et entre les compagnons à qui aura la première place auprès du chef, et entre les chefs à qui aura les compagnons les plus nombreux et les plus ardents.	Il y avait entre eux une émulation singulière pour obtenir quelque distinction auprès du prince, et une même émulation entre les princes sur le nombre et la bravoure de leurs compagnons.
XIII, 4 *Haec dignitas, hae uires, magno semper electorum iuuenum globo circumdari,*	C'est la grandeur, c'est la force, d'être entouré toujours d'un groupe important de jeunes gens d'élite,	C'est la dignité, c'est la puissance d'être toujours entouré d'une foule de jeunes gens que l'on a choisis;
XIII, 4 *in pace decus, in bello praesidium*	ornement dans la paix, garde dans la guerre.	c'est un ornement dans la paix, c'est un rempart dans la guerre.
XIII, 5 *Nec solum in sua gente cuique, sed apud finitimas quoque ciuitates id nomen, ea gloria est,*	Et ce n'est pas seulement dans sa nation, c'est encore auprès des cités voisines que la réputation, la gloire est acquise	On se rend célèbre dans sa nation et chez les peuples voisins
XIII, 5 *si numero ac uirtute comitatus emineat:*	à quiconque se distingue par le nombre et la valeur de ses compagnons	Si l'on surpasse les autres par le nombre et le courage de ses compagnons
XIII, 5 *expetuntur enim legationibus et muneribus ornantur et ipsa plerumque fama bella profligant.*	on les sollicite par des ambassades, on leur offre des présents et souvent leur seul nom décide de l'issue des guerres.	On reçoit des présents; les ambassades viennent de toutes parts. Souvent la réputation décide de la guerre.

XIV, 1

Cum uentum in aciem, turpe principi uirtute uinci,

Sur le champ de bataille, il est honteux pour le chef d'être vaincu en courage,

Dans le combat il est honteux au prince d'être inférieur en courage.

XIV, 1

turpe comitatui uirtutem principis non adaequare.

il est honteux pour les compagnons de ne pas égaler le courage du chef.

Il est honteux à la troupe de ne point égaler la vertu du prince.

XIV, 2

Iam uero infame in omnem uitam ac probrosum superstitem principi suo ex acie recessisse.

Mais surtout c'est une flétrissure pour toute la vie et un opprobre d'être revenu d'un combat où son chef a péri.

C'est une infamie éternelle de lui avoir survécu.

XIV, 2

Illum defendere, tueri, sua quoque fortia facta gloriae eius adsignare praecipuum sacramentum est

le défendre, le sauver, rapporter à sa gloire ses propres exploits voilà l'essence de leur engagement:

L'engagement le plus sacré, c'est de le défendre.

XIV, 2

principes pro uictoria pugnant, comites pro principe.

les chefs combattent pour la victoire, les compagnons pour leur chef.

[Phrase omise]

XIV, 3

Si ciuitas in qua orti sunt longa pace et otio torpeat, plerique nobilium adulescentium petunt ultro eas nationes quae tum bellum aliquod gerunt,

Si la cité où ils sont nés s'engourdit dans l'oisiveté d'une longue paix, la plupart des jeunes nobles s'en vont d'eux-mêmes chez des peuples qui ont alors quelque guerre

Si une cité est en paix, les princes vont chez celles qui font la guerre.

XIV, 3

Quia et ingrata genti quies et facilius inter ancipitia clarescunt

Car cette nation déteste l'état de paix, puis il leur est plus facile de s'illustrer dans les hasards

[Phrase omise]

XIV, 3

Magnumque comitatum non nisi ui belloque tueare

et l'on ne peut entretenir de nombreux compagnons que par la violence et la guerre

C'est par là qu'ils conservent un grand nombre d'amis

XIV, 4

exigunt enim principis sui liberalitate illum bellatorem equum, illam cruentam uictricemque frameam;

ils exigent en effet de la libéralité de leur chef ce cheval de bataille, cette sanglante et victorieuse framée;

Ceux-ci reçoivent d'eux le cheval du combat et le javelot terrible.

XIV, 4

nam epulae et quamquam incompti, largi tamen apparatus pro stipendio cedunt;

la table du chef avec ses apprêts grossiers, mais abondants, leur tient lieu de solde.

Les repas peu délicats, mais grands, sont une espèce de solde pour eux.

XIV, 4

materia munificentiae per bella

la source de la munificence

le prince ne soutient ses li-

| *et raptus.* | est dans la guerre et le pillage. | béralités que par les guerres et les rapines. |

XIV, 5

| *Nec arare terram aut exspectare annum tam facile persuaseris quam uocare hostem et uulnera mereri.* | Et on les persuaderait moins aisément de labourer la terre et d'attendre la saison que de provoquer l'ennemi et de gagner des blessures. | Vous leur persuaderiez bien moins de labourer la terre et d'attendre l'année que d'appeler l'ennemi et de recevoir des blessures. |

XIV, 5

| *Pigrum quin immo et iners uidetur sudore adquirere quod possis sanguine parare.* | Bien plus, c'est à leurs yeux paresse et lâcheté que d'acquérir par ses sueurs ce qu'on peut obtenir par son sang. | ils n'acquerront pas par la sueur ce qu'ils peuvent obtenir par le sang. |

La première remarque qui s'impose est la relative brièveté de la page de Montesquieu, plus resserrée encore que le texte original, alors que généralement le français est plus prolixe que le latin. Montesquieu arrive à condenser ainsi cet extrait de Tacite en supprimant plusieurs phrases, dont une des plus belles sentences de la *Germanie*: 'les chefs combattent pour la victoire, les compagnons pour leur chef'.[1] Il en est de même pour la parenthèse explicative: 'car cette nation déteste l'état de paix, puis il leur est plus facile de s'illustrer dans les hasards', car elle n'apporte aucun élément nouveau. Il omet également quelques expressions: 'ce n'est pas seulement [...], c'est encore' (*Germanie*, XIII, 5), ou 'bien plus, c'est [...]' (XIV, 5), qui donnent à la phrase son élan et son emphase, mais surtout il élague presque systématiquement les redondances: 'la réputation, la gloire est acquise' devient 'on se rend célèbre'; 'c'est une flétrissure et un opprobre' est traduit par 'c'est une infamie' (XIV, 2); 'le défendre, le sauver' par 'le défendre'. 'La table du chef avec ses apprêts grossiers mais abondants' (XIV, 4) est simplifié: 'Les repas peu délicats mais grands'. Les détails qui lui paraissent inutiles ou trop longuement développés disparaissent: 'La cité où ils sont nés' (XIV, 3), par exemple, est purement et simplement omis; 'La plupart des jeunes nobles s'en vont d'eux-mêmes' (XIV, 3) devient 'les princes vont [...]'. Les expressions recherchées et expressives sont traduites en termes plus plats: 'recevoir des blessures' pour 'gagner des blessures' (XIV, 5), 'le javelot terrible' pour 'cette sanglante et victorieuse framée' (XIV, 4); 'si une cité est en paix' pour 'si une cité s'engourdit dans l'oisiveté' (XIV, 3).

Pourtant Montesquieu donne parfois une version plus étoffée et plus emphatique que l'original: 'les ambassades viennent de toutes parts' pour 'on les sollicite par des ambassades' (XIII, 5); 'c'est un ornement dans la paix, c'est un rempart dans la guerre', pour 'ornement dans la paix, garde dans la guerre' (XIII, 4); ou 'le prince ne soutient ses libéralités ...' pour 'la source de cette munificence' (XIV, 4). Mais ces exceptions ne pèsent guère face à la liste que nous avons dressée et qui, sans être exhaustive, montre que Montesquieu s'accommode mal d'un texte aussi chargé. Au début du chapitre, où il justifie l'absence des fiefs chez les Germains, il traduit l''attique' César avec la plus grande exactitude: il n'y a rien à retrancher à des pages qui 'sont des volumes' (*L'Esprit des lois*, XXX,

1. Le P. Bouhours, *Pensées ingénieuses des Anciens et des Modernes* (Lyon 1693), p.456, l'avait déjà remarquée. Cf. aussi J. Perret, Introduction, p.42.

2). Mais quand il s'agit de Tacite, le problème n'est plus le même: si son ouvrage est court, Montesquieu le voudrait plus court encore, dépouillé des traits qui donnent à ce que nous considérons comme un traité de géographie et d'ethnologie l'allure d'une conférence mondaine.[2]

ii. Volonté de dépouillement et souci d'éviter le piège des mots

Est-ce à dire que Montesquieu, 'littérateur impur', pour reprendre l'expression de J. Starobinski,[3] est gêné par les ambiguïtés de cette œuvre? Le langage imagé ou oratoire de Tacite lui paraît-il inadéquat à un sujet d'ordre historique qui demande autant de précision? Les descriptions des expériences de physique auxquelles il s'est livré nous montrent que la langue des belles-lettres est aussi celle des sciences, et que rien, à ses yeux, ne saurait échapper au langage qui émane de la raison. Il affecte d'ignorer les traits presque précieux de la *Germanie*, car il y voit les excès d'un langage trop travaillé où la raison risque de disparaître au profit du mot.[4] Ils ne seraient pas si choquants pour l'auteur du *Temple de Gnide* s'ils n'étaient en contradiction avec la netteté et la profondeur des analyses qui ont inspiré à Montesquieu sa célèbre formule: 'Tacite, qui abrégeait tout, parce qu'il voyait tout' (*L'Esprit des lois*, xxx, 2). Ce n'est donc pas pour donner à son sujet une assise plus scientifique, plus rigoureuse, qu'il veut dépouiller ce langage des ses artifices les plus voyants et les moins utiles, mais pour tirer de sa pensée ce qu'elle a de plus incisif.

Ainsi, dans la *Dissertation sur la religion* (des Romains) (Nagel, iii.49-50), Montesquieu reprend un passage de la *Germanie* (xxxiv, 2): *Ipsum quin etiam Oceanum illa temptauimus: et superesse adhuc Herculis columnas fama uulgauit, siue adiit Hercules, seu quidquid ubique magnificum est in claritatem eius referre consensimus*, 'Nous avons dans ces régions tenté l'Océan lui-même; la renommée a publié que des colonnes d'Hercule y existent encore, soit qu'Hercule ait visité ces lieux ou que nous nous accordions à référer à sa gloire tout ce qu'on voit partout de grand.' Sa traduction est plus courte, et surtout plus concrète et plus simple: 'Nous avons percé jusqu'à l'Océan, dit Tacite, et nous y avons trouvé les colonnes d'Hercule, soit qu'Hercule y ait été, soit que nous ayons attribué à ce héros tous les faits dignes de sa gloire.' La périphrase 'tenter l'Océan', qui fait allusion à l'expédition de Drusus en Mer du Nord (cf. *Germanie*, xxxiv, 3), n'a pas été comprise par Montesquieu, qui la remplace par un terme plus précis: 'percer jusqu'à l'Océan'. L'expression 'la renommée a publié' est supprimée. La page de Montesquieu est plus claire, donc plus efficace; comme elle a pour but de dénoncer le halo légendaire dont s'entoure la religion antique, elle ne peut s'accommoder du flou instauré par l'historien, même si ce dernier, en ironisant sur des croyances superstitieuses, est animé d'intentions semblables.

En transformant en maxime une phrase du même chapitre, *sanctius ac reuerentius uisum de actis deorum credere quam scire*, 'en ce qui concerne les exploits des dieux, on a jugé plus saint, plus respectueux, de croire que de savoir' (*Germanie*, xxxiv,

---

2. Cf. J. Perret, Introduction, pp.10-11 et 33-34.
3. *Montesquieu par lui-même* (Paris 1967), (1ère édition 1953), pp.17-18.
4. Cf. J. Perret, p.34.

4), Montesquieu n'est pas seulement poussé par des raisons d'ordre purement esthétique, mais aussi par celles que nous venons de voir. En effet quand il écrit dans le *Catalogue*:[5] *De actis deorum facilius credere quam scire*, 'En ce qui concerne les exploits [ou, de façon plus générale, 'la conduite'] des dieux, il est plus facile de croire que de savoir', il élargit la portée de cette réflexion qui à l'origine ne s'applique pas à des croyances religieuses, mais à une dénomination géographique, pour en faire une sentence ironique destinée bien sûr aux *Interpretes critici et commentatores catholici* qui figurent si nombreux dans sa bibliothèque, mais plus générale encore. S'il l'extrait du contexte qui lui donne son aspect maniéré, ce n'est pas pour la dénaturer, mais pour lui donner son expression la plus claire et la plus mordante. Réduire la redondance 'saint et respectueux' au simple adjectif 'facile', c'est tourner en dérision de façon plus ouverte les sentiments religieux affectés par les Romains, c'est refuser de se servir du vocabulaire qui a permis à la superstition de se développer, de se laisser prendre au piège d'un langage conventionnel.

Pourtant, si Montesquieu se laisse tenter parfois par cette écriture maniérée, ce n'est pas pour reprendre aveuglément des termes dont il ne saurait se détacher mais plutôt pour donner de la solennité à sa phrase, ou pour résoudre une difficulté de traduction. Dans *L'Esprit des lois*, xviii, 25, pour rendre: *nec corrumpere et corrumpi saeculum uocatur*, 'et ce n'est pas "être de son temps" que de corrompre ou d'être corrompu' (*Germanie*, xix, 3), expression dans laquelle le terme *saeculum*, 'le siècle, l'époque', est pris au sens figuré de 'l'esprit de l'époque', il juxtapose deux expressions presque synonymes: 'Corrompre ou être corrompu ne s'appelle point un usage ou une manière de vivre'; ces deux membres de phrase de trois et huit syllabes reprennent en l'amplifiant le rythme du couple précédent, '*corrompre ou être corrompu*', qui comptaient respectivement deux et six syllabes.

Le même passage nous offre un exemple comparable. Quand Montesquieu écrit 'Il y a peu d'exemples, dans une nation si nombreuse, de la violation de la foi conjugale', pour traduire *paucissima in tam numerosa gente adulteria*, 'dans une nation si nombreuse, les adultères sont extrêmement rares', il veut à la fois ennoblir un terme vulgaire: 'les adultères', et clore sur un alexandrin[6] la série de trois termes d'ampleur croissante qui composent cette phrase.[7]

iii. Une sobriété excessive: disparition de la couleur dramatique

Mais de semblables exemples sont rares, et dans l'ensemble, Montesquieu cherche à traduire le texte latin avec le plus de sobriété possible: à ses yeux l'élégance du style passe d'abord par la discrétion; il ne désire pas attirer le

5. *Catalogue*, p.6, en exergue de la rubrique *Interpretes critici et commentatores catholici*.
6. A condition de respecter la diérèse vi-olation.
7. Il y a peu d'exemples /6/ dans une nation si nombreuse /8/ de la violation de la foi conjugale /12/.
C'est pour éviter l'accumulation de mots voisins que dans *L'Esprit des lois*, vii, 4, Montesquieu traduit ainsi: 'Les exemples de la dureté des anciens avaient été changés en une façon de vivre plus agréable', une phrase des *Annales*, iii, 34, 2: *Multa duritiei ueterum melius et laetius mutata*, 'Sur bien des points, la rudesse antique avait été améliorée et adoucie', mais il est forcé d'user d'une périphrase, 'en une façon de vivre', que lui impose la structure de la phrase française: sa traduction, en ce cas, n'est pas plus nerveuse que la phrase latine.

lecteur par des traits trop brillants, par les 'saillies' que lui offre le passage du latin au français, et surtout il a conscience de la difficulté de ce travail: la souplesse et les hardiesses du latin ne lui paraissent pas aisément transposables. Il semble même effrayé par les termes imagés et les constructions qui pourtant ne sont pas propres à Tacite: dans les *Considérations* (ch.17, p.137, n.3) il traduit: *Italia [...] nec nunc infecunditate laboratur*, 'Et maintenant encore l'Italie ne souffre pas de stérilité' (*Annales*, XII, 43, 2), par une expression plus plate: 'L'Italie n'est pas encore stérile'. La phrase suivante: 'Nous aimons mieux exposer aux accidents la vie du peuple romain' ne rend pas l'alliance de mots voulue par Tacite: *nauibusque et casibus uita populi Romani permissa est*, 'Et la vie du peuple romain est abandonnée aux navires et aux hasards'.[8]

De même, il raccourcit le passage que Tacite consacre à l'habitat des Germains: 'ils vivent isolés, séparés, selon qu'une source, un champ, un bois leur a plu', *Colunt discreti ac diuersi, ut fons, ut campus, ut nemus placuit*,[9] en supprimant dans la citation latine *ut campus, ut nemus*, 'un champ, un bois', et en ne faisant aucune allusion à cette phrase dans sa traduction, car il l'estime sans doute inutile à son développement. Mais ainsi il perd le tableau suggéré par Tacite, la vie libre et tranquille que mènent les Germains au sein de la nature, tout comme dans l'exemple précédent, en faisant disparaître la valeur concrète de l'expression 'abandonnée aux navires et aux hasards' et en négligeant la couleur poétique née du rapprochement de ces deux mots, il rendait moins précise et moins sensible la menace qui pesait sur le peuple romain. Les conséquences sont identiques dans l'exposé sur les origines du vasselage que nous avons vu: sa traduction ne rend pas les images qui animaient cette longue page théorique, comme 'cette sanglante et victorieuse framée' ou 'Si la cité [...] s'engourdit dans l'oisiveté'.

Ces exemples nous montrent comment Montesquieu, prisonnier de son parti-pris initial, afin de donner à ses citations le plus d'efficacité possible, en efface les couleurs et finalement les prive d'une grande partie de leur poids: chez lui le mouvement se fige, le tableau fait place à une démonstration. Nous avons noté qu'il forçait les effets qu'il voulait suggérer mais il reste alors dans l'abstrait: il évite de montrer Tibère s'acharnant sur ses victimes, car il ne veut pas user de moyens aussi grossiers, mais il cite les mesures prises par cet empereur: au lecteur d'en tirer les conséquences. Cependant la limite entre le refus et l'impuissance est incertaine, et dans bien des pages où Montesquieu a tenté de se rapprocher de l'original ou du moins de construire des morceaux qui l'égalent, il n'en a donné qu'un écho appauvri.[10]

En effet, nombreux sont les exemples où Montesquieu n'a pas atteint son but; quand dans les *Considérations*, il écrit (ch.14, p.112): 'Les sénateurs allaient au

8. Pour rendre plus fidèlement la structure de la phrase nous modifions la traduction de P. Wuilleumier, qui écrit: 'abandonnant aux navires [...]'

9. *Germanie* XVI, 1, in *L'Esprit des lois*, XVIII, 22.

10. Notons toutefois, dans *L'Esprit des lois*, XXII, 22, le tour suivant: 'une usure affreuse, toujours foudroyée et toujours renaissante, s'[...] établit [à Rome]', qui rend sans aucune exactitude mais avec bonheur deux phrases des *Annales*, VI, 16, 2, où Tacite, parlant de l'usure, écrit: *[fraudibus] quae totiens repressae miras per artes rursum oriebantur*, '[aux fraudes] qui tant de fois réprimées, reparaissaient toujours par d'étonnants artifices' et: *Sane uetus Vrbi faenebre malum*, 'A vrai dire, l'usure était un mal invétéré pour la Ville' (VI, 16, 1).

devant de la servitude', il ne sait pas rendre l'élan suggéré par les *Annales*:[11] *At Romae ruere in seruitium consules, patres, eques*, 'Mais à Rome, tous se ruent à la servitude, consuls, sénateurs, ordre équestre'. Il en est de même, dans *L'Esprit des lois*, au livre xxviii, chapitre 21, intitulé 'Nouvelle réflexion sur le point d'honneur chez les Germains', où Montesquieu avait tout intérêt à faire ressortir la honte qui chez les Germains s'attache au guerrier soupçonné d'avoir manqué de vaillance. Or on lit: 'C'était [...] une grande infamie d'avoir abandonné son bouclier dans le combat; et plusieurs, après ce malheur, s'étaient donné la mort', alors que Tacite est beaucoup plus énergique, et n'omet aucun détail susceptible de nous rendre sensible l'étendue de ces sanctions morales: *Scutum reliquisse praecipuum flagitium, nec aut sacris adesse aut concilium inire ignominioso fas; multique superstites bellorum infamiam laqueo finierunt*, 'Abandonner son bouclier est le comble de la honte, et l'assistance aux cérémonies, l'accès de l'assemblée est interdit à l'homme frappé des cette infamie; beaucoup de ceux qui se sont échappés d'une guerre ont mis un terme à leur opprobre en se pendant' (*Germanie*, vi, 6). Le texte de Tacite, privé du détail final qui précise l'évocation du suicide et des termes violents qui répètent la condamnation sans appel portée par l'ensemble de la société contre l'un de ses membres, est-il encore à même de suggérer l'importance du point d'honneur chez les Germains? Montesquieu n'aurait-il pas mieux fait comprendre des mœurs auxquelles il estime devoir consacrer deux chapitres[12] s'il avait gardé la couleur tragique de cette anecdote, dont il réduit singulièrement la portée?

Mais l'exemple le plus probant nous est fourni par les *Annales*: le livre iii, chapitre 60, 1, est la source d'un paragraphe du livre xxv, chapitre 3 de *L'Esprit des lois*, dans lequel Montesquieu expose les modalités du droit d'asile dans les temples, et les excès auxquels on en arrivait parfois. Il est intéressant de comparer les deux textes, phrase par phrase:

Annales		*Esprit des lois*
Crebrescebat enim Graecas per urbes licentia atque impunitas asyla statuendi.	En effet, dans les villes grecques se répandaient la licence et l'impunité d'instituer des lieux d'asile.	Ces asiles se multiplièrent dans la Grèce.
Complebantur templa pessimis seruitiorum; eodem subsidio obaerati aduersum creditores suspectique capitalium criminum receptabantur,	Les temples se remplissaient des pires esclaves; le même refuge servait aussi de réceptacle aux débiteurs contre leurs créanciers et aux suspects de crimes capitaux	Les temples, dit Tacite, étaient remplis de débiteurs insolvables et d'esclaves méchants
nec ullum satis ualidum imperium erat corcendis seditionibus populi, flagitia hominum ut caerimonias deum protegentis.	et aucune autorité n'était assez forte pour réprimer les émeutes d'un peuple qui protégeait les forfaits des hommes comme des cérémonies des dieux	les magistrats avaient de la peine à exercer la police; le peuple protégeait les crimes des hommes, comme les cérémonies des dieux[13]

11. I, 7, 1. Cf. p.88, n.16, *in fine*.

12. *L'Esprit des lois*, xxviii, 20 et 21.

13. La phrase suivante, 'le sénat fut obligé d'en retrancher un grand nombre', est un résumé du chapitre 63.

monies envers les dieux.

D'abord Montesquieu ne rend pas le mouvement de la première phrase, dans laquelle le premier mot, un verbe, *crebrescebat*, 'se répandaient', suffit pour évoquer l'ampleur du phénomène, confirmée par la juxtaposition de deux mots abstraits, *licence* et *impunité*; si le premier de ces procédés passe difficilement en français, le second ne pose pas de problème au traducteur.[14] Le superlatif *des pires esclaves* est beaucoup plus énergique que l'expression correspondante *des esclaves méchants*; pourtant, au stade du manuscrit, Montesquieu avait gardé cette forme qui choque l'euphonie, et avait écrit: *des esclaves les plus méchants* (vol.5, f.218); il n'a donc pas adopté cette formule par inadvertance. Quant au tour *aux débiteurs insolvables*, s'il permet d'équilibrer la phrase, il ne donne pas l'idée des conflits que suggère la préposition *contre*. Le terme le plus important du passage, dans la mesure où l'idée pivot de ce chapitre de *L'Esprit des lois* est l'extension du droit d'asile aux criminels, et non plus seulement aux homicides involontaires, n'est pas clairement exprimé, sinon dans la phrase suivante, dans laquelle Montesquieu atténue encore le texte de Tacite: l'expression 'aucune autorité n'était assez forte' devient 'les magistrats avaient de la peine à exercer la police', 'les émeutes d'un peuple' disparaît; seule demeure intacte la comparaison finale,[15] fondée sur une symétrie toute rhétorique facilement transposable en français. La page pleine de vigueur des *Annales* s'est donc transformée en un paragraphe où s'emboîtent les constructions symétriques: aux débiteurs répondent les esclaves, les magistrats s'opposent au peuple, les crimes aux cérémonies, les hommes aux dieux; le texte est plus harmonieux, plus régulier, mais incomparablement plus plat.

Incontestablement, Montesquieu a voulu construire une page dont il a soigneusement pesé les effets; il en a travaillé et la structure et les détails, en un langage qui n'est pas la copie servile du latin, et qui, de ce fait, est libéré des entraves qui gênaient les traducteurs de Tacite. Mais ce chemin l'a conduit lui aussi à l'échec. N'en est-il pas conscient? On peut le penser quand on relève les cas où il évite de se mesurer avec l'historien latin, et où il se contente de renvoyer sommairement aux *Annales* pour évoquer des scènes pathétiques qu'il se sait incapable d'animer,[16] bien qu'il soit fort sensible à l'aspect théâtral des épisodes décrits par Tacite, et qu'il soit d'ordinaire mieux inspiré pour faire revivre les tableaux spectaculaires de l'histoire romaine, comme le prouvent maints passages des *Considérations*.

iv. Quelques exceptions: l'évocation de la loi de lèse-majesté

Pourtant ces aveux paraissent démentis par toutes les pages inspirées par

14. La première phrase de Montesquieu peut, il est vrai, être considérée comme une simple introduction, et non comme une traduction.

15. Encore peut-on se demander si Montesquieu n'a pas mal compris cette phrase, et n'a pas juxtaposé *crimes des hommes* et *cérémonies des dieux*, en donnant à *comme* la valeur de coordination, alors que chez Tacite le *ut* introduit une comparaison et rend l'idée beaucoup plus riche.

16. Cf. *L'Esprit des lois*, x, 13: 'Enfin ce que j'ai dit, que la bonté des mœurs n'est pas le principe du gouvernement d'un seul, ne se vérifie jamais mieux que sous ces premiers empereurs; et si l'on en doutait, on n'aurait qu'à lire Tacite, Suétone, Juvénal et Martial.' Cf. aussi *Considérations*, ch. 14, p.114: 'Il faut voir les historiens décrire la désolation publique, si grande, si longue, si peu modérée', avec cette note: 'Voyez Tacite' (*Annales*, II, 82). Remarquons aussi dans les *Considérations*, ch. 14, p.112, une expression révélatrice (c'est nous qui soulignons): 'Ce corps [le sénat] tomba dans un état de bassesse *qui ne peut s'exprimer*: les sénateurs allaient au-devant de la servitude.'

l'horreur de la tyrannie, dans lesquelles Montesquieu sait trouver des accents vibrants pour dépeindre Rome asservie aux empereurs et les Romains soumis à la toute-puissante loi de lèse-majesté. L'atmosphère de terreur dans laquelle baignent les récits des *Annales* donne aux descriptions de Montesquieu un éclat proche de 'l'effet apocalyptique' créé par Tacite,[17] éclat qui n'est pas seulement dû à l'accumulation de détails atroces, pas plus qu'à 'l'épaisseur de l'accélération' suggérée au fil des pages par le nombre des accusations: cette terreur généralisée naît des bouleversements de la vie quotidienne: elle est présente dans les sentiments sous-jacents qui se font jour à chaque nouvelle accusation, dans les obsessions qui se trahissent alors.

Les *Considérations*, mieux que *L'Esprit des lois*,[18] témoignent que Montesquieu a été particulièrement sensible à cet aspect, sous le signe duquel il place le chapitre consacré à Tibère (*Considérations*, ch.14, p.111): 'il y avait une *Loi de majesté* contre ceux qui commettaient quelque attentat contre le peuple romain. Tibère se saisit de cette loi et l'appliqua, [...] à tout ce qui put servir sa haine ou ses défiances. Ce n'étaient pas seulement les actions qui tombaient dans le cas de cette loi, mais des paroles, des signes et des pensées même: car ce qui se dit dans ces épanchements de cœur que la conversation produit entre deux amis ne peut être regardé comme des pensées. Il n'y eut donc plus de liberté dans les festins, de confiance dans les parentés, de fidélité dans les esclaves; la dissimulation et la tristesse du Prince se communiquant partout, l'amitié fut regardée comme un écueil, l'ingénuité comme une imprudence, la vertu comme une affectation qui pouvait rappeler dans l'esprit des peuples le bonheur des temps précédents.'

On ne peut assigner à cette page de source précise, mais il est facile d'y retrouver le souvenir d'un certain nombre de scènes qui inspirent à Tacite des réflexions amères. Citons d'abord un passage du livre VI, 7, 3: 'Ce fut le plus funeste scandale de cette époque, de voir les premiers du sénat se livrer même aux plus basses délations, les uns ouvertement, beaucoup en secret; nulle distinction entre étrangers et parents, amis et inconnus, un fait récent ou plongé dans l'obscurité des temps; aussi bien au forum qu'à table, le moindre propos devenait matière à accusation, chacun se hâtant d'arriver le premier et de désigner un coupable, les uns pour leur propre garantie, la plupart comme atteints d'une maladie devenue contagieuse.'[19]

On ne peut manquer d'y ajouter les pages auxquelles Montesquieu fait allusion dans d'autres textes; mais là encore, on voit combien il manque son but dès qu'il calque de trop près l'original: dans un chapitre écarté de *L'Esprit des lois*, intitulé 'Du jugement des crimes à Rome' (Fragment 34, Nagel, iii.633),

17. L'expression est de R. Barthes, 'Tacite et le baroque funèbre', in *Essais critiques* (Paris 1964), pp.108-11.
18. Le livre de *L'Esprit des lois*, 'Des lois qui forment la liberté politique dans son rapport avec le citoyen', doit beaucoup à Tacite, comme nous le verrons; mais ces chapitres s'attachent surtout à l'aspect institutionnel, même si Montesquieu cherche à démontrer l'absurdité de la plupart des accusations de lèse-majesté.
19. *Quod maxime exitiabile tulere illa tempora, cum primores senatus infimas etiam delationes exercerent, alii propalam, multi per occultum; neque discerneres alienos a coniunctis, amicos ab ignotis, quid repens aut uetustate obscurum; perinde in foro, in conuiuio, quaqua de re locuti, incusabantur, ut quis praeuenire et reum destinare properat, pars ad subsidium sui, plures infecti quasi ualetudine et contactu.*

il examine les ravages causés par cette fameuse loi de majesté: 'On vit des sénateurs se cacher sous le toit d'un homme qu'ils voulaient accuser, pour entendre ses discours. On vit Tibère porter au Sénat tout ce que Drusus avait dit pendant les ... années de sa vie. La tristesse, le silence se répandirent dans Rome. Tout fut tendu de noir dans la capitale de l'univers.' L'image presque baroque de la dernière phrase, qui amplifie la sobre évocation de l'avant-dernière, suggère la terreur dans laquelle vivent les Romains mieux que les deux exemples cités auparavant, qui viennent tout droit des *Annales*: dans le premier il ne peut résumer en une phrase le complot que Tacite expose en deux paragraphes (*Annales*, IV, 68; IV, 69, 2) pour mieux mettre en evidence l'ignominie de ces sénateurs, car pour arriver à ses fins, l'un d'entre eux s'est insinué dans la confiance de celui qu'ils voulaient perdre, au point de rendre suspects désormais tous les liens d'amitié. Montesquieu retient l'aspect concret, presque grotesque de la situation, alors que Tacite insiste sur les modifications qui s'introduisent dans les comportements: 'Jamais la cité ne fut plus anxieuse, plus épouvantée: on dissimule devant ses proches, on fuit les réunions, les conversations, les oreilles connues ou inconnues; même les objets muets et inanimés, les toits et les murs, étaient scrutés avec circonspection.'[20]

L'attitude de ces sénateurs comme la cruauté déployée par Tibère, qui poursuit son petit-neveu avec un acharnement dont on ne se doutait pas encore,[21] provoquent une réaction de terreur qui empoisonne tous les rapports humains: 'la tristesse' – surtout si l'on prend 'tristesse' en son sens premier, beaucoup plus fort – 'le silence', tout cela existe bien, mais Montesquieu ne sait pas rendre l'omniprésence de la peur parmi les sénateurs et les chevaliers. Ce n'est donc pas sans raison que Montesquieu abandonne parfois la plume à ses prédécesseurs anciens, et surtout à celui qui est devenu, par la grâce d'une formule passée en lieu commun, 'le plus grand peintre de l'antiquité'. Ainsi ces exemples confirment l'impression que nous avions déjà: Montesquieu se sent prisonnier de son modèle; pour trouver sa voie véritable, il lui faut s'écarter de l'imitation trop stricte que lui permet la traduction, si libre soit-elle.

20. *Annales*, IV, 69, 3: *Non alias magis anxia et pauens ciuitas, tegens aduersum proximos: congressus, conloquia, notae ignotae aures uitari; etiam muta atque inanima, tectum et parietes circumspectabantur.*

21. Cf. *Annales*, VI, 24, 1 : 'Ce qui parut le comble de l'horreur, que durant tant d'années on ait aposté des gens pour épier son visage, ses gémissements, même ses soupirs intimes, qu'un aïeul ait pu entendre, lire, produire en publiant ces détails, on y croirait à peine'. *Quid non aliud atrocius uisum: adstitisse tot per annos, qui uultum, gemitus, occultum etiam murmur exciperent, et potuisse auum audire, legere in publicum promere uix fides.*

2. Deux styles comparables?

Du même coup se trouve condamnée toute étude de style qui viserait à comparer systématiquement les procédés propres à chacun des deux historiens; et si l'on adresse à Montesquieu le compliment d'avoir transposé en français le style de Tacite,[1] c'est bien sûr en un sens plus large. Il faut alors penser à des textes où peut s'exercer son initiative et où se font sentir des influences plus profondes : Tacite a porté au plus haut point de rapidité et de tension un style qui venait essentiellement de Salluste; l'historien de l'Empire n'est donc pas le seul modèle qui s'offre à Montesquieu, mais il est celui qui pouvait le mieux lui donner le goût de la fermeté. Il devient donc préférable de parler, non plus d'imitation ou de transposition, mais d'imprégnation: en relisant les *Annales* et les *Histoires* Montesquieu a façonné son écriture et lui a donné deux traits essentiels: l'expressivité et la concision, qui ne sont plus seulement des particularités stylistiques, mais déjà l'expression d'une certaine vision historique.

i. Energie du vocabulaire

La propriété et l'énergie des termes apparaissent comme une des caractéristiques du style de Tacite; les exemples ne manquent pas qui montrent la vigueur d'une langue à la fois expressive et variée.[2] Cette exigence, Montesquieu l'a poussée aussi loin: l'examen d'un chapitre des *Considérations* nous le prouvera mieux qu'une étude plus générale. Le chapitre 15, *Des empereurs, depuis Caius Caligula jusqu'à Antonin*, qui retrace l'épouvantable tyrannie des empereurs, s'y prête particulièrement bien.

Montesquieu évoque les empereurs romains, 'six tyrans également cruels, presque tous furieux, souvent imbéciles et, pour comble de malheur, prodigues jusqu'à la folie' (*Considérations*, p.122); les armées – celle des Parthes est 'admirable', tandis que l'infanterie romaine est 'la plus forte, la plus ferme et la plus disciplinée du monde' (p.123) – les pays asiatiques – 'un désert affreux' (p.123) – ou les sénateurs, 'les plus lâches esclaves d'un maître que les armées avaient déjà réprouvé' (p.121). Dans toute cette page, les phrases sont chargées de violence, pour dépeindre les moments les plus sombres de l'empire, ou les guerres les plus pénibles. Aux passions sans mesure des empereurs et du peuple correspondent des expressions d'une rare intensité: 'Caligula, Néron, Commode, Caracalla, étaient regrettés du peuple à cause de leur *folie* même; car ils aimaient *avec fureur* ce que le Peuple aimait, et contribuaient *de tout leur pouvoir* et *même de leur personne*, à ses plaisirs; ils *prodiguaient* pour lui *toutes* les richesses de l'Empire, et, quand elles étaient épuisées, le Peuple voyant sans peine *dépouiller toutes* les grandes familles, il *jouissait* des fruits de la *tyrannie*, et il en *jouissait purement* [...]

---

1. Cf. lettre de Domville à Montesquieu, accompagnant l'envoi d'un exemplaire de l'édition anglaise de *L'Esprit des lois*, du 4 juin 1749, qui parle de 'Ce caractère de Plutarque énoncé dans le style de Tacite [...] Le traducteur assure que la langue anglaise est très propre pour le style concis de *L'Esprit* et qu'il se flatte qu'il pourra le rendre aussi énergique que l'original' (Nagel, iii.1236).

2. Voir E. Courbaud, *Les Procédés d'art de Tacite dans les 'Histoires'* (Paris 1918).

De tels princes *haïssaient* naturellement les gens de bien [...] *Indignés* de la contradiction ou du silence d'un citoyen austère, *enivrés* des applaudissements de la populace, ils parvenaient à s'imaginer que leur gouvernement faisait la félicité publique.'[3] De même, quelques pages plus loin: 'Domitien fit voir un nouveau monstre, plus cruel, ou du moins, plus implacable que ceux qui l'avaient précédé, parce qu'il était plus timide.'[4]

Il arrive cependant à Montesquieu de jouer, non plus sur la variété du vocabulaire, mais sur le martèlement des mots répétés de façon lancinante: les mots *féroce* et *férocité* reviennent trois fois en quelques lignes (p.117), *trembler* (pp.119-20) et *dépouiller* (pp.117-18) deux fois. Ce procédé peut etre utilisé différemment, et le retour des mots *grand* et *bon* confère au portrait de Trajan une noblesse et une sérénité que l'on ne trouve que rarement chez Tacite:[5] 'Ce fut un *bonheur* d'être né sous son règne: il n'y en eut point de si *heureux* ni de si *glorieux* pour le peuple romain. *Grand* homme d'Etat, *grand* capitaine, ayant un cœur *bon*, qui le portait au *bien*, un esprit éclairé, qui lui montrait le *meilleur*, une âme *noble*, *grande*, *belle*, avec toutes les vertus, n'étant extrême sur aucune'.[6]

Mais en général c'est dans les fresques les plus tristes et les plus dramatiques que Montesquieu, à l'instar de Tacite, montre le plus d'aisance. Les procédés de répétition lui servent alors moins que la recherche du mot juste et énergique à la fois, non seulement pour traduire la violence de ses sentiments, mais également afin de nuancer le vocabulaire en fonction des différents points de vue. Quand il écrit: 'L'amitié fut regardée comme un écueil, l'ingénuité comme une imprudence, la vertu comme une affectation qui pouvait rappeler dans l'esprit des peuples le bonheur des temps précédents' (*Considérations*, p.111), ou 'Auguste (c'est le nom que la flatterie donna à Octave) établit l'ordre, c'est-à-dire une servitude durable: car, dans un Etat libre où l'on vient d'usurper la souveraineté, on appelle règle tout ce qui peut fonder l'autorité sans bornes d'un seul, et on nomme *trouble*, *dissension*, *mauvais gouvernement*, tout ce qui peut maintenir l'honnête liberté des sujets' (p.105), il se montre particulièrement sensible aux abus de langage que Tacite avait dénoncés comme l'expression de la tyrannie: 'Voler, massacrer, ravir, voilà ce que leur vocabulaire mensonger appelle autorité, et faire le vide, pacification.'[7] Selon le point de vue adopté, le sens des mots s'inverse, à moins qu'il ne se charge d'une violence nouvelle. Seul l'historien peut dévoiler le 'négatif' des termes édictés par les vainqueurs, les oppresseurs, ou par l'idéologie dominante, au bénéfice de laquelle se reconstruit l'histoire. La parenté que nous observons dans les procédés stylistiques est le reflet d'une certaine identité de vues au niveau des conceptions historiques: sur le chemin de l'objectivité, les deux auteurs ont en commun le souci de ne pas se laisser mystifier par le langage, de dominer les mots, soit en les faisant éclater dans toute leur force quand le sujet l'exige, soit en les perçant à jour. Ils arrivent

---

3. p.118. C'est nous qui soulignons.

4. *Considérations*, p.122. Citons aussi cette phrase, extraite du chapitre 14 (p.113): 'La flatterie, l'infâmie, les crimes furent des arts nécessaires pour parvenir [aux emplois]'.

5. Cf. le portrait de Germanicus, *Annales*, II, 72.2.

6. *Considérations*, p.122. C'est nous qui soulignons.

7. *Agricola*, XXX, 7: *Auferre, trucidare, rapere falsis nominibus imperium, atque ubi solitudine faciunt, pacem appellant.* Cf. également *Germanie*, XIX, 3: *Nec corrumpere et corrumpi saeculum uocatur*, 'Ce n'est pas "être de son temps" que de corrompre ou d'être corrompu.'

l'un et l'autre à un exposé passionné des faits, parce qu'ils ont tenté, par des moyens semblables, de donner un relief au passé, proche pour l'un, extrêmement lointain pour l'autre, qu'ils voulaient faire revivre.

ii. La concision: les maximes

Encore faut-il donner un souffle aux mots, pour éviter qu'ils ne paraissent emphatiques: Tacite arrive à ce résultat en recherchant la concision. L'historien a souvent été cité comme un des modèles de Montesquieu en ce domaine: la comparaison des procédés semble donc s'imposer. Certes, il serait possible de répertorier tous les effets d'asyndète et de rupture destinés à surprendre le lecteur des *Considérations*, et de les mettre en rapport avec les usages stylistiques et grammaticaux de Tacite: zeugma, hendiadys, asyndète, etc.[8] Mais ils ne lui sont pas propres; ils ne sont remarquables que par leur accumulation, et par l'impression générale de densité qu'ils créent; de plus, on ne saurait comparer leur utilisation dans deux langues aussi différentes l'une de l'autre que le français et le latin: dans la première, l'asyndète n'est guère sensible, alors que dans la seconde elle est exceptionnelle, et vise toujours à créer un effet.

Il n'est pas plus facile de déceler l'origine des formules brillantes sur lesquelles Montesquieu clôt bien des paragraphes de *L'Esprit des lois* ou des *Considérations*.[9] Elles sont certainement inspirées des *sententiae* que Tacite a héritées de Sénèque. Comme nous savons que Montesquieu connaissait Sénèque autant que Tacite, nous ne pouvons affirmer que seule se fait sentir l'influence de ce dernier. Nous sommes tentés de le faire à cause de l'aveu de Montesquieu lui-même, qui ne manque pas de citer Sénèque, mais que se plaît surtout à reprendre les mots de Tacite. Cette préférence ressort bien sûr des *Pensées* dans lesquelles nous trouvons trois citations de Sénèque pour treize de Tacite.[10] L'examen du *Catalogue* est encore plus probant: nous ne relevons qu'une citation de Sénèque, empruntée à une tragédie, contre treize de Tacite. Nous ne pouvons en déduire avec certitude que la prose de Montesquieu soit plus influencée par le style de Tacite que par celui de Sénèque, mais nous pouvons voir là un indice qui est loin d'être négligeable,[11] car de simples statistiques montrent que Montesquieu est particulièrement sensible au talent de Tacite poète: sur les quatre-vingt-quatre citations latines que Montesquieu met en exergue des rubriques du *Catalogue*,

8. Cf. P. Wuilleumier-Ph. Fabia, *Tacite, l'homme et l'œuvre* (Paris 1949), pp.150-51.

9. Cf. *Essai sur le goût*, 'De la curiosité': 'Ce qui fait ordinairement une grande pensée, c'est lorsque l'on dit une chose qui en fait voir un grand nombre d'autres, et qu'on nous fait découvrir tout d'un coup ce que nous ne pouvons espérer qu'après une grande lecture.'

10. Nous ne parlons pas ici des citations qui ne présentent qu'un intérêt documentaire, comme celle de la *Pensée* 1826; 404, à propos de l'hospitalité chez les Germains. En revanche nous avons inclus dans notre propos, *Pensée* 1840; 362, qui s'ouvre sur une phrase de Tacite (*Germanie*, xx, 5), pour des raisons esthétiques sans doute, ainsi que la *Pensée* 1302; 595, car elle reprend une citation maintes fois utilisée, *Reges [...] sumunt*, qui, outre sa valeur historique, doit sûrement à son apparente clarté et à sa concision l'importance que lui accorde Montesquieu: sa valeur 'incantatoire' nous paraît certaine.

11. 'Montesquieu', nous dit M. Spanneut, in *Permanence de Sénèque le philosophe*, Bulletin de l'Association G. Budé, déc. 1980. no 4, p.401, 'est étrangement muet – ou presque – sur Sénèque'. Cf. également W. Th. Conroy, *Diderot's Essai sur Sénèque*, Studies on Voltaire 131 (Banbury 1975), p.31, sur le peu d'intérêt que Montesquieu porte à l'œuvre du philosophe.

ou qui suivent l'énoncé d'un titre,[12] on en compte quinze qui sont empruntées à Virgile, quatorze à Horace, huit à Ovide. A ces auteurs il faut ajouter les noms de Martial, Juvénal, Perse, Catulle, Lucain, Lucrèce et Apulée:[13] Montesquieu place donc Tacite parmi les poètes, et parmi les plus grands, bien loin devant Sénèque.

Cette préférence, prouvée par les chiffres, se vérifie-t-elle si l'on se réfère aux critères énoncés par Montesquieu dans son *Essai sur le goût*? Nous reconnaissons d'abord dans les formules de Sénèque, éparses dans les *Pensées*, le procédé cher au philosophe latin: l'antithèse. Il est utilisé sous sa forme la plus simple, la symétrie parfaite dans la phrase: *Sic praesentibus uoluptatibus utaris, ut futuris non noceas*, 'Profite des plaisirs du présent de manière à ne pas gâter ceux de l'avenir' (*Pensées*, 1675; 551). Le procédé est encore plus sensible quand Montesquieu écrit: 'Dieu fait gronder le tonnerre, dit Sénèque, *paucorum periculo et multorum metu*', 'il menace quelques-uns et fait peur à beaucoup' (*Pensées*, 1180; 1946). C'est également le moule dans lequel sont coulées plusieurs *sententiae* de Tacite: *Reges ex nobilitate, duces ex uirtute sumunt*, 'Ils choisissent les rois d'après leur noblesse, les chefs d'après leur mérite';[14] *Nec uitiis nec uiribus miscebantur*, 'On sépare l'armée, et on la dispose en plusieurs, pour que, selon l'expression de Tacite, elles ne se communiquent ni leurs forces, ni leurs faiblesses';[15] *de actis deorum facilius credere quam scire*, 'Quand il s'agit des hauts faits des dieux, il est plus facile de croire que de savoir';[16] *ut antehac flagitiis, ita tunc legibus laborabatur*, 'Comme autrefois les scandales, les lois étaient maintenant un fléau';[17] *Nec totam seruitutem nec totam libertatem pati possunt*, 'Ils ne peuvent supporter ni une complète servitude ni une complète liberté'.[18] Ce balancement régulier fait goûter les 'plaisirs de la symétrie' (Nagel, i.621), mais ne ménage pas les plaisirs nés des 'contrastes' (Nagel, i.622-33): 'Ce contraste perpétuel devient symétrie, et cette opposition toujours recherchée devient uniformité.'

Pourtant Montesquieu semble se plaire à ce type de phrase, et, alors qu'on a pu considérer comme un parti-pris le souci constant de variété dont Tacite fait preuve,[19] il lui emprunte des formules calquées sur celles de Sénèque. Quand il a oublié le détail d'un passage, il modifie certains mots ou restitue l'ensemble pour aboutir à un parallélisme parfait: au lieu de *obuia comitas [...] noua uitia*, 'son affabilité prévenante [... était] de nouveaux défauts' (*Annales*, ii, 2, 4) il écrit: *noua comitas [...] noua uitia*, 'Son affabilité nouvelle [... était] de nouveaux défauts' (*L'Esprit des lois*, xix, 2). Est-ce donc Sénèque qu'il cherche à travers Tacite? N'entre-t-il pas en contradiction avec les principes de l'historien et avec ceux qu'il a édictés?

En fait ces tours ne lassent que s'ils sont employés systématiquement, et dans la mesure où ces exemples ne forment qu'une petite partie des passages cités,

---

12. On ne trouve que quatre citations en français ou en italien.

13. Montesquieu cite également un vers de Pétrone; Cicéron et Florus apparaissent aussi.

14. *Pensées*, 1302; 595, etc. (voir p.111); *Germanie*, vii, 1.

15. *Pensées*, 1729; 281. *Histoires*, i, 9, 4; traduction plus exacte : 'elles ne pouvaient confondre ni leurs vices ni leurs forces'.

16. *Catalogue*, p.6; *Germanie*, xxxiv, 4.

17. *Catalogue*, p.56; *Annales*, iii, 25, 1.

18. *Catalogue*, p.227; *Histoires*, i, 16, 9.

19. Cf. Wuilleumier-Fabia, pp.147-50.

et où Montesquieu les a éparpillés à travers ses écrits, il échappe au reproche qu'il formulait lui-même. Aussi voit-on qu'il ne se satisfait pas de ces expressions brillantes et faciles: l'*Essai sur le goût* a beau privilégier un écrivain mineur, Florus,[20] c'est chez Tacite que l'on peut trouver les meilleurs exemples des 'beautés qui résultent d'un certain embarras de l'âme' (p.634). Tacite a souvent recours à la dissymétrie au sein même de la symétrie: l'antithèse se nuance, s'allège. Montesquieu cite même en plusieurs occasions ces oppositions adroites qui évitent la monotonie, dans le *Catalogue*: *Magis sine domino quam in libertate*, 'Plutôt sans maître qu'en liberté';[21] *Ut haberent instrumenta seruitutis et reges*, 'Pour avoir même des rois pour instruments de servitude';[22] *Non tam sollertia quippe iisdem artibus uictus est quam deum ira in rem Romanam*, 'Moins par son adresse, car il fut vaincu par les mêmes procédés que grâce à la colère des dieux contre l'Etat romain';[23] *Liuia grauis in rempublicam mater grauis domui Caesarum nouerca*, 'Livie, mère fatale à la république, marâtre fatale à la maison des Césars'.[24] Il en est de même dans *L'Esprit des lois*: *Barbaris cunctatio seruilis; statim exequi regium uidetur*, 'Pour les barbares l'hésitation paraît le fait d'un esclave, l'exécution immédiate celui d'un roi';[25] *Proprium id Tiberio, scelera nuper reperta priscis uerbis obtegere*, 'C'était le propre de Tibère de dissimuler des crimes nouveaux sous des formules antiques'.[26] Dans chacun de ces exemples, Tacite joue sur les cas, sur les prépositions, sur toutes les variations de construction que lui offre le latin, et que le français est loin de pouvoir reproduire: c'est une des raisons pour lesquelles Montesquieu se garde de traduire l'original.

Au-delà de ces nuances, le comble de l'art est de provoquer les plaisirs de la surprise et d'inviter l'esprit à dégager l'opposition sous l'expression qui la dissimule; Montesquieu écrit dans les *Considérations*: *Gaudebat caedibus miles, quasi semet absolueret*, 'Le soldat se plaisait à ces meurtres, dans l'idée de s'absoudre lui-même',[27] pour opposer la cruauté et l'ardeur des soldats déchaînés à leurs sentiments de honte. Quelques lignes plus loin, on trouve: *Suscepere duo manipulares imperium populi romani et transtulerunt*, 'Deux soldats prirent sur eux de transférer l'empire romain et effectivement ils le transférèrent',[28] ce qui permet à Montesquieu de rapprocher la condition des instigateurs du complot et les conséquences de leur acte. Enfin, on lit dans les *Pensées*: 'ce que Sénèque disait à un empereur: "Vous m'avez comblé de tant de biens et de tant d'honneur que rien ne peut manquer à ma félicité que la modération."' *Tantum honorum in me cumulasti ut nihil felicitati meae desit nisi moderatio ejus*:[29] l'inquiétude de Sénèque est provoquée précisément par ce qui devrait faire son bonheur, l'abondance des biens matériels.

Ces exemples le montrent suffisamment: Tacite est un modèle que propose

20. Nagel, i.618; i.634-35.
21. *Catalogue*, p.229; *Annales*, ii, 4, 2.
22. *Catalogue*, p.199; *Agricola*, xiv, 2.
23. *Catalogue*, p.213; *Annales* iv, 1, 2.
24. *Catalogue*, p.215; *Annales*, i, 10, 5.
25. *L'Esprit des lois*, v, 10; *Annales*, vi, 32, 1.
26. *L'Esprit des lois*, vii, 13; *Annales*, iii, 24, 2.
27. *Considérations*, ch.15, p.121; *Annales*, i, 44, 3.
28. *Considérations*, ch. 15, p.122; *Histoires*, i, 25, 2.
29. *Pensées*, 1989; 654; *Annales*, xiv, 53, 2.

Montesquieu, non pas dans son traité théorique, mais dans la pratique de l'écriture, soit dans ses ouvrages achevés, soit dans les réflexions peut-être quotidiennes des *Pensées*. Il doit donc bien à Tacite l'énergie et la concision de l'expression, et il sait reconnaître sa dette en faisant souvent appel à lui. Mais il ne se borne pas là: il reprend aussi le texte de l'historien pour rendre sa rédaction plus brève et plus expressive, faisant coïncider plus exactement encore pratique et théorie.

En effet, quand il insère des citations de Tacite dans ses propres écrits, ses intentions sont doubles: il cherche à créer un effet poétique, mais aussi à introduire des éléments qui forcent le lecteur à réfléchir, sans toutefois retarder la progression de son raisonnement. Ces maximes se présentent donc souvent comme l'exercice élégant d'un esprit qui se plaît à 'l'embarras des vers' (*Pensées*, 2101; 796). La contrainte qu'exerce la forme rigide et immuable de la pensée d'autrui le stimule.[30] Et lorsqu'il enchâsse dans le cours de ses *Pensées* ou dans l'énumération des titres du *Catalogue* des formules qui sonnent agréablement, qui rompent l'unité de la prose de leur rythme martelé, qui présentent une image surprenante, il retrouve les aspirations poétiques dont témoignent l'*Invocation aux Muses* ou ses premiers essais de tragédie.

L'usage même de l'appel de notes relève non d'un jeu, mais d'une nostalgie de l'expression poétique: quelquefois, à l'appui d'une idée on trouve une citation d'une valeur documentaire fort mince; un simple renvoi aurait suffi si Montesquieu n'avait eu des intentions précises. Ainsi dans les *Considérations* l'évocation de l'autorité du Sénat passe par l'image des soldats de Germanicus, qui 'purent se repentir et aller jusqu'à se punir eux-mêmes': *Gaudebat caedibus miles, quasi semet absolveret*.[31] La fermeté de Tibère est suggérée par une phrase que sa sécheresse rend au premier abord banale: *Caetera Senatui servanda*.[32]

L'apparente platitude de ces références est dictée par d'autres impératifs. Présentées de la sorte, dans leur nudité, sans effort d'introduction ni d'explication, parfois à demi-traduites,[33] souvent intégralement en latin, comme s'imposant d'elles-mêmes, elles glissent un élément étranger dans son discours sans l'alourdir. Il appartient au lecteur de faire l'effort d'interpréter la citation, afin qu'elle corresponde au propos de l'écrivain, tout en permettant à Montesquieu de retrouver la concision parfois abrupte de Tacite. Mais il va plus loin dans cette voie; en reprenant toujours les mots mêmes de l'historien, il s'inspire des jugements lapidaires qui ponctuent les *Annales* et les *Histoires*[34] et qui, dans leur brièveté, chargent les faits d'une ironie mordante. Cette ironie est parfois évidente chez Montesquieu quand, dans le *Catalogue*, à l'entrée de la rubrique

30. Nous avons vu pour quelles raisons Montesquieu modifie une citation de la *Germanie*, *De actis [...] scire* (*Catalogue*, p.6). Nous relevons un seul exemple dans lequel il introduise un élément totalement étranger; à propos du *Journal de Trévoux*; *Ut haberent instrumenta seruitutis et ephemerides*, 'Pour qu'ils aient même des gazettes pour instruments de servitude' (*Pensées*, 1954; 948).

31. Considérations, p.121, n.4. *Annales*, I, 44, 3.

32. p.121, n. 2. *Annales*, I, 25, 3.

33. Cf. *Considérations*, ch.13, p.109: 'Le peuple fut presque composé d'affranchis', et la note 1: 'Voyez Tacite ...: *Late fusum id corpus.*' et *Considérations*, ch.12, p.102: 'L'avantage que les accusés avaient de se donner la mort plutôt que de subir un jugement par lequel leur mémoire devait être flétrie et leurs biens confisqués', et la note 1: *Eorum qui de se statuebant humabantur corpora, manebant testamenta: pretium festinandi.*

34. Cf. R. Syme, *Bias and equity*, p.206.

Jurisconsultorum opera et tractatus uarii in unum collecti,[35] il proclame *Ut antehac flagitiis, ita tunc legibus laborabatur*, 'Comme autrefois les scandales, les lois étaient maintenant un fléau' (*Annales*, III, 25, 1).

On peut toutefois objecter que certaines citations ont un arrière-plan historique, qui en modifie la portée satirique: c'est peut-être le cas lorsque Montesquieu lance à propos de Mazarin une formule que Tacite applique à Othon, *Omnia seruiliter pro dominatione*, 'en vue de la domination agir en tout comme un esclave',[36] ou à propos de Catherine de Médicis une réflexion inspirée à Tacite par Livie: *Livia grauis in rempublicam mater, grauis domui Caesarum nouerca*, 'Livie, mère fatale à la république, marâtre fatale à la maison des Césars'.[37] Or, on ne trouve chez Montesquieu rien qui décèle son antipathie envers l'épouse d'Auguste.[38] Pour reprendre un jugement qui lui est aussi défavorable, il faut qu'il oublie le personnage et ne s'intéresse qu'à la formule. On peut également penser que dans l'exemple précédent l'image d'Othon, l'éphémère empereur de 69, a fort peu de rapport avec celle du politique subtil et autoritaire qu'était le Cardinal.[39]

L'arrière-plan historique s'oblitère aussi quand Montesquieu applique à Louis XIV un trait emprunté à Tibère.[40] Ce rapprochement se justifie dans la mesure où ces deux personnages tout-puissants sont déchirés de contradictions. La forme antithétique de la phrase rend parfaitement compte de ces oppositions: c'est sur ce modèle que se présente, dans les *Pensées* comme dans les *Lettres persanes*,[41] le portrait plus fouillé des grandeurs et des faiblesses de Louis XIV. Mais, entre le prince qui détestait l'ostentation et n'agissait qu'en dissimulant et le Roi-Soleil, est-il d'autres points communs historiquement intéressants?

On ne peut pas davantage tirer une leçon d'une citation empruntée au portrait de Séjan que Montesquieu utilise à propos de Louis XI. D'ordinaire on compare ce roi à Tibère, et non à son favori;[42] Montesquieu se réfère à la situation historique précise dans laquelle l'empereur joue le premier rôle, même s'il est manipulé par un intrigant, et on peut penser que c'est en réalité à lui qu'il renvoie son lecteur. Si Montesquieu avait tenté de renouveler le lieu commun en faisant intervenir ce personnage énigmatique à la place de son maître, nul doute qu'il aurait approfondi cette idée dans le substantiel extrait de son *Histoire de France* qui nous est resté (Nagel, i.366-74). Il n'en est rien: il est donc difficile d'attribuer à la citation du *Catalogue*, et à toutes celles que nous venons

35. 'Œuvres et traités variés de jurisconsultes rassemblés en un volume'. *Catalogue*, p.56.
36. *Catalogue*, p.215; *Histoires*, I, 36, 4.
37. *Catalogue*, p.215; *Annales*, I, 10, 5.
38. Cf. *Pensées*, 499; 568: 'C'est en vain que Livie cherche à corriger les mœurs de son siècle par les siennes; Rome ne voit que les débauches de Julie, et c'est le seul exemple qu'elle suit.' Il n'y a pas, à notre connaissance, d'autre texte à ce propos. Mais en général, les historiens (Catrou et Rouillé, Crevier) sont très sévères envers Livie.
39. Cf. *Considérations*, ch.15, p.122: 'Galba, Othon, Vitellius, ne firent que passer', et *Pensées*, 1518; 1547: 'Comme Galba, Othon, Vitellius furent faits, coup sur coup, empereurs par les soldats [...] on sentit, sous leur règne, un mal nouveau [...] et quoique ces empereurs ne fussent pas plus méchants que les autres, on leur a prodigué les noms de *tyran*, et on a fait tomber le malheur de la chose sur leurs personnes.'
40. *Neque eminentes uirtutes sectabatur et rursum uitia oderat*, 'Il ne recherchait pas les qualités éminentes mais inversement il haïssait les vices'. *Catalogue*, p.213; *Annales*, I, 80, 2.
41. *Pensées*, 1122, 1145; 1613, 1306; 596; *Lettres persanes*, 37.
42. Cf. *Pensées*, 1565; 669; voir aussi toute la littérature tacitiste.

d'examiner, une portée autre que celle d'une devise emblématique détournée de son intention première, la proclamation d'une règle de conduite, d'un idéal: la densité et la noblesse conventionnelle du style lapidaire sont mises au service de la dérision. En ce sens, Montesquieu réinterprète la tradition de l'épigramme antique, qui avait si bien refleuri au seizième siècle pour célébrer les figures les plus illustres de l'histoire.[43] Chez lui, l'intention satirique prévaut et se dégage de tout contexte historique pour jouer non plus sur la réalité que décrit Tacite, mais sur son écriture seule.

Certaines citations résistent davantage à l'analyse: relèvent-elles elles aussi de l'ironie, sont-elles des commentaires historiques, ou des réflexions quelque peu désabusées du penseur politique fatigué de chercher les manifestations concrètes de la liberté sans jamais les trouver chez des peuples qui y prétendent? *Magis sine domino quam in libertate*, 'Plutôt sans maître qu'en liberté';[44] *Nec totam seruitutem nec totam libertatem pati possunt*, 'Ils ne peuvent supporter ni une complète servitude ni une complète liberté';[45] *Nihil ualidum in exercitibus praeter externum*, 'Rien de solide dans les armées sauf l'élément étranger',[46] trois phrases qui s'appliquent aux Polonais, aux Belges et aux Byzantins et qui marquent de façon parallèle l'impuissance de ces peuples. Cette analyse est conforme à celle de *L'Esprit des lois*, livre XI, ch.5: 'L'indépendance de chaque particulier est l'objet des lois de Pologne; et ce qui en résulte, l'oppression de tous', des *Considérations*, ch.18, p.144: 'Les premiers Romains ne mettaient point dans leurs armées un plus grand nombre de troupes auxiliaires que de romaines [...] Mais, dans les derniers temps, non seulement ils n'observèrent pas cette proportion des troupes auxiliaires, mais même ils remplirent de soldats barbares les corps de troupes nationales.' Est-ce une simple constatation ou une condamnation à l'encontre de ces prétentions désordonnées vouées à l'échec? L'ambiguïté du dessein de *L'Esprit des lois* se retrouve ici, mais nous sentons que Montesquieu nous la suggère: *laruatus prodeo*, telle est la devise qu'il pourrait adopter lorsqu'il se fait le disciple d'un écrivain dont la 'brièveté mystérieuse'[47] intrigue toujours.

Cependant, à jouer ainsi de l'ironie, Montesquieu dépasse Tacite, qui ne l'exerce jamais contre lui-même ou contre ses garants habituels. En effet Montesquieu vise d'abord l'historien lui-même, tout en donnant encore l'impression de reprendre scrupuleusement sa pensée; quand il cite, dans le *Catalogue*, à propos des Juifs, la phrase *Despectissima seruientium pars*,[48] il est vraisemblable qu'il veut dénoncer un préjugé auquel Tacite n'échappe pas et que perpétuent certains contemporains du philosophe. Et lorsque dans le même ouvrage, il écrit *Maior e longinquo reuerentia*, 'De loin on inspire plus de respect',[49] à propos de l'histoire chinoise, il n'a pas l'intention de décrire ce peuple mais de démythifier l'image qu'en ont donnée missionnaires et voyageurs, et dont il est lui-même en partie victime.

43. Cf. P. Laurens, 'L'épigramme latine et le thème des hommes illustres', *Actes du colloque de décembre 1975* (Paris 1977), pp.123-32.
44. *Catalogue*, p.229; *Annales*, II, 4, 2.
45. *Catalogue*, p.227; *Histoires*, I, 16,9.
46. *Catalogue*, p.225; *Annales*, III, 40 3.
47. Cette expression, souvent reprise, est de Fénelon, *Lettre à l'Académie*.
48. *Catalogue*, p.233; *Histoires*, V, 8, 4: 'La fraction la plus méprisée des esclaves'.
49. *Catalogue* p.229; *Annales*, I, 47, 2.

Montesquieu joue donc essentiellement sur la facette ironique de ces sentences, soit en se conformant aux intentions premières de Tacite, soit en glissant ses propres pointes, en disciplinant ses 'saillies'.[50] Il tire ses propres leçons de la concision, de la 'brièveté mystérieuse' de Tacite, qu'il sait parfois dépasser dans l'art de la suggestion. L'étude de ce procédé montre suffisamment, nous semble-t-il, qu'entre Tacite et Montesquieu il existe de véritables affinités en ce domaine.

Cette impression se confirme si l'on étudie de façon plus générale le parti que tire Montesquieu de ces *sententiae*. On a remarqué qu'elles viennent souvent clore un paragraphe, projeter une dernière lueur sur une idée, afin de la fixer dans la mémoire du lecteur, au point que parfois certaines pages paraissent avoir été écrites avec l'intention d'amener la pointe finale. Ce procédé est familier à Tacite.[51]

Un même reproche a pu être adressé aux deux écrivains, accusés de privilégier ainsi le brillant un peu facile des phrases à effet. Tacite doit peut-être à l'habitude des *recitationes*, des lectures publiques, cet usage presque systématique.[52] Quant à Montesquieu, on sait avec quelle allégresse ses détracteurs ont relevé dans *L'Esprit des lois* des 'traits d'esprit' qui apportaient un démenti formel aux prétentions exprimées dans la *Préface*.[53] Sans s'attarder sur cet aspect superficiel et purement négatif, il faut constater que cette forme d'écriture ne trouve pas sa seule justification dans une raison esthétique: l'écrivain guide le lecteur afin de lui faire découvrir par surprise un point de vue nouveau: tout à coup l'écrivain prend du recul, émet un jugement d'ordre général, tire une règle universelle, ou lance une image qui condense des éléments divers,[54] puis revient brutalement à la chaîne des faits qu'il développe.

Ce procédé est bien sûr essentiel à la démarche du philosophe qui a une conception rationaliste de l'histoire, qui dégage des lois et qui explique les événements grâce à ces lois; mais il se révèle plus intéressant à la lumière de l'écriture tacitéenne: l'historien latin trouve dans les ressources du moraliste le moyen d'échapper aux contraintes de la règle annalistique. Grâce à des rapprochements, à des anticipations et à des généralisations, il parvient à donner à l'œuvre son relief: les portraits constituent les éléments d'une vaste fresque des passions humaines, qu'ils reflètent parfois dans son intégralité,[55] les événements

---

50. Cf. Vauvenargues, *Pensée* 799: 'Les sentences sont les saillies du philosophe.' Nous devons cette citation et cette remarque à C. Rosso, *Montesquieu moraliste: des lois au bonheur* (Bordeaux 1971), pp.38ss.

51. Cf. E. Courbaud, p.267.

52. Cf. E. Courbaud, p.267.

53. 'On ne trouvera point ici ces traits saillants qui semblent caractériser les ouvrages d'aujourd'hui [...]'

54. Par exemple, dans les *Considérations*, ch.14, p.113: '[Tibère] était comme la plupart des hommes: il voulait des choses contradictoires [...] enfin, l'homme d'Etat cédait continuellement à l'homme.' Ch. 4, p.50: 'Les conquêtes sont aisées à faire, parce qu'on les fait avec toutes ses forces; elles sont difficiles à conserver, parce qu'on ne les défend qu'avec une partie des forces.' Ch.16, p.133: 'Rome avait si bien anéanti tous les peuples que, lorsqu'elle fut vaincue elle-même, il sembla que la Terre en eût enfanté de nouveaux pour la détruire.'

55. Cf. E. Courbaud, pp.197-98, et Wuilleumier-Fabia, p.106.

prennent leur sens dans la mesure où on les rapporte aux sentiments qui les ont inspirés.[56]

Réciproquement, le moraliste profite de ce 'mélange des genres': au lieu de formuler sentencieusement une maxime que le lecteur mesurera à son aune, il énonce d'abord le fait concret qui suggère une généralisation: la sentence, ainsi vérifiée, est renforcée, vivifiée. L'enchaînement des causes et des effets n'apparaît donc pas comme une mécanique plus ou moins bien réglée ou comme un jeu abstrait de l'esprit, mais comme une progression irrésistible, née d'un va-et-vient incessant entre les lois et leurs applications particulières, les faits.

Il en va de même pour l'écrivain français. Quand il écrit: 'César gouverna d'abord sous des titres de magistrature; car les hommes ne sont guère touchés que des noms' (*Considérations*, ch. 11, p.94), la deuxième proposition n'apparaîtrait pas si vraie si nous n'avions précisément sous les yeux l'exemple des Romains abusés par César. Si l'on peut, en un certain sens, considérer les œuvres de Montesquieu comme des recueils de maximes, on ne peut pas ne pas opposer à l'écriture discontinue d'un La Rochefoucauld le flux, différent de l'enchaînement temporel, qui porte l'œuvre philosophique et l'œuvre de réflexion historique. Sans vouloir nier l'influence sur Montesquieu des moralistes français qui eux-mêmes s'étaient formés à l'ombre de Tacite,[57] on peut insister sur la continuité d'une écriture qui enrichit de leurs apports réciproques histoire et morale. Ce mouvement d'approche et de recul nous paraît devoir être mis en rapport avec l'alternance entre plan lointain, général, et plan rapproché, qui a été reconnue comme un des principes esthétiques essentiels de Montesquieu par J. Proust.[58] Ce mode de composition est l'expression d'une double aspiration: le regard se fait analytique quand il se porte avec précision sur des faits qui méritent explication, et immédiatement il est porté à une réflexion synthétique sur la nature humaine et les lois historiques. Ce trait de style sur lequel repose, pour une bonne part, l'élan qui anime les *Considérations* comme les *Annales* ou les *Histoires* est déjà la manifestation d'une certaine vision historique, et même d'une tournure d'esprit communes aux deux écrivains.

La composition d'unités plus réduites reflète-t-elle le caractère que nous venons de dégager pour l'ensemble d'une œuvre? La phrase de Montesquieu, comme celle de Tacite, s'essaye parfois vainement à l'ampleur; la première est aussi éloignée de la période de Bossuet que la seconde l'est de la période cicéronienne;[59] la phrase classique, qui enserre l'idée dans les ramifications de ses subordonnées, leur est étrangère. Les deux écrivains cherchent cependant à donner souffle à leurs pages: C. Rosso note que Montesquieu essaie en vain de réagir contre sa tendance naturelle au fragmentarisme (p.56). Même bilan à propos de Tacite, chez qui triomphe définitivement la 'phrase à rallonge'

---

56. Cf. *Annales*, 1, 44, 3:*Gaudebat caedibus miles tamquam semet absolueret*, 'Le soldat se plaisait à ces meurtres, dans l'idée de s'absoudre lui-même', cité dans les *Considérations*, ch. 15, p.121.

57. Cf. J. von Stackelberg, ch. 12, pp.209-18.

58. 'Poétique de *L'Esprit des lois*', in *Spicilegio moderno: saggi e ricerche di letteratura e lingue straniere* 9 (1978), pp.3-17. J. Proust analyse le livre à la lumière d'une suggestion de l'*Essai sur le goût* (Nagel, i.619): comme dans les tableaux de batailles, l'écrivain joue sur le plan rapproché, les figures principales (les chapitres 5, 12, 13, 14) et 'le fond et le lointain' (les chapitres 1 à 4, 6, 8 à 11, 15, 17).

59. Cf. E. Courbaud, p.240.

inaugurée par Salluste.[60] La phrase de Tacite se charge volontiers de propositions adventices au cours de sa progression pour rendre compte des idées nouvelles qu'il a besoin d'introduire. Le récit même est parfois fait de touches successives que l'auteur ajoute les unes aux autres sans les coordonner. Cet usage doit être rapproché de la manière de Montesquieu qui tend lui aussi aux développements progressifs plutôt que synthétiques.

Nous reprendrons la méthode que nous avons déjà employée, en étudiant les exemples mêmes que Montesquieu emprunte à Tacite, et qu'il traduit avec soin; il en respecte soigneusement les pauses: dans *L'Esprit de lois*, XVIII, 26, il présente en français chaque phrase de la *Germanie* XIII, 1, et renvoie en note à chacun des passages correspondants en latin: 'Les Germains ne faisaient aucune affaire publique ni particulière sans être armés. Ils donnaient leur avis par un signe qu'ils faisaient avec leurs armes. Sitôt qu'ils pouvaient les porter, ils étaient présentés à l'assemblée; on leur mettait dans les mains un javelot; dès ce moment ils sortaient de l'enfance; ils étaient une partie de la famille, ils en devenaient une de la république.'[61] Le procédé est exactement le même au chapitre précédent de *L'Esprit des lois*; il est moins appuyé, mais le passage choisi dans la *Germanie* est encore plus haché: 'Les mariages chez les Germains sont sévères dit Tacite: les vices n'y sont point un sujet de ridicule: corrompre ou être corrompu, ne s'appelle point un usage ou une manière de vivre; il y a peu d'exemples, dans une nation si nombreuse, de la violation de la foi conjugale.' Deux appels de note, l'un après 'sévères' (*Germanie*, XVIII, 1 et XIX, 3), l'autre après 'exemples' (*Germanie*, XIX, 2, XVIII, 1 et XIX, 3) viennent à l'appui de ce texte, que Montesquieu recompose à partir de celui de Tacite, sans pour autant le rendre plus coulant.

Mais, alors que chez Tacite la succession des 'rallonges' soutient la phrase, Montesquieu semble n'en retirer que la juxtaposition d'idées presque indépendantes les unes des autres. D'une manière générale, il a souvent de la peine à donner un souffle à ses pages, même les plus travaillées. Les phrases ne trouvent leur élan qu'au fur et à mesure de leur déroulement, le raisonnement rebondit selon les idées qui se présentent à l'esprit de l'écrivain. S'agit-il seulement d'un artifice de présentation? Il revient trop souvent pour n'être pas significatif, il devient une habitude d'esprit.[62]

Ce qui est commun aux deux écrivains, c'est donc moins le mouvement de la phrase que son déroulement linéaire, cette spontanéité – travaillée – grâce a laquelle la pensée semble se faire jour en même temps que l'écriture; plutôt que la conséquence d'une influence, il faut y voir, là encore, l'expression d'une parenté d'esprit. Dans les deux cas, le style n'est que le reflet de cette révélation progressive des idées qui fait contrepoint à la dialectique incessante du particulier et du général, telle que nous l'avons vue.

60. Cf. J. Chausserie-Laprée, *L'Expression narrative chez les historiens latins* (Paris 1969), pp.283-337.

61. Note 1 (appelée avant l'extrait cité): *Nihil [...] agunt* (*Germanie*, XIII, 1); note 2, après 'leur avis': *Si displicuit [...] concutiunt* (*Germanie*, XI, 6, intercalé dans le ch. 13); note 3, après 'sitôt qu'ils pouvaient', *Sed arma [...] probauerit*(*Germanie*, XIII, 1, jusqu'à la fin du passage); note 4, après 'un javelot': *Tum in ipso concilio [...] ornant*; note 5, après 'enfance': *Haec apud illos [...] reipublicae.*

62. Voir *L'Esprit des lois*, pour le seul livre VI, ch.1: 'J'oubliais de dire que [...]'; ch.5: 'Voici d'autres réflexions [...]'; ch.6: 'Les réflexions viennent en foule; je ne ferai que celle-ci [...]'.

Ces deux mouvements presque contradictoires ne suffisent pourtant, ni chez Tacite ni chez Montesquieu, à rendre compte d'une composition qui a souvent échappé aux lecteurs. La chaîne secrète des *Lettres persanes*, l'ordre de *L'Esprit des lois*, ont fait couler beaucoup d'encre; la *Germanie* est apparue comme un ouvrage décousu: de brèves et rares transitions, un plan en deux parties, ne suffisent pas à le faire apparaître comme cohérent. Les analogies que l'on peut opérer en ce domaine sont superficielles: l'image de la chaîne, à laquelle Montesquieu tient beaucoup, implique un jeu complexe d'oppositions et de rapprochements sous-entendus; elle ne peut s'appliquer à l'œuvre de Tacite; l'historien latin, il est vrai, ne pouvant se soustraire à une tradition ethnographique bien établie qui le contraignait à un type particulier de développement par association verbale',[63] a cherché à tisser des liens plus subtils entre des morceaux apparemment étrangers les uns aux autres, en introduisant des symétries, des divisions d'ensemble que seul un œil exercé et attentif peut percevoir (pp.36-37). Mais on ne peut accorder trop d'importance à un parti-pris qui se limite au domaine artistique et qui porte la marque d'une époque portée au raffinement du détail; il n'a pas la même portée que le principe esthétique et philosophique qui sous-tend l'œuvre de Montesquieu: le lecteur de la *Germanie* est invité à apprécier la virtuosité de l'écrivain; celui qui saisira l'ensemble de *L'Esprit des lois* pourra appréhender la diversité des choses et leur complexité. Telles sont les bornes d'un rapprochement qui s'impose trop facilement.

63. Cf. J. Perret, 'Introduction', p.20.

Conclusion

C'EST donc à travers l'usage de la maxime que se manifeste de la façon la plus évidente dans le domaine du style l'influence de Tacite sur Montesquieu. Il doit à l'historien, et non seulement à Sénèque et à sa tradition, ce goût pour la phrase à facettes; goût 'mondain' sans aucun doute, mais qui répond aussi aux exigences d'une composition alerte, jouant sur des plans différents. A cette composition 'en profondeur' répond de façon complémentaire, chez Tacite comme chez Montesquieu, une composition linéaire qui relève d'une même tendance à l'écriture apparemment spontanée. Chez l'un comme chez l'autre ce principe se double d'une volonté délibérée d'introduire un ordre sous-jacent, moins facilement perceptible. Mais l'écrivain qui inaugure sa carrière littéraire avec la *Germanie* ne connaît pas cette 'troisième dimension' de la composition, que l'on retrouve chez Montesquieu. L'auteur des *Annales* et des *Histoires*, plus mûr, cède moins aux séductions d'une écriture précieuse; s'il recherche la diversité et l'équilibre, c'est pour contrebalancer la règle annalistique qui alourdit la composition, mais ce souci esthétique ne le rapproche pas du philosophe capable de dominer 'l'infinie diversité de[s] lois et de[s] mœurs'. Est-ce à dire alors que la perspective historique de Tacite ne pourra se comparer à celle de Montesquieu? Faut-il se contenter de voir en lui le styliste qui force l'admiration, que personne ne saura imiter, mais qui doit s'incliner devant des épigones à l'esprit plus profond, à la vision plus large?

V

Tacite et Montesquieu historiens

TACITE est-il un historien? Cette question surprend aujourd'hui; mais la réponse n'est pas si évidente au dix-huitième siècle. Si on lui reconnaît alors certaines qualités, y compris celle de la véracité, comme nous l'avons vu dans notre troisième partie, cela ne suffit pas pour qu'il soit un historien: encore faut-il qu'il soit capable de formuler des jugements, de voir clair dans la succession d'événements qui constituent le tissu de l'histoire. La formule bien connue de *L'Esprit des lois*, XXX, 2: 'Tacite, qui abrégeait tout, parce qu'il voyait tout' nous a paru particulièrement heureuse, et nous avons placé sous ce signe l'étude de ce problème.

D'abord, la *Germanie*: apparemment, sa qualité d'historien ne se manifeste pas au mieux dans cet ouvrage; mais tel n'est pas l'avis de Montesquieu, perdu au milieu du 'labyrinthe' des lois féodales; le philosophe ne va-t-il pas même trop loin, en attribuant à Tacite une perspicacité trop moderne? Nos deux premiers chapitres s'articuleront sur ces idées.

Ensuite, d'une façon plus générale, nous étudierons, dans la mesure où la comparaison est possible, deux philosophies de l'histoire fondées à des degrés divers sur la permanence des facteurs psychologiques et humains. Cela nous permettra de mesurer la portée d'une théorie qui assigne à l'histoire une valeur exemplaire éminemment reconnue par Montesquieu, qui en tire également des leçons 'pratiques' susceptibles de l'aider à définir son statut d'historien.

Tacite est certainement pour Montesquieu un 'grand ancêtre', comme il l'est pour tant d'écrivains de ce siècle, qui répètent à l'envi les louanges de l'historien.[1] Mais on peut s'interroger sur un sentiment qui paraît d'abord si universellement partagé: cette admiration n'est-elle pas teintée de condescendance? Depuis l'époque de Trajan, l'histoire s'est ouvert d'autres horizons; les historiens, s'ils n'ont pas l'envergure d'un Thucydide ou d'un Tite-Live, ont d'autres qualités, d'autres connaissances; en un mot: les Tacite et les Polybe appartenaient à un siècle 'barbare' et ignorant. Voltaire, dont on a reconnu ici le jugement tranchant,[2] a eu en ce domaine bien des disciples (pp.266ss.), intimement persuadés de leur supériorité de penseurs 'modernes', qui s'inspirent de Tacite et se plaisent à le contredire, car ils s'estiment dégagés des préjugés anciens. Face à des critiques si dédaigneuses, que pèsent les éloges traditionnels, ampoulés et vides? L'attitude voltairienne n'est-elle pas plus sincère et plus réfléchie?

Entre ces deux extrêmes, Montesquieu semble adopter une position moyenne. A la différence de ses prédécesseurs, il s'est fréquemment reporté à tous les textes de l'historien, et notamment à la *Germanie*; sa confiance envers Tacite, sans être illimitée, est donc réelle et fondée sur une expérience, sur des observations positives: il admire en lui une clairvoyance exceptionnelle, le don de dégager une perspective historique dont, seize siècles après, il constate la justesse.

1. Voir notre introduction.
2. Voir J. von Stackelberg, pp.224ss.

Les termes de *L'Esprit des lois* sont clairs: il faut lire César et Tacite si l'on veut connaître les coutumes du peuple germain, ces traits caractéristiques qui subsistent dans les Etats modernes. Dès le livre xi, à l'issue du chapitre 6 consacré à la constitution anglaise, Montesquieu se réclame de notre auteur, et de lui seul: 'Si l'on veut lire l'admirable ouvrage de Tacite *sur les mœurs des Germains* on verra que c'est d'eux que les Anglais ont tiré l'idée de leur gouvernement politique.' On ne sait pas encore ce qui rend cet ouvrage 'admirable', mais on retrouve ce ton assuré quelques pages plus loin (chapitre 8): 'Les nations germaniques qui conquirent l'empire romain étaient, comme l'on sait, très libres. On n'a qu'à voir là-dessus Tacite *sur les mœurs des Germains.*' Dans plusieurs chapitres du livre xviii,[3] cette impression ne se dément pas, comme on le voit aussi au livre xxx, chapitre 2, à propos des sources des lois féodales: 'Quoique peu d'auteurs anciens nous aient décrit [les] mœurs [des Germains] nos en avons deux qui sont d'un très grand poids. César, faisant la guerre aux Germains, décrit les mœurs des Germains [...] Quelques pages de César sur cette matière sont des volumes. Tacite fait un ouvrage exprès sur les mœurs des Germains. Il est court, cet ouvrage; mais c'est l'ouvrage de Tacite, qui abrégeait tout, parce qu'il voyait tout'. Les chapitres suivants qui répètent, de façon plus succincte, avec seulement quelques variations de détail, dans le cas de Tacite, de longs passages des deux auteurs, présentent ces lignes comme les fondements inébranlables des réflexions de Montesquieu: 'César dit que [...] Tacite dit que [...] Ainsi, chez les Germains, il y avait des vassaux, et non pas des fiefs.' Cette fermeté est indispensable au philosophe qui veut faire passer pour une évidence le fruit d'un raisonnement personnel et qui cherche à se prévaloir d'une autorité difficilement contestable.[4] Remarquons cependant que l'attitude de Montesquieu envers l'auteur de la *Germanie* est constante et sans équivoque.

Les autres ouvrages de Tacite lui inspirent toutefois certaines réserves, comme nous l'avons vu,[5] mais elles sont peu fréquentes. S'il regimbe devant les divisions arbitraires introduites par les historiens parce qu'elles nuisent à notre vision des événements, il ne met pas Tacite en cause, mais les hasards qui nous ont empêchés de connaître l'intégralité de son œuvre, ou le bon plaisir de Suétone: 'Il n'y a point de raison pour avoir fait une espèce d'époque à Nerva, et d'avoir compté douze Césars jusqu'à lui, comme s'ils n'avaient fait qu'une même famille, qui se serait éteinte à Domitien. Il y a apparence que, Suétone ayant écrit la vie de ces douze Césars, et que, comme nous n'avons de Tacite à peu près que l'histoire de ces douze empereurs, on s'est accoutumé à les mettre ensemble et à compter, pour ainsi dire, une dynastie nouvelle à Nerva' (*Pensées*, 574; 136).

Dans l'ensemble, Montesquieu semble éprouver pour Tacite un respect admiratif qui se confirme chaque fois qu'il a l'occasion de s'appuyer sur ses œuvres, mais qui n'est pas dicté seulement par des raisons utilitaires. Tacite n'est pas un simple compilateur auquel on a volontiers recours dans des cas précis: nous avons vu l'importance de cet apport quand nous avons posé le problème de la fidélité aux sources;[6] il est surtout celui qui a su dégager les lignes de force qui

---

3. Chapitres 21; 22; 25; 30.
4. Voir notre troisième partie, p.65
5. Voir notre troisième partie, pp.55-56.
6. Voir notre troisième partie, *passim*.

sont à l'origine des analyses les plus chères à Montesquieu, il est un guide qui inspire sympathie et reconnaissance: c'est cette image que nous allons d'abord essayer de préciser.

Nous devons toutefois auparavant délimiter le problème: dans le passage du livre XXX, chapitre 2, que nous avons cité, Tacite et César apparaissent ensemble; le chapitre suivant, ainsi que plusieurs autres chapitres,[7] reprend ce double patronage de façon rigoureusement identique. Cependant le plus souvent, Montesquieu se réfère à Tacite, et en particulier dans le livre XVIII, qui témoigne d'une nette préférence pour ce dernier.[8] Cette observation est confirmée si l'on remarque que dans ce livre, au chapitre 31, Montesquieu néglige une indication donnée par César[9] pour insister sur le rôle politique des prêtres, tel que l'a décrit Tacite: 'Aussi voyons-nous, dans Tacite, que les prêtres étaient fort accrédités chez les Germains, qu'ils mettaient la police dans l'assemblée du peuple. Il n'était permis qu'à eux de châtier, de lier, de frapper [...]'.[10] A une époque où la confrontation de ces deux passages fait difficulté,[11] ce choix est délibéré. Peut-être est-ce l'effet d'un parti-pris? En tout cas, il montre que si, pour Montesquieu, 'ces deux auteurs se trouvent dans un [parfait] concert' (*L'Esprit des lois*, XXX, 2), sans négliger l'auteur des *Commentaires*, il faut accorder une place privilégiée à celui qui 'fait un ouvrage exprès sur les mœurs des Germains'.

7. *L'Esprit des lois*, XVIII, 21; 22 (à propos de *Germanie*, XXVI, 3); 30; XXII, 2; XXX, 4; 6; 9.

8. Voir *L'Esprit des lois*, XVIII, 22 (à propos de *Germanie*, XVI; XX, 5; XXVII, 5); XVIII, 24; 25; 26; 30; 31.

9. *Bellum Gallicum*, VI, 21, 1: *Neque druides habent qui rebus diuinis praesint, neque sacrificiis student*, 'Ils n'ont pas de druides qui président au culte des dieux et ils font peu de sacrifices.'

10. En note, Montesquieu renvoie à *Germanie*, XI, 4 et VII, 1-2.

11. En 1747, l'Académie des inscriptions et belles-lettres voit s'affronter sur ce sujet pris parmi d'autres l'abbé Fénel et N. Fréret (*Mémoires de l'Académie*, XXIV.375-88 et 419-31).

1. La *Germanie*, fil d'Ariane de Montesquieu

QUELLE attitude Montesquieu adopte-t-il envers Tacite? L'image du labyrinthe, qui apparaît dans le livre XXX, chapitre 2, nous offre une perspective particulièrement riche:[1] 'Que si, dans la recherche des lois féodales, je me vois dans un labyrinthe obscur, plein de routes et de détours, je crois que je tiens le bout de fil et que je puis marcher.' Elle semblerait moins digne d'intérêt si J. Poulet n'avait attiré l'attention sur l'image de la toile d'araignée, fréquente au dix-huitième siècle, qui se retrouve chez Montesquieu dans l'*Essai sur les causes qui peuvent affecter les esprits et les caractères*.[2] Le labyrinthe est un reflet de cette structure complexe, circulaire, qui enserre sa proie dans ses ramifications, mais un reflet inversé: l'image de la toile d'araignée traduit une prise de possession spirituelle dans laquelle le centre, l'âme, s'identifie à chaque point du cercle, à chaque sensation;[3] à l'inverse, dans le labyrinthe, le philosophe est à la recherche d'un centre, d'une cohérence, d'un ordre: il est prisonnier d'un réseau incompréhensible. Le négatif de l'image de la toile d'araignée porte donc la marque de l'impuissance, du désarroi.[4]

L'esprit ne s'avoue pas vaincu pour autant: perdu dans des chemins qui ne débouchent peut-être nulle part, l'historien 'tien[t] le bout du fil': celui qui en tient l'autre extrémité vient à son aide en dégageant les traits les plus caractéristiques de la société germaine, ceux qui sont destinés à durer, et que l'on retrouvera, plus ou moins affaiblis, dans les divers codes de lois barbares ou dans les structures des sociétés modernes. Si Tacite guide Montesquieu, ce n'est pas à la manière de Virgile conduisant Dante: il occupe une position extérieure, dominante: il distingue les aspects superficiels, les impasses; et s'il 'voyait tout', en fait il savait voir ce qui était réellement important, retenir ce qui pouvait passer pour un détail mais qui constitue le fond de l'âme germaine.

i. Clairvoyance de Tacite

Le grand mérite de Tacite, aux yeux de Montesquieu, est d'avoir distingué le particulier du général: il signale par deux fois dans *L'Esprit des lois* qu'à la suite de l'historien il ne faut pas confondre les usages particuliers d'une nation et les usages communs aux peuples germains (*L'Esprit des lois*, XVIII, 22 et XXVIII, 13), mais c'est surtout au niveau de l'analyse que cette aptitude se fait sentir: passées

1. Cette image est reprise scrupuleusement par le chevalier de Jaucourt, à l'article 'Fief' de l'*Encyclopédie* (vi.693): 'M. de Montesquieu tenant le bout du fil est entré dans ce labyrinthe, l'a tout vu, en a peint le commencement, les routes et les détours ...'!

2. Nagel, iii.409; cf. J. Poulet, *Les Métamorphoses du cercle*, p.81, et C. Rosso, 'Montesquieu présent', *Dix-huitième siècle* 8 (1976), pp.373-422.

3. Cf. J. Poulet, pp.81-82.

4. L'image la plus fréquemment employée à propos des époques obscures des origines de la nation, ou de la monarchie, est celle du chaos; Montesquieu lui en préfère une autre: il n'ordonne pas une réalité indistincte, il retrouve le *sens* imaginé par des êtres intelligents. Il dispose également d'un autre jeu d'images, emprunté au monde végétal: il nous parle des 'semences de ces bizarreries' (*L'Esprit des lois*, XVIII, 22), du 'germe de l'histoire de la première race' (*L'Esprit des lois*, XXX, 4); mais elles relèvent du thème de l'arbre, qui caractérise les lois féodales (*L'Esprit des lois*, XXX, 1).

au tamis de l'histoire, seules demeurent les institutions essentielles, qui tiennent le plus à 'l'esprit' de la nation. Or Tacite a su les découvrir, les décrire telles qu'elles sont. Il en est ainsi de détails apparemment anecdotiques qu'il faut replacer dans leur contexte, par exemple les coutumes qui sont à l'origine de certaines dispositions de la loi salique (*L'Esprit des lois*, XVIII, 22). 'Tacite parlait exactement', dit Montesquieu, car on peut vérifier ses dires dans différents codes de lois qui lui sont postérieurs de plusieurs siècles: toutes les précisions qu'il donne sont assez importantes pour faire l'objet d'articles particuliers. Le jugement de Tacite s'avère juste à la lumière de l'évolution du peuple germain.

Donc, si l'on admet une continuité entre les mœurs décrites par Tacite et celles des Francs sous la première race[5] et si l'on reconnaît la clairvoyance de l'historien, la lecture de la *Germanie* devient l'unique moyen de mieux comprendre des usages parfois déconcertants. Ainsi, par exemple, comme l'exposent les chapitres 24 et 25 du livre XVIII, *Des mariages des rois francs* et *Childéric*, il semble à première vue qu'on ne peut guère concilier la pratique de la polygamie chez les rois de la première race, et l'expulsion de Childéric, accusé d'incontinence: pourquoi les Francs furent-ils choqués d'un usage qui était passé à l'état d'institution? Cette difficulté, sur laquelle s'articulent implicitement ces deux chapitres, disparaît si l'on se reporte au texte dans lequel Tacite loue les mœurs sévères des Germains, tout en faisant remarquer que les rois, en raison de leur rang, sont contraints de se ménager diverses alliances et de faire exception à cette règle (*Germanie*, XVIII-XIX). La contradiction n'était donc qu'apparente: les raisons rapportées par Tacite dissipent toute confusion.

La pensée de Montesquieu progresse donc selon un double mouvement: elle trouve en Tacite la forme primitive d'usages déformés par le temps, et inversement la justesse de ses vues est prouvée par la pérennité des institutions qu'il décrit scrupuleusement. Même si Montesquieu élimine les détails superflus,[6] il reconnaît que Tacite a signalé l'essentiel: il a deviné l'importance de certaines particularités, il leur a supposé une raison d'être qui les rendait dignes d'être exposées: il a pressenti la rationalité de ce qui pouvait passer pour des bizarreries de barbares, à une époque où la Germanie est un pays presque inconnu des Romains, sauf des amateurs de *curiosa*. Aussi voit-on converger différents traits épars dans la *Germanie*, qu'il importe de regrouper et de classer afin de reconstituer un tableau cohérent des structures sociales des Germains.

Ce tableau, Montesquieu le dresse essentiellement dans le livre XVIII de *L'Esprit des lois*: il édicte un certain nombre de principes à propos des peuples 'qui ne cultivent point les terres', et il les trouve confirmés chez Tacite. 'Ils se

5. Présupposé qui ne laissait pas d'être contesté, malgré la belle assurance dont témoigne le livre XXX, ch.6: 'Il ne faut pas douter que ces barbares n'aient conservé dans leurs conquêtes les mœurs, les inclinations et les usages qu'ils avaient dans leur pays, parce qu'une nation ne change pas dans un instant de manière de penser et d'agir'. Cf. par exemple, à l'Académie des inscriptions, une position très ferme de M. de Foncemagne, dans son *Mémoire historique sur le partage du royaume de France* (*Mémoires de l'académie*, viii.476, du 2 août 1726) 'Il serait assez inutile de chercher dans l'histoire des Francs encore au-delà du Rhin l'origine des coutumes qu'ils ont observées depuis leur établissement dans la Gaule, parce que les mœurs des peuples étant sujettes à des variations continuelles, nous ne saurions ni trouver dans les anciens usages de quoi nous éclairer sur leurs usages présents, ni estimer ce qu'ils ont dû faire dans un temps par les choses qu'ils ont pratiquées dans un autre.'

6. Voir notre 4e partie.

disputeront la terre inculte, comme parmi nous les citoyens se disputent les héritages' (xviii, 12), et par conséquent le territoire propre à chaque maison, le seul patrimoine de la famille (xviii, 22), que Tacite décrit comme un territoire nettement délimité. Le mariage sera moins assuré que chez nous, mais n'en existera pas moins (xviii, 13): ce qui est le cas chez les Germains, au rapport de Tacite (xviii, 24). 'Ils jouissent d'une grande liberté' (xviii, 14) qu'ils revendiquent en étant toujours armés (xviii, 26); ce dernier point se révèle le plus riche, car il permet à Montesquieu de dépasser une analyse ethnologique qui ne peut pas être plus complète que celle de Tacite, en portant l'attention sur les structures politiques de la société des Germains.

La distribution des pouvoirs qui fera plus tard, comme nous le verrons, la force de la constitution anglaise, se trouvait déjà dans la toute-puissance de l'assemblée des Germains, contrebalancée par l'autorité modérée des chefs (*L'Esprit des lois*, xi, 8 et xi, 6). D'autres particularités contribuent à accroître l'influence de cette assemblée, notamment le rôle qu'elle doit jouer dans le jugement des crimes capitaux (xviii, 30). Autre contrepoids d'importance: les prêtres, qui exercent la police en vertu d'un prestige religieux incontesté (xviii, 31). Telles sont les grandes lignes d'une organisation dont on connaît mal le fonctionnement, mais qui s'est révélée assez efficace pour durer peut-être plus longtemps que ne durera la constitution anglaise. Ces principes sont relativement vagues: ne s'agit-il pas d'un peuple qui n'a pas de lois à proprement parler, et qui n'est régi que par les mœurs?

Aussi Montesquieu ne néglige-t-il pas de les étudier: chez les Germains on trouve les 'vertus morales' oubliées chez les peuples policés, l'hospitalité, le respect de la vie humaine (*L'Esprit des lois*, xxiii, 22 et xx, 2), qui coexistent avec les habitudes propres aux 'peuples brigands' (xx, 2), qui en sont même le corollaire. La morale individuelle remplace les lois coercitives: témoin l'importance que revêt le point d'honneur chez des peuples qui n'y 'étaient pas moins sensibles que nous [...] ils l'étaient même plus' (xxviii, 21).

Ces aspects essentiels, sur lesquels nous aurons l'occasion de revenir, constituent les rouages d'une société qui s'est perpétuée jusqu'à la première race: encore faut-il les ordonner car ils se trouvent disséminés dans l'opuscule de Tacite, au hasard d'une composition qui échappe trop souvent au lecteur, et parfois à l'auteur. Montesquieu focalise ces traits, retrouve l'unité logique de l'analyse et l'intègre à un système plus vaste, la caractérisation des peuples 'qui ne cultivent point les terres', donnant ainsi un sens précis à chaque détail. Nous avons de la sorte une réponse plus satisfaisante au problème que soulevait la composition de la *Germanie*: une cohérence interne gouverne ces pages disparates; elle n'apparaît qu'à la lumière de principes plus généraux. On s'aperçoit alors que Tacite a noté tout ce qui *caractérisait* cette société: une structure politique fondée sur les mœurs et la responsabilité individuelle qui répond aux exigences d'une certaine mode de vie.[7] Ces conditions ne peuvent être révélées que par des analyses ethnologiques modernes, mais l'abondance des références que

7. A ces points capitaux viennent s'ajouter des notions importantes aux yeux de Montesquieu: l'idée de luxe, ou plutôt 'l'admirable simplicité des peuples germains' (*L'Esprit des lois*, xviii, 23), et la façon dont on admet les nouveaux citoyens, qui mérite aussi d'être signalée comme un des piliers de l'organisation d'une société militaire (*L'Esprit des lois*, xviii, 26 et 28).

Montesquieu trouve chez Tacite et qui, pas à pas, confirment ses démonstrations, montrent que cette vision cohérente de la société germaine n'était pas étrangère à l'auteur latin.

ii. Clairvoyance de Tacite ou clairvoyance de Montesquieu?

Cette rationalité s'est donc dégagée *a posteriori*, grâce au recul dont dispose l'observateur qui se trouve à l'autre issue du labyrinthe. Mais ne joue-t-il pas alors un rôle déterminant? Ne voit-il pas dans la *Germanie* ce qu'il souhaite y voir, comme nous avons déjà eu l'occasion de le constater au niveau du détail?

Il semble bien que Montesquieu ait eu conscience des excès auxquels le portait son désir de trouver chez Tacite les germes des institutions féodales et de voir en lui un historien parfaitement clairvoyant. L'étude chronologique des *Pensées* montre qu'il avait d'abord donné à certaines formules une portée démesurée, cherchant même à fonder son histoire de France sur une expression qui manque en fait de clarté et qui esquive la difficulté:[8] *Reges ex nobilitate, duces ex uirtute sumunt.*[9] La distinction entre pouvoir civil et pouvoir militaire que Montesquieu tire de cette phrase et présente comme irréfutable[10] est très floue, voire discutable; elle est à tout le moins le résultat d'une interprétation personnelle. L'admet-on en ces termes, on perçoit cependant aisément qu'il est abusif d'en faire le pilier d'un système politique durable. Or telle est la conviction de Montesquieu durant la période 1735-1738,[11] durant laquelle il essaye de comprendre les premiers temps de la monarchie à la lumière de ce principe: '[l'abbé Dubos ne sait pas] ce que Tacite dit si bien (*De moribus Germanorum*) de la différence des fonctions de Roi, chez les Germains, lequel avait l'autorité civile, d'avec les fonctions du Duc, qui avait les militaires: ce qui est la clé des commencements de la monarchie française' (*Pensées*, 1906; 285). A ce partage des fonctions correspondait un partage entre noblesse d'épée et noblesse de robe, 'du temps où l'ignorance de la Noblesse donna la plupart des fonctions civiles au Tiers-Etat', qui garantissait définitivement la liberté. Mais cette idée se heurtait à d'énormes difficultés, et tout d'abord à l'exemple fourni par Louis XIV, et en 1738 Montesquieu, découragé, l'abandonne[12] et cherche ailleurs le fondement de la liberté française.

Une découverte plus fructueuse, celle de la monarchie dotée de pouvoirs intermédiaires, devait l'amener à élaborer une théorie à laquelle Tacite apporte une contribution, mais sur un autre point: dans la version définitive du livre XI, chapitre 8,[13] l'idée de la séparation des pouvoirs civil et militaire est totalement abandonnée au profit de la notion de 'gouvernement représentatif'.[14] Les derniers chapitres de *L'Esprit des lois* confirment ce changement d'orientation: dans le livre XXXI, chapitre 4, Montesquieu déclare avec fermeté: 'On ne peut douter

8. Cf. J. Perret, Introduction, p.28 et n.1, et F. Frahm, 'Cäsar und Tacitus als Quellen für die altergermanische Verfassung', *Historische Vierteljahrshrift* 24. Jahrgang, Dresde 1929, pp.145-81.

9. *Germanie*, VII, 1: 'Ils choisissent les rois d'après leur naissance, les chefs d'après leur mérite.'

10. Cf. *Pensées*, 1302; 595: 'Les Rois étaient les magistrats civils, les chefs, les magistrats militaires.'

11. Cf. J.-J. Granpré-Molière, *La Théorie de la constitution anglaise chez Montesquieu* (Leyde 1972), p.156.

12. Cf. J.-J. Granpré-Molière, p.209.

13. Cette rédaction date de la période 1741-1743.

14. Cf. J.-J. Granpré-Molière, p.228.

que ces princes, qui, dans l'assemblée de la nation, se levaient, et se proposaient pour chefs de quelque entreprise à tous ceux qui voudraient les suivre, ne réunissent pour la plupart, dans leur personne, et l'autorité du roi et la puissance du maire. Leur noblesse leur avait donné la royauté; et leur vertu, les faisant suivre par plusieurs volontaires qui les prenaient pour chefs, leur donnait la puissance du maire'. Un chapitre qui date de la même période que le livre XXIII[15] ne fait aucune allusion à l'idée de la séparation des pouvoirs et insiste même sur les limites du pouvoir des rois, borné par l'autorité du peuple et non par une dualité des charges; Montesquieu laisse voir alors avec quelles précautions il manie des termes qui paraissent moins lumineux: 'Tacite dit qu'ils ne donnaient à leurs *rois ou chefs* qu'un pouvoir très modéré.'[16] S'est-il rendu compte qu'il reprenait à la lettre une expression trop vague? Quoi qu'il en soit, il est certain qu'il ne sollicite plus autant le texte de Tacite.

Son attention n'est cependant pas détournée de la *Germanie*: le gouvernement représentatif est un régime politique ignoré des anciens qui ne connaissaient que la démocratie directe ou la monarchie absolue.[17] Dans les seules nations germaniques, 'très libres', le pouvoir était réparti entre différents corps, ou plutôt chaque corps participait à la vie de la nation (*L'Esprit des lois*, XI, 6, *in fine*). Comme l'expose Tacite, le peuple avait droit de traiter les affaires d'importance; les *principes*, les 'principaux de la nation', expédiaient les affaires courantes, tout en se réservant un droit de regard sur celles qui, en dernier recours, étaient du ressort du peuple.[18] L'harmonieuse coopération de ces différents groupes, telle que la présente Tacite, ne s'est pas interrompue après la conquête, qui disperse les Germains à travers l'immense territoire de la Gaule: 'Quand ils étaient en Germanie, toute la nation pouvait s'assembler. Lorsqu'ils furent dispersés dans la conquête, ils ne le purent plus. Il fallait pourtant que la nation délibérât sur ses affaires, comme elle avait fait avant la conquête: elle le fit par des *représentants*. Voilà l'origine du gouvernement gothique parmi nous' (XI, 9). Montesquieu revient sur ce point essentiel dans le livre XVIII, chapitre 30: 'Cet usage se conserva après la conquête, comme on le voit dans tous les monuments.'

Cette forme originale résulte de l'heureuse adaptation aux circonstances d'un système politique qui avait fait ses preuves tant que la Germanie était restée en marge du monde romain et qui, au moment où s'effondre cet empire, prisonnier d'une structure centralisée fondée sur une autorité absolue, apparaît comme le seul espoir de liberté.[19] Mais la réussite d'un semblable régime ne s'arrête pas là: il n'atteint son apogée que lorsque la partie la moins favorisée de la nation a elle aussi part aux affaires: 'C'était un bon gouvernement qui avait en soi la capacité de devenir meilleur. La coutume vint d'accorder des lettres d'affranchis-

15. Dernière période de rédaction, 1746-1748.

16. C'est nous qui soulignons. Cf. J.-J. Granpré-Molière, p.229.

17. *L'Esprit des lois*, XI, 8, 'Pourquoi les anciens n'avaient pas une idée bien claire de la monarchie'.

18. Cf. *Germanie*, XI, 1: *De minoribus principes consultant, de maioribus omnes; ita tamen ut ea quoque quorum penes Plebem arbitrium est apud principes pertractentur*, 'Les petites affaires ressortissent aux délibérations des chefs, les grandes à celles de tous, mais non pas cependant sans que celles dont il appartient au peuple de décider ne soient, elles aussi, examinées à fond par les chefs.'

19. Cf. *L'Esprit des lois*, XI, 19, *in fine*: 'Voilà ce qui fit que les provinces regardèrent la perte de la liberté de Rome comme l'époque de l'établissement de la leur.'

sement; et bientôt la liberté civile du peuple, les prérogatives de la noblesse et du clergé, la puissance des rois, se trouvèrent dans un tel concert, que je ne crois pas qu'il n'y ait eu sur la terre de gouvernement si bien tempéré que le fut celui de chaque partie de l'Europe dans le temps qu'il y subsista' (*L'Esprit des lois*, XI, 8). Les trois parties de la nation sont donc représentées et s'équilibrent les unes les autres.

Cette évolution ne s'en est pas moins faite dans le sens indiqué par Tacite, car celui-ci distingue les affaires mineures, *minores res*, et les affaires importantes, *maiores res*. En Angleterre les affaires mineures sont tombées entre les mains du roi et de son entourage immédiat, détenteurs du pouvoir exécutif[20] à la place des notables, les *principes*; les affaires importantes sont du domaine législatif et reviennent toujours à l'assemblée. En France, on retrouve une répartition assez semblable:[21] Si le roi détient l'exécutif, il n'a et ne doit avoir aucune influence sur le domaine judiciaire (cf. *L'Esprit des lois*, VI, 5); il n'exerce le pouvoir législatif qu'avec le concours des parlements, et dans les limites que lui fixe l'opinion.

Ce schéma, très théorique, décrit un état idéal souvent démenti dans la pratique, en Angleterre comme en France, mais il dérive d'une source unique: le sens de la liberté que les Germains possédaient au plus haut point et qui leur permettait de préserver cet équilibre qu'ils avaient inventé. Par exemple, la justice n'était jamais rendue que collectivement: 'On croira peut-être que le gouvernement des Francs était pour lors bien dur, puisque les mêmes officiers avaient en même temps sur les sujets la puissance militaire et la puissance civile, et même la puissance fiscale: chose que j'ai dit dans les livres précédents, être une des marques distinctives du despotisme. Mais il ne faut pas penser que les comtes jugeassent seuls, et rendissent la justice comme les bachas la rendent en Turquie: ils assemblaient, pour juger les affaires, des espèces de plaids ou d'assises, où les notables étaient convoqués [...] Mais qui que ce fût qui eût la juridiction, le roi, le comte, le gravion, le centenier, les seigneurs, les ecclésiastiques, ils ne jugèrent jamais seuls: et cet usage, qui tirait son origine des forêts de la Germanie, se maintint encore lorsque les fiefs prirent une forme nouvelle' (*L'Esprit des lois*, XXX, 18). L'importance du problème judiciaire n'avait donc pas non plus échappé à Tacite,[22] bien que Montesquieu ne mentionne pas ici son nom: les indications livrées par l'historien lui permettent de définir comment les forces de la nation s'équilibrèrent pour exercer en commun le pouvoir et préserver la liberté des Germains.

Il faut également tenir compte d'une autre structure, à la fois sociale et politique: la hiérarchie féodale, qui constitue l'autre ligne de force de ce gouvernement 'mêlé de l'aristocratie et de la monarchie' (*L'Esprit des lois*, XI, 8). Ses origines ne nous sont pas inconnues, grâce à Tacite: pour Montesquieu, les

20. Cf. J.-J. Granpré-Molière, p.307.
21. Cf. E. Carcassonne, *Montesquieu et le problème de la constitution française au dix-huitième siècle* (Paris 1927), p.85.
22. Cf. *Germanie*, XII, 1: *Licet apud concilium accusare quoque et discrimen capitis intendere*, 'On peut aussi accuser devant l'assemblée et y intenter une action capitale'; et XII, 3: *Eliguntur in isdem conciliis et principes, qui iura per pagos uicosque reddunt; centeni singulis ex plebe comites consilium simul et auctoritas adsunt*, 'On choisit encore dans ces mêmes assemblées des chefs qui rendent la justice dans les cantons et dans les bourgs; cent assistants tirés du peuple sont adjoints à chacun pour lui donner conseils et autorité.'

relations entre les *comites*, les 'compagnons', et le roi, telles qu'il les reprend au début du livre xxx de *L'Esprit des lois*, d'après la *Germanie*, xiv, se sont transformées en liens de vassalité, fondés sur l'honneur, la loyauté, le courage des uns et des autres. Au dévouement total des *comites* répond le prestige du chef, qui dispense la 'solde' et qui a sans cesse besoin de soutenir son rang, afin de récompenser à leur juste prix les services des ses compagnons. Ces récompenses, qui deviendront les fiefs quand le prince, par la conquête, aura acquis des terres qu'il pourra leur donner, sont, à l'origine, 'des chevaux de bataille, des armes, des repas' (xxx, 3). Ainsi, 'il y avait des vassaux, parce qu'il y avait des hommes fidèles qui étaient liés par leur parole, qui étaient engagées pour la guerre, et qui faisaient à peu près le même service que l'on fit depuis pour les fiefs.'[23]

Tacite accorde une large place, un paragraphe entier, à cette institution du *comitatus* promise à un bel avenir, bien qu'elle ait dégénéré à partir du moment où les fiefs devinrent inamovibles et héréditaires (*L'Esprit des lois*, xxxi, 1) et de ce fait perdirent leur sens initial, qui était de payer un service rendu, un engagement personnel. Cet historien analyse beaucoup plus longuement que César les rapports complexes qui unissent chef et compagnons, les devoirs réciproques qui rendent durables ces alliances et qui n'en font pas de simples actes de soumission au plus fort, au plus riche, à celui qui ne tire sa prééminence que de sa naissance. Le sentiment de l'honneur, qui anime les compagnons comme leur chef, est essentiel chez les Germains, comme le fait encore remarquer Montesquieu, dans le livre xxviii, ch.21, 'Nouvelle réflexion sur le point d'honneur chez les Germains', qui s'ouvre sur une citation de Tacite, sans aucun commentaire: 'C'était chez les Germains, dit Tacite, une grande infamie d'avoir abandonné son bouclier dans le combat; et plusieurs, après ce malheur, s'étaient donné la mort.'[24]

L'historien latin a donc été particulièrement sensible à un type de lien particulier. Les relations romaines de patron à client, qui sous l'empire deviennent l'axe de toute la société gravitant autour du maître suprême,[25] ne pouvaient lui servir de modèle. Certes, on ne peut nier que l''affection personnelle' que les citoyens vouent à leur empereur – Trajan, ou même Néron ou Othon, adorés des foules – ait permis à Tacite, pour une part, 'de comprendre par le dedans la fidélité germanique'.[26] Mais ce sentiment était-il suffisant pour faire sentir l'importance de l'honneur, la réciprocité des devoirs qui constitue le tissu de ces rapports et qui vont au-delà du 'loyalisme' d'un Pline, trop heureux d'obéir à un maître exigeant? Une analyse qui dégage ainsi non seulement la rationalité cachée d'une société étrangère, mais aussi la prééminence de structures entièrement nouvelles pour un esprit romain, est donc profondément originale, et particulièrement riche d'enseignements. C'est ce qu'a compris Montesquieu.

---

23. Montesquieu aurait-il accordé tant d'importance à cette institution s'il n'y avait été poussé par des considérations polémiques? Le grand reproche qu'il fait à l'abbé Dubos, dans le livre xxx, chapitre 25 de *L'Esprit des lois*, 'De la noblesse française', est d'avoir négligé l'existence d'un corps de noblesse distinct chez les Francs, et d'avoir ainsi nié l'antiquité des grandes familles de France: peut-être est-ce la raison pour laquelle il accorde une place de choix, en tête du Livre xxx, au chapitre qu'il consacre à la vassalité.

24. *Germanie*, vi, 6. Voir notre sixième partie, p.140.

25. Cf. J. Gagé, *Les Classes sociales sous l'empire romain* (Paris 1964), p.71.

26. J. Perret, Introduction, p.42.

Aussi, de cet ensemble de remarques, pouvons-nous tirer deux conclusions: nous voyons d'abord que Montesquieu a réellement été guidé pas à pas par Tacite, ensuite nous comprenons mieux la vision spécifique de l'historien, et la façon dont elle s'apparente à celle de Montesquieu.

Conclusion

Montesquieu a montré la cohérence de la société des Germains telle qu'elle a été décrite par Tacite: les Germains sont des peuples qui ne cultivent pas les terres. Tacite, qu'il ait conscience ou non de ce critère, a rassemblé une série de traits convergents, qui nous permettent de comprendre le fonctionnement de cette société. Montesquieu ne lui emprunte pas des détails, même significatifs, il ne lui demande pas seulement des notices précises, comme il le fait pour César, qui a su voir lui aussi un aspect essentiel, ce fameux *comitatus* mais qui n'a pas eu de vision synthétique du monde germain, et ne s'y intéresse que dans une digression. Tacite a vu tous les caractères essentiels, ceux qui constituent l'armature de la société et qui doivent se perpétuer: il rejoint donc en cela le dessein de Montesquieu, qui cherche au-delà de l'apparence l'ordre profond des choses.

Tacite joue un rôle encore plus important quand il s'agit d'analyser les conditions historiques de la liberté et leur évolution. Montesquieu est d'abord contraint d'abandonner la théorie de la séparation des pouvoirs civil et militaire, qui trouvait son fondement chez Tacite, mais qui était le résultat d'une interprétation abusive. Il est sur un terrain plus solide quand il examine les deux axes selon lesquels s'ordonne la société franque: le gouvernement représentatif et la féodalité, qui sont tous les deux, à des degrés différents, en germe dans l'ancienne société germaine: cette fois encore, Tacite a dégagé l'essentiel. Pour démonter les rouages sociaux et politiques du gouvernement gothique, il faut partir de deux citations de Tacite. Lors de cette nouvelle étape, toute la démonstration de Montesquieu repose sur l'analyse de Tacite.

Dans ces conditions, il devient inutile de savoir dans quelle mesure Montesquieu sollicite le texte de Tacite ou s'il est fidèle aux intentions de l'historien, qui n'avait sûrement pas la moindre idée du devenir de ce *comitatus*, et qui même n'avait sans doute pas saisi toute son importance. Il importe seulement de noter que dans les différents cas que nous avons étudiés, Tacite a *suggéré* à Montesquieu certains raisonnements: son influence ne doit pas être estimée en fonction de l'apport personnel de l'historien, mais en fonction de la richesse des idées qu'il fait naître. Or ces idées constituent, nous l'avons vu, les lignes de force des livres XVIII et XXXI. Les apparences n'étaient donc pas trompeuses: la fréquence élevée des citations empruntées à Tacite est le reflet fidèle de l'importance de cette dette.

Il nous est possible de tirer de cette étude une seconde conclusion, non moins importante que la première. Tacite voit la société germanique avec les yeux d'un Romain: son premier mérite est de ne pas avoir occulté certains aspects purement 'barbares', ou du moins de ne pas les avoir défigurés en leur surimposant une interprétation romaine. Pas plus que tous ses prédécesseurs, il n'a su échapper totalement à ce défaut,[27] mais le chapitre 14, consacré aux *comites*, ne mérite pas ce genre de reproche, peut-être en raison d'un excès inverse: l'historien n'aurait-il pas présenté ainsi ce lien s'il n'avait voulu mettre l'accent sur la valeur guerrière d'une nation courageuse? Ces Germains sont des barbares, mais ils sont guidés par des impératifs moraux, par un sens de l'honneur qui à Rome ne se manifeste plus guère depuis la fin de la République, sinon chez des martyrs de la liberté qui parfois n'agissent que par ostentation. Peu importe qu'il ait glorifié à l'excès cette institution, il a été capable de porter sur une civilisation étrangère un regard pénétrant, en distinguant ce 'principe' du gouvernement des Germains, ou de celui qui devait en naître.

Cela seul en effet compte aux yeux de Montesquieu: la perspicacité d'un historien qui écrit la *Germanie* alors qu'il vient à peine de se faire connaître en composant la rhétorique *laudatio* d'*Agricola*. Cet auteur débutant qui, pense-t-on, a vu la Germanie d'assez près, sans l'avoir réellement connue de l'intérieur,[28] a compris l'âme germaine et a essayé de la respecter. Il 'voyait tout', certes, car il a vu l'essentiel, mais surtout parce qu'il *voulait* tout voir, parce qu'il se plaçait d'une façon privilégiée: découvrant le monde germain avec l'œil neuf du Persan venu visiter l'Europe, ce Romain ouvert à l'inconnu se laisse fasciner par la barbarie comme Usbek par la 'civilisation' de Paris. La démarche paraît inverse cependant, puisque le voyageur persan dénonce les conventions de la société qu'il découvre, et que Tacite, au contraire, décrit les charmes d'une nation qui n'est pas encore pervertie. Mais les critiques de l'un et de l'autre jouent d'abord sur un goût commun à la France du dix-huitième siècle et à la Rome du premier siècle, l'exotisme.[29] Ainsi dépaysé, le lecteur voit lui aussi les choses d'un œil nouveau. Et si Tacite constate qu'en Germanie 'les bonnes mœurs ont plus de force que n'ont ailleurs les bonnes lois',[30] si dans l'*Agricola* il parle par la bouche d'un barbare, Calgacus, pour stigmatiser la cruauté des Romains (*Agricola*, xxx-xxxii), c'est qu'il a adopté pour un temps un point de vue extérieur.[31] Tacite peut ainsi avoir une position *surplombante* qui lui permet une vision *totale*: en cela l'auteur de *L'Esprit des lois* et des *Considérations*, conformément à l'analyse de J. Starobinski (p.39), est le plus proche de l'esprit tacitéen.

Ne nous laissons pas prendre aux perspectives déformantes proposées par l'histoire; ce n'est pas parce qu'il a perçu chez les Germains les traits destinés à durer qu'il a été capable d'anticiper sur leur évolution, nous l'avons dit. La 'vision panoramique et instantanée' (J. Starobinski, p.39) que nos découvrons chez Tacite comme chez Montesquieu naît d'une aptitude au recul. Tacite 'voyait tout' – et au moment où Montesquieu se déclare perdu dans un 'labyrinthe obscur', cette remarque prend tout son sens (p.40) – parce qu'il savait se détacher de la réalité immédiate. La *Germanie* lui permet au mieux d'exercer cette faculté

27. C'est le cas quand il essaie d'analyser la façon dont on rendait la justice dans les cantons, *pagi* (*Germanie*, xii, 3): d'après Tacite, des *principes*, des notables élus, vont de ville en ville; ce schéma doit beaucoup à l'usage romain, selon lequel le préteur se déplaçait de la sorte (cf. J. Perret, note *ad loc.*).

28. Cf. l'article 'Germanie', déjà cité, de l'*Encyclopédie*.

29. Cf. P. Robin, 'L'ironie chez Tacite' (thèse) (Lille 1973), p.312.

30. *L'Esprit des lois*, xxiii. 22; *Germanie*, xix, 6.

31. Cf. notre quatrième partie, pp.84ss., à propos des jeux de vocabulaire, qui tendent au même but.

de recul, non seulement parce qu'il étudie de façon synthétique des institutions complexes, mais surtout parce qu'il confronte un monde étranger dans l'enfance et une civilisation corrompue qu'il connaît trop bien. Il se laisse parfois prendre à ce jeu, en adhérant tantôt aux desseins hostiles des Romains, tantôt à l'enthousiasme guerrier des Germains,[32] mais chaque fois que sous l'éloge de la barbarie, avec une fraîcheur feinte, il inscrit la dénonciation du monde civilisé qui est le sien, il prend ses distances par rapport à l'un et à l'autre, il les englobe d'un regard critique pour mieux discerner leurs forces et leurs faiblesses respectives, il n'évoque l'un que pour suggérer l'autre en 'négatif'. L'observateur romain se trouve dans une situation idéale pour porter sur ces deux mondes le regard détaché de l'historien qui domine les civilisations.

32. Voir *Germanie*, xxiii, 2 et xiii-xiv, par exemple.

2. La perspective 'surplombante'

LES *Annales* et les *Histoires* du peuple romain, qui décrivent un temps si proche de l'historien, s'y prêtent-elles autant que la *Germanie*? Peut-être plus, car Tacite sait aussi dégager l'esprit d'une époque à travers la cascade d'événements qui en dissimule l'unité. Du prologue des *Histoires*, où se trouve condensée toute une série de catastrophes (I, 2-3), à celui des *Annales*, si différent pourtant du précédent,[1] dans lequel d'un seul élan Tacite embrasse l'histoire romaine depuis la royauté jusqu'à la fin du principat d'Auguste (*Annales*, I, 1-3), se manifeste de façon continue l'effort d'un esprit qui cherche à dominer le déroulement parfois chaotique des faits; il s'oppose ainsi à Suétone ou à Plutarque, qui ne voient l'histoire qu'à travers des individus, et à tous les autres écrivains qui se laissent séduire par la description événementielle.

i. Liberté et nécessité: l'analyse de la nature humaine

Mais suffit-il de s'extraire ainsi du cours du temps pour avoir une intuition panoramique et lucide? Et cette position privilégiée que veut se donner Tacite est-elle réellement comparable à celle de Montesquieu? Chez Montesquieu, cette vision surplombante 'est en même temps la vision du lien des choses entre elles'.[2] Dès les *Considérations*, elle est autorisée par la conviction que l'histoire obéit à un déterminisme rigoureux; cette idée est amplifiée dans *L'Esprit des lois*: c'est l'ensemble des choses humaines qui est régi par des lois rationnelles. Il serait abusif de chercher chez Tacite une théorie rationaliste comparable à celle de Montesquieu, malgré quelques déclarations théoriques et peu précises.[3] Dans un passage célèbre, il déclare ne pas savoir ce qui gouverne les hommes, le destin ou le hasard[4] et, à la lumière de l'expérience, 'le caprice [lui] apparaît dans toutes les affaires de l'humanité';[5] á cette proposition semble répondre précisément le passage fameux de la préface de *L'Esprit des lois*: 'J'ai d'abord examiné les hommes, et j'ai cru que dans cette infinie diversité de lois et de mœurs, ils n'étaient pas uniquement conduits par leurs fantaisies.' S'il confère parfois aux dieux le rôle qu'il refuse d'attribuer systématiquement à la fortune, hasard ou fatalité aveugle,[6] il ne croit guère à une Providence toute-puissante dont tous les actes humains réaliseraient les desseins secrets: Tacite ne préfigure en rien le Bossuet auquel Montesquieu s'oppose si nettement dans les *Considéra-*

1. Cf. E. Courbaud, ch.1.
2. J. Starobinski, p.39.
3. Cf. *Histoires*, I, 4, 1: *[...] ut non modo casus euentusque rerum, qui plerumque fortuiti sunt, sed ratio etiam causaeque noscantur*, '[...] ainsi l'on connaîtra dans chaque affaire non seulement les péripéties et le dénouement, où d'ordinaire le hasard fait tout, mais encore la logique et les causes'.
4. *Annales*, VI, 22, 1: *Sed mihi haec ac talia audienti in incerto iudicium est fatone res mortalium et necessitate immutabili an forte uoluantur*, 'Quant à moi, ces histoires et d'autres semblables me font douter si le sort des mortels se déroule selon le destin et une nécessité immuable ou au gré du hasard.'
5. *Annales*, III, 18, 4: *Mihi quanto plura recentium seu ueterum reuoluo, tanto magis ludibria rerum mortalium cunctis in negotiis obuersantur*, 'Pour moi, plus je repasse dans mon esprit de faits récents ou anciens, plus le caprice m'apparaît dans toutes les affaires de l'humanité.'
6. Cf. Wuilleumier-Fabia, p.35.

tions. Les dieux, dans leur 'terrible sérénité',[7] laissent les hommes libres et responsables; ils engendrent le destin auquel ils obéissent: leur présent détermine leur avenir; ainsi se dessine, sous l'apparente incohérence des faits, le rigoureux enchaînement des causes et des effets qu'enseignait le stoïcisme.[8] Cette conciliation de la liberté humaine et de la nécessité[9] que seuls peuvent percevoir des esprits lucides ne pouvait manquer de séduire Tacite; pour lui l'histoire a donc un sens, accessible aux hommes libres.[10] Pour le retrouver, il faut se livrer à l'étude de l'âme humaine, afin de discerner le bien et le mal qui y sont imbriqués et qui engendrent le bonheur ou le châtiment.

Les analyses psychologiques familières à l'historien sont donc assez proches des tentatives grâce auxquelles Montesquieu cherche à cerner successivement les causes multiples dont doit sortir la cause générale; sa démarche paraît d'abord comparable à celle de Tacite. Pour Montesquieu comme pour Tacite, si l'histoire est rationnelle, ce n'est pas parce qu'elle est l'expression pure et simple de la raison, mais parce que tous les faits, même 'irrationnels', obéissent à leurs propres lois que la raison humaine peut découvrir. Mais son objet est différent: la volonté humaine, les mœurs, les caractères qui, pour Tacite, sont relativement importants,[11] ne sont pour Montesquieu qu'une cause particulière parmi beaucoup d'autres, physiques ou morales. Dans le comportement humain, Tacite essaie de déceler des constantes; des passions parfois contradictoires se heurtent et s'entrecroisent ou s'additionnent; chez lui, nul souci de les analyser pour elles-mêmes ou de les répertorier: il en constate les effets, elles lui permettent d'expliquer des faits. A ce microcosme de l'âme humaine correspond chez Montesquieu un macrocosme où les facteurs humains sont intégrés à des facteurs plus généraux.

Finalement, le déterminisme auquel adhère Tacite semble parfois se rapprocher davantage de celui que Voltaire met en lumière: s'il faut attribuer le premier rôle à l'âme humaine si secrète et complexe, s'il faut entrer dans les méandres les plus tortueux des passions pour comprendre le déroulement de l'histoire, la disproportion entre les causes et leur effets rend dérisoire toute tentative d'explication. Ne faut-il pas en conclure dès lors que l'analyse de la nature humaine, telle que la pratique Tacite, finit par s'opposer à la réflexion historique rationnelle, ou du moins risque d'aboutir à un doute systématique fort peu compatible avec le dessein poursuivi par Montesquieu?

ii. Permanence de la nature humaine: les leçons de l'histoire

Au contraire, celui-ci est loin de mépriser une telle démarche: les principes indispensables au fonctionnement des différents gouvernements – la vertu, la

---

7. A. Michel, p.231.

8. Cf. A. Michel, 'La causalité historique chez Tacite', *Revue des études anciennes* 61 (1959), pp.96-106.

9. N'avons-nous pas là une des raisons qui poussaient les jansénistes à considérer cet auteur avec plus de sympathie que ne le faisaient les autres ordres religieux? (Cf. notre première partie.)

10. Cf. A. Michel, 'Tacite a-t-il une philosophie de l'histoire?', *Studi classici* 12 (1970), pp.105-15.

11. Cf. J. Cousin, 'Rhétorique et psychologie chez Tacite', *Revue des études latines* 29 (1951), pp.228-47.

modération, l'honneur, la crainte – sont 'les passions humaines qui le font mouvoir' (*Esprit des lois*, III, 1): le monde des passions est au cœur de ses théories premières et de sa conception de l'histoire. Cette nature humaine est assez constante, dans le temps et l'espace, pour qu'on puisse en tirer des lois universelles: 'Comme les hommes ont eu dans tous les temps les mêmes passions, les occasions qui produisent les grands changements sont différentes, mais les causes sont toujours les mêmes' (*Considérations*, ch.1, p.27). Aussi l'histoire peut-elle donner des leçons à ceux qui savent la lire, retrouvent à travers les époques et les civilisations des traits communs, voire des situations identiques, et peuvent porter sur leurs contemporains un regard averti: le présent répète parfois le passé, 'l'histoire n'apprend pas ce qui a été, mais ce qui est'.[12] Alors l'influence de Tacite devient capitale, car sa clairvoyance, sa conception de l'histoire ne sont pas l'exercice gratuit d'un esprit qui porterait la marque de son époque: elles peuvent être mises au service d'une analyse moderne, orienter des jugements nouveaux et se donner un prolongement plus appréciable encore que le but moral qu'elles se proposaient (voir *Annales*, III, 65, 1); dans les *Considérations*, théoriquement consacrées à un peuple disparu, bien des réflexions ne laissent-elles pas entendre que le dix-huitième siècle, celui de Louis XIV finissant et de Louis XV, rappelait par certains aspects l'époque impériale?[13]

Pourtant Montesquieu lui-même se méfie des comparaisons trop faciles, dès les premières lignes de cet ouvrage, et il réaffirme sa prudence dans *L'Esprit des lois*.[14] A ces remarques d'ordre général s'ajoute un avertissement beaucoup plus précis dans les *Pensées* (843; 1764): 'Les politiques ont beau étudier leur Tacite, ils n'y trouvent que des réflexions subtiles sur des faits qui auraient besoin de l'éternité du monde pour revenir dans les mêmes circonstances.' Montesquieu semble bien désigner ici ces tacitistes dont nous avons parlé;[15] ces demi-habiles si confiants en l'utilité et en l'universalité de leurs leçons, croient que l'histoire dépend de la réussite ou de l'échec de quelques recettes.

Montesquieu porte une condamnation sans appel à l'encontre d'un courant de pensée dont nous avons souligné l'importance en ce début de siècle. Loin de subir son influence, il dénonce les insuffisances d'une doctrine qui fige les analyses psychologiques pour en faire des principes infaillibles, indéfiniment réutilisables sous la forme d'analogies systématiques qui renvoient de Tibère à Louis XI ou à Philippe II.[16] Il critique explicitement l'absence de relativisme historique que suppose cette doctrine:[17] les réflexions des tacitistes sont 'subtiles', mais elles manquent de profondeur, et ignorent les nuances! De surcroît il est

12. Cf. J. Starobinski, p.83.

13. Cf. J. Ehrard, Introduction aux *Considérations*, p.20: 'Il faut lire les *Romains* comme une dénonciation du despotisme menaçant.'

14. *Considérations*, ch.1, p.25: 'Il ne faut pas prendre de la ville de Rome, dans ses commencements, l'idée que nous donnent les villes que nous voyons aujourd'hui'; *L'Esprit des lois*, Préface: 'Quand j'ai été rappelé à l'antiquité, j'ai cherché à en prendre l'esprit, pour ne pas regarder comme semblables des cas réellement différents; et ne pas manquer les différences de ceux qui paraissent semblables'; XXX, 14: 'Transporter dans les siècles reculés toutes les idées du siècle où l'on vit, c'est des sources de l'erreur celle qui est la plus féconde.'

15. Voir notre première partie, pp.24-26.

16. Cf. les *Réflexions sur le caractère de quelques princes*, Nagel, iii.538-40.

17. Et aussi, implicitement, la suprématie accordée à la 'politique', au détriment de la morale. Voir notre septième partie, p.154 et pp.157ss.

permis à l'auteur de *L'Histoire de Charles XII* de trouver quelque intérêt à une analyse qui fait la part aussi belle à de grands hommes comme Auguste et Tibère, capables grâce à leur talent – et à leur connaissance de la nature humaine – d'imposer leur autorité et de changer la face du monde. Mais l'historien des lois, qui inventorie les causes profondes de la décadence romaine, ne saurait s'en contenter.

La méthode un peu facile des tacitistes a inspiré bien d'autres historiens, et l'on a pu être tenté de tirer parti d'un rapprochement séduisant entre l'époque qu'a connue Tacite, ou celle qu'il décrit, et celle qui voit naître Montesquieu. A partir de Voltaire, le parallèle s'imposera entre Auguste et Louis XIV, qui donnent tous deux leur nom à un siècle brillant et insufflent à l'art et à la littérature une vie nouvelle.[18] Montesquieu ne laisse guère voir ce qu'il pense d'une telle comparaison, ce qui nous permet de supposer qu'elle ne le frappait pas. Il est certain que dans le domaine de la sculpture le fameux siècle d'Auguste ne lui paraît pas avoir atteint le degré de perfection que célébrera Voltaire (*Voyages*, Nagel, ii.1317). Nous n'en savons pas plus à propos des beaux-arts à l'époque augustéenne. Louis XIV, qui édifia Versailles, ne s'est pas davantage gagné l'admiration de Montesquieu: ce palais tend à la grandeur sans y parvenir (*Pensées*, 661; 983 et 998; 33); Montesquieu n'est pas plus sensible que Saint-Simon à la majesté de cette architecture.[19] Ces éléments négatifs ne permettent aucun des rapprochements qui se multiplient d'ordinaire. La production littéraire de chacun des deux siècles n'en suscite pas davantage, et quand bien même il en serait autrement, rien ne mettrait l'accent sur le rôle spécifique des souverains en ce domaine, bien au contraire. Un siècle si brillant par d'autres côtés ne doit rien à un roi qui faisait 'fleurir les arts sans les connaître';[20] et bien que Montesquieu ait souvent l'occasion de mentionner avec admiration les auteurs qui gravitaient autour d'Auguste, Horace ou Virgile, il ne saisit pas là l'occasion de célébrer les mérites du premier empereur romain.

La personnalité des deux souverains est-elle plus évocatrice? Leur conduite présente-t-elle des similitudes? Le parallèle dans ce cas serait d'autant plus intéressant qu'on pourrait imaginer le Grand Roi fasciné par l'exemple d'un illustre prédécesseur. Le portrait de Louis XIV, dont les *Pensées* nous livrent différentes ébauches,[21] révèle chez Montesquieu une volonté de démythification: il veut rompre avec la légende qui se crée déjà du vivant du roi, comme avec celle qu'ont propagée à propos d'Auguste les thuriféraires de l'Empire, soucieux d'occulter soigneusement l'image d'un politicien lâche et sans grandeur: dans les pages des *Considérations* consacrées à Auguste,[22] Montesquieu, d'une façon générale, suit Tacite qui présente sans fard les aspects négatifs d'un règne fait de violence et de trahisons.[23] Mais l'analogie s'arrête là: quel rapport y a-t-il en

18. Voltaire, *Le Siècle de Louis XIV* (1751).

19. Saint-Simon, *Mémoires* (Paris 1978), ii.490-91.

20. Cette phrase, il est vrai, n'appartient qu'à la première rédaction (*Pensées*, 1122) d'un portrait que Montesquieu a retouché plusieurs fois (*Pensées*, 1145; 1613 et 1306; 596).

21. Voir la note précédente.

22. Chapitre 13, *passim*, et surtout pp.106-107.

23. *Annales*, I, 10. Ce passage a inspiré bien des commentaires: Tacite est-il impartial? Des deux thèses contradictoires, qu'il développe à propos d'Auguste, laquelle est la sienne? Nous suivons pour notre part l'opinion de H. Bardon, in *Les Empereurs et les lettres latines d'Auguste à Hadrien* (Paris

effet entre un roi 'dupe de tout ce qui joue les princes' (*Pensées*, 1145; 1613), d'un esprit médiocre, victime de son éducation, 'toujours gouvernant et toujours gouverné', et ce politique suprêmement habile, 'rusé tyran' (*Considérations*, p.107), qui se joue du peuple et des sénateurs? Alors que Louis XIV se paye de mots et ne dispose que d'une autorité illusoire, peu à peu Auguste consolide son trône grâce à une série de mesures anodines en apparence, en fait lourdes de conséquences, qui scandent le chapitre 13 des *Considérations*.[24] Entre deux époques qui voient l'autorité d'un seul prendre des proportions inquiétantes, il ne sert à rien, pour Montesquieu, de rapprocher des comportements, d'essayer de les réduire à certaines constantes ou de privilégier des ressemblances superficielles; si, comme ses contemporains, il a voué à Plutarque une grande admiration et s'il s'est lui-même souvent laissé tenter par la méthode des *Vies parallèles*,[25] ne serait-ce que par goût du contraste,[26] il ne recherche pas une comparaison que Tacite lui aurait permise, et si l'historien lui a été de quelque utilité, ce n'est pas en ce sens.

Y a-t-il donc des analogies véritables entre cet empire, tel que Tacite le voit, et la période à laquelle Montesquieu s'intéresse de plus près, à laquelle le renvoient les Romains et tous les peuples qui apparaissent dans *L'Esprit les lois*? Et d'abord quelles sont ces époques? Comment les deux historiens peuvent-ils les envisager d'une façon identique? La première commence à la mort d'Auguste, le fondateur de l'Empire romain, et devait s'arrêter à l'orée du principat de Nerva, après les années agitées que Tacite a pu voir dans sa jeunesse et qui marquent le début de sa carrière (cf. *Histoires*, i, 1, 5). L'ère que Montesquieu se propose de décrire dans un ouvrage particulier, une *Histoire de Louis XIV* dont nous n'avons gardé que la préface (*Pensées*, 1183; 539), débouche sur l'époque qu'il connaît et la porte en germe. Montesquieu est le premier à reconnaître les avantages que lui confère cette position privilégiée:

Je suis dans des circonstances les plus propres du monde pour écrire l'histoire [...] Je n'ai point été employé dans les affaires, et je n'ai à parler ni pour ma vanité, ni pour ma justification. J'ai vécu dans le monde, et j'ai eu des liaisons, et même d'amitié, avec des gens qui avaient vécu à la cour du prince dont je décris la vie [...] Je ne suis ni trop éloigné du temps où ce monarque a vécu pour ignorer bien des circonstances, ni trop près pour en être ébloui. Je suis dans un temps où l'on est beaucoup revenu de l'admiration de l'héroïsme. J'ai voyagé dans les pays étrangers [...] Enfin, le temps a fait sortir des cabinets tous les divers mémoires que ceux de notre nation, où l'on aime à parler de soi, ont écrit en foule: et, de ces différents mémoires, on tire la vérité, lorsqu'on n'en suit aucun, et qu'on les suit tous ensemble, lorsqu'on les compare avec des monuments plus *authentiques* [...] Enfin, j'ai été d'une profession où j'ai acquis des connaissances du droit de mon pays, et surtout du droit public, si l'on doit appeler ainsi ces faibles et misérables restes de nos lois, que le pouvoir arbitraire a pu jusqu'ici cacher, mais qu'il ne pourra jamais anéantir qu'avec lui-même.

Certains détails sont particulièrement frappants. Entre le voyageur qui forge

---

1968; première édition 1940), p.385: 'A des indices peu nombreux, mais sûrs, [Tacite] montre qu'il ne l'aime pas [Auguste] et rompt avec l'Auguste traditionnel, celui que Sénèque avait consacré.'

24. pp.108-109. Voir notre article 'L'image d'Auguste dans les *Considérations*', à paraître dans les actes du colloque de Naples, 4-6 octobre 1984, consacré aux *Considérations*.

25. Cf. *Les Réflexions sur le caractère de quelques princes*, déjà cité.

26. Voir dans les *Considérations*, ch.12, pp.100-101, le parallèle de Caton et de Cicéron.

son expérience politique en Autriche, dans les républiques d'Italie et en Grande-Bretagne, et l'administrateur qui avoue son admiration pour la pureté du monde germain afin de mieux critiquer la corruption romaine, les rapprochements sont peut-être superficiels. Mais il y a plus intéressant: déjà J. Bodin remarquait que 'Tacite s'adresse au magistrat et au juge'[27] tout en étant 'homme de pensée'; Montesquieu ne peut pas être insensible à cet aspect.

Retenons aussi les circonstances qui font de l'historien le peintre d'une époque révolue, mais proche: alors l'information est facile,[28] les ressentiments les plus visibles sont éteints;[29] mais les passions inspirées par les événements passés se font encore sentir. Le passage insensible du passé au présent et au futur, la force des expressions que l'indignation arrache à Montesquieu à la fin de son texte, tout comme la lassitude que laisse voir Tacite, contraint de décrire les cruautés de Néron,[30] montrent ce que le présent doit à l'histoire récente et combien il importe à l'historien de pouvoir saisir la continuité de règnes apparemment dissemblables: Tibère n'apparaît-il pas comme une 'préfiguration' de Domitien?[31] Tacite et Montesquieu sont à cheval sur deux siècles, celui des Julio-Claudiens et des Flaviens et celui des Antonins pour le premier, celui de Louis XIV et celui de Louis XV pour le second, et ils peuvent tirer les leçons de cette double appartenance. La réflexion de Tacite sur la liberté sera donc doublement profitable à Montesquieu: non seulement elle lui fournira des exemples, des schémas, applicables à d'autres époques, qui permettront cette résurrection du passé dans laquelle Montesquieu puise l'énergie des critiques adressées à ses contemporains (ce qu'il peut tout aussi bien trouver, à des degrés divers, chez d'autres historiens ou d'autres philosophes), mais elle lui montre le chemin de l'étude où histoire et politique, passé et présent se mêlent, où l'historien doit tirer parti à la fois du recul du temps et de sa propre expérience, même s'il souhaite la dépasser.

Peut-on toutefois comparer l'expérience politique d'un sénateur pris entre son honneur et les menaces de Domitien et celle d'un membre d'un Parlement de province qui n'a jamais eu à souffrir directement de l'arbitraire royal? En principe non, mais le simple fait d'avoir discerné la dégradation de la liberté, d'en avoir apprécié précisément les effets en tant que juriste, compense en partie cette différence. Et la retraite en Guyenne, l'abandon de toute vie mondaine au profit de la longue rédaction de *L'Esprit des lois*, après l'échec de ses ambitions

27. A. Michel, *De Cicéron et Tacite à Jean Bodin*, p.432.

28. Sur la documentation de Tacite, voir P. Wuilleumier, Introduction aux *Annales*, i.xvi.

29. *Annales*, i, i, 2: *temporibusque Augusti dicendis non defuere decora ingenia, donec gliscente adulatione detererrentur. Tiberii Gaique et Claudii ac Neronis res florentibus ipsis ob metum falsae, postquam occiderant recentibus odiis compositae sunt.* i, i, 3: *Inde consilium mihi pauca de Augusto et extrema tradere, mox Tiberii principatum et cetera, sine ira et studio, quorum causas procul habeo*, 'l'époque d'Auguste n'a pas manqué de beaux talents pour la raconter, jusqu'au jour où la croissance de l'adulation les en détourna. L'histoire de Tibère, de Caius, de Claude et de Néron falsifiée par la crainte au temps de leur splendeur, fut écrite après leur mort sous l'effet de haines récentes.' i, i, 3, 'De là mon dessein de consacrer peu de mots à Auguste et seulement à sa fin, puis de raconter le principat de Tibère et le reste sans colère ni faveur, sentiments dont les motifs sont éloignés de moi.'

30. *Annales*, xvi, 16, 1: *et nunc patientia seruilis tantumque sanguinis domi perditum fatigant animum et maestitia restringunt*, 'mais en fait cette soumission servile et ces flots de sang versés pour rien à l'intérieur épuisent l'esprit et serrent le cœur de tristesse'.

31. Cf. Wuilleumier-Fabia, p.77.

diplomatiques,[32] ne sont pas sans analogie avec le choix de l'*otium* studieux fait par l'auteur des *Annales*.[33] On sent alors la force d'une de ses réflexions, que Montesquieu dans le *Spicilège*[34] se contente de reproduire sans guère la commenter, dans laquelle Tacite, s'exprimant à la première personne, apporte son témoignage et cite son propre exemple: il s'agit d'un passage de l'*Agricola* (II, 3) dont Montesquieu ne mentionnait qu'une partie dans les *Pensées*[35] et qu'il appliquait aux 'historiens de France', ce qui en montre assez la portée. Dans le *Spicilège*, il fait précéder cette citation d'une phrase laconique: 'Voici un beau passage de Tacite', et écrit: *Dedimus profecto grande patientiae documentum: et, sicut uetus aetas uidit quid ultimum in libertate, ita nos quid in seruitute, adempto per inquisitiones loquendi audiendique commercio. Memoriam quoque ipsam cum uoce perdidissemus, si tam in nostra potestate esset obliuisci quam tacere.*[36] C'est là le seul indice, bien mince, de l'intérêt que Montesquieu pouvait porter à l'homme qu'était Tacite; mais ces phrases révèlent l'importance qu'il accorde à l'expérience vécue de l'historien. Montesquieu croit sans doute réellement au soulagement que connaît Tacite, ou qu'il déclare connaître, à la fin de sa vie, sous le règne de Nerva et de Trajan, tout comme il respecte les sentiments d'un homme qui dit avoir connu 'le comble de la servitude'. Mais alors Tacite peut-il toujours apporter des réponses aux questions que pose Montesquieu?

En fait, Tacite invite Montesquieu à examiner le problème de la liberté sous un angle particulier: il a eu l'expérience d'une certaine liberté, différente de la liberté germanique, et de la totale servitude; il a côtoyé le pouvoir, il s'est même compromis – comme les autres sénateurs – sous Domitien: il n'est donc pas seulement un théoricien. Au même titre que Sénèque, Tacite, plus sincère peut-être et plus proche de nous que le précepteur de Néron, nous permet d'approfondir la notion de liberté.

32. Cf. R. Shackleton, p.80.

33. Cf. A. Michel, p.114.

34. *Spicilège*, no 233 (*Pléiade*, p.1273: p.174 du ms.)

35. *Pensées*, 927; 1580. Montesquieu ne cite que la phrase: *Et, sicut prima aetas uidit quid ultimum in libertate esset, ita nos quod in seruitute*, 'Et si nos prédécesseurs [?] ont vu le comble de la liberté, nous avons vu le comble de la servitude.' On ne peut savoir exactement ce que voulait dire Montesquieu en substituant l'expression *prima aetas*, 'l'époque précédente' ou 'les débuts de notre époque', aux mots *uetus aetas*, 'le passé', 'l'époque des anciens'.

36. 'Nous avons certes donné une grande preuve de patience, et, si les anciens ont vu le comble de la liberté, nous avons vu le comble de la servitude, alors que l'espionnage interdisait les échanges de propos. Nous aurions même perdu la mémoire avec la parole, s'il était en notre pouvoir d'oublier comme de nous taire.'

Conclusion

CETTE étude des perspectives historiques chez Tacite et Montesquieu nous permet de mieux apprécier le rôle que l'historien moderne est prêt à accorder à l'historien antique: il clame sa clairvoyance, qu'il vérifie grâce à l'épreuve du temps et qu'il confirme selon ses propres théories sur la cohérence de la société germanique et l'analyse historique de la liberté franque; cette faculté de discernement qui nous apparaît comme la conséquence directe de l'aisance avec laquelle Tacite sait prendre du recul. Il peut ainsi déceler l'essentiel, une certaine rationalité de l'histoire, fondée sur la connaissance de l'âme humaine. Ainsi l'admiration de Montesquieu trouve-t-elle une nouvelle justification, puisque, grâce à cette rationalité, on peut admettre le parallèle dans le domaine historique; Tacite, bien qu'il ait vu la tyrannie de plus près, se trouve dans la même position que Montesquieu par rapport aux événements qu'il décrit, et il peut ainsi adopter cette attitude ambiguë, à la fois détachée et passionnée, qui aboutit chez Montesquieu à un effort incessant pour concilier ce qui doit être et ce qui est, et qui lui permet d'envisager d'une manière originale, sous le signe de cette dualité, le thème de la liberté.

VI

La liberté: idéal et réalité: 1
La liberté selon les Germains

La double face de la liberté

LE problème de la liberté chez Tacite apparaît sous forme d'un diptyque: entre la *Germanie*, œuvre de jeunesse, où la convention se mêle de façon constante à la spontanéité d'un Romain fatigué de la corruption de l'empire pour donner une image idéale de la société germanique, et les *Annales*, auxquelles l'expérience de toute une vie donne les couleurs les plus sombres, est-il un autre lien que le hasard de la création littéraire? Avons-nous là les deux pôles d'une pensée qui se plaît aux extrêmes? Ces deux aspects nous ont pourtant paru solidaires et nous voulons les étudier conjointement, car Montesquieu les concevait sans doute ainsi. L'image embellie d'une société primitive que reflètent les œuvres du philosophe est moins nette qu'on peut le croire, bien qu'elle ait pour origine la fameuse théorie des climats. Comment se définit cette société, et comment fonctionne-t-elle? A mi-chemin entre la nature et la société civile, elle ne peut guère subsister telle quelle, et porte donc déjà en elle sa propre fin. Pourtant, ce 'paradis germanique' n'est peut-être pas réellement perdu: il constitue un véritable mythe, et de ce fait, il pourrait toujours avoir des leçons à nous donner.

Ces leçons, nous les découvrirons aussi dans la seconde facette de la réflexion de Tacite, sur laquelle, contrairement à ce qu'a pu affirmer J. Dedieu, Montesquieu fonde l'essentiel des analyses qu'il consacre à la tyrannie. Quand la liberté romaine devient une corruption librement consentie, qui résulte de l'union particulièrement funeste de toutes les volontés et qui trouve dans les lumières du monarque de nouveaux ressorts, l'appel à la volonté individuelle reste le dernier recours des âmes courageuses.

Alors que Tacite regrette de ne pas avoir à traiter, comme Tite-Live par exemple, une matière glorieuse riche de hauts faits à l'intérieur comme à l'extérieur,[1] il se contente d'évoquer en quelques lignes les événements décisifs qui, en quelques années, ont modifié de façon irréversible l'Etat romain, de César à Auguste (*Annales*, I, 2). La fin du principat d'Auguste ne fait pas l'objet de commentaires plus développés: après avoir reconnu que 'le régime politique ayant été renversé, il n'y avait plus aucun élément intact des anciennes coutumes',[2] et que du régime républicain on était passé au régime monarchique, Tacite a d'abord pour dessein l'histoire du règne de Tibère. Pourquoi commencer à Tibère? Est-ce seulement parce que toutes les tentatives précédentes étaient

---

1. Cf. *Annales*, IV, 32, 1, et IV, 32, 2: *Nobis in arto et inglorius labor: immota quippe aut modice lacessita pax, maestae Vrbis res et princeps proferendi imperii incuriosus erat*, 'Notre tâche est à l'étroit et sans gloire, avec une paix immuable ou modérément troublée, la Ville pleine de scènes affligeantes, un prince peu soucieux d'étendre l'empire.'

2. *Annales*, I, 4, 1: *uerso ciuitatis statu, nihil usquam prisci et integri moris*. Nous avons modifié la traduction de Wuilleumier.

déformées par l'adulation?[3] Pourquoi alors ne pas s'intéresser seulement à d'autres empereurs, à une période plus récente, plus riche? Un des intérêts majeurs du principat de Tibère, dépourvu de grandes conquêtes ou de grands bouleversements, c'est d'offrir le spectacle d'une violation quotidienne des institutions destinées à préserver la liberté, d'une distorsion insensible des lois qui assure l'arbitraire impérial. Les empereurs auxquels Tacite consacre la suite des *Annales*, Caligula, Claude, Néron, exercent sans fard une tyrannie à la mesure de leur folie et de leur faiblesse: Montesquieu ne s'attarde pas sur eux;[4] l'attention que Tacite prête au passage de la monarchie au despotisme lorsqu'il décrit l'époque de Tibère revêt plus d'importance à ses yeux. Les lois se retournent contre leur objet initial: le despotisme du successeur d'Auguste n'est pas fondé sur des institutions tyranniques, mais sur une interprétation tyrannique des institutions (*Considérations*, ch.14, p.113):

Nous avons dit que le Peuple avait autrefois obtenu des Patriciens qu'il aurait des magistrats de son corps qui le défendraient contre les insultes et les injustices qu'on pourrait lui faire. Afin qu'ils fussent en état d'exercer ce pouvoir, on les déclara sacrés et inviolables, et on ordonna que quiconque maltraiterait un tribun, de fait ou par parole, serait sur-le-champ puni de mort. Or, les Empereurs étant revêtus de la puissance des tribuns, ils en obtinrent les privilèges, et c'est sur ce fondement qu'on fit mourir tant de gens, que les délateurs purent enfin faire leur métier tout à leur aise, et que l'accusation de lèse-majesté [...] fut étendue à ce qu'on voulut.

Tout ce qui se révèle sous Tibère n'était-il pas en germe chez son prédécesseur? On observe déjà cette mutation sous Auguste qui, sous différents prétextes, s'assure en temps de paix la puissance militaire, et se donne la puissance civile en respectant les formes républicaines, et ainsi 'conduit doucement [les Romains] à la servitude' (*Considérations*, ch.13, pp.106-107). Mais la caractéristique du régime qu'il institue, ce n'est pas seulement son 'ambiguïté' (p.106), c'est sa malléabilité: le principat vaut ce que vaut le prince, il devient ce que le prince en fait, éventuellement une tyrannie. Ne nous laissons pas abuser en effet par les termes: en 1734, Montesquieu écrit que ce gouvernement 'était entièrement monarchique' parce que, 'n'étant pas soutenu par ses propres forces,[5] [il] ne pouvait subsister que tandis qu'il plairait au Monarque' (*Considérations*, ch.13, p.106); mais il ne donne certainement pas encore au terme 'monarchie' sa valeur précise (énoncée au début de *L'Esprit des lois*, II, 1), qui l'oppose à 'despotisme'. En ce sens, la monarchie recouvre à la fois le régime tyrannique d'un Tibère et le gouvernement 'éclairé' d'un Trajan. Auguste oriente cette 'monarchie' de façon à rendre son autorité absolue et à ne rencontrer aucune résistance politique:

3. Cf. *Annales*, I, 1, 2, et pp.122-23 de notre 5e partie.

4. Dans les *Considérations*, Montesquieu consacre un seul chapitre aux 'empereurs, depuis Caius Caligula jusqu'à Antonin' (ch.15, 9 pages), à peine plus long que chacun des chapitres qui concernent respectivement Auguste (ch. 13, 8 pages) et Tibère (ch.14, 5 pages).

5. N'avons-nous pas là un souvenir d'une expression de Tacite, *Annales*, XIII, 19, 1 [*Fama potentiae*] *non sua ui nixa*, '[le renom d'un pouvoir] qui ne s'appuie pas sur sa propre force', que Montesquieu reprend dans une note de *L'Esprit des lois*, IX, 1, supprimée en 1749 (avec une modification difficilement explicable, *fato*, le 'destin', au lieu de *fama*, le 'renom') à propos de la taille des républiques? De même, dans les *Pensées*, 751; 1805, il écrit: 'Toute république trop petite ne peut pas être appelée libre: *libertas non sua ui nixa* (une liberté qui ne s'appuie pas sur sa propre force).' Mais l'expression est assez banale.

cette progression insensible et calculée n'a pas retenu l'attention de certains historiens anciens, qui ont privilégié les faits gratuits et spectaculaires. Montesquieu se garde de les suivre: il ne mentionne aucun des actes de cruauté qu'évoque Suétone.[6] Tibère en revanche se joue des lois pour exercer son bon plaisir. Autant Auguste apparaît chez Montesquieu comme un homme d'Etat, même méprisable, autant Tibère est dépeint comme un être animé de 'craintes, [de] jalousies, [de] haines' (*Considérations*, ch.14, p.113). Auguste ranime la loi de lèse-majesté (*Annales*, I, 72, 3); mais c'est Tibère qui lui donne sa plus grande extension, lui qui, 'au crime de lèse-majesté, ajouta le crime d'impiété'.[7] Tacite évoque donc le facteur humain du despotisme en la personne du fils de Livie et c'est celui-ci que Montesquieu retient. Quel plus beau sujet d'étude pour un théoricien de la liberté que les cas où les théories dressent en vain des lois comme garde-fous, où l'homme, dominateur et dominé, recherche lui-même la servitude! Et si Montesquieu sait ce que Tibère doit à Auguste, comme il l'exprime au début du chapitre 14,[8] c'est dans le chapitre consacré à Tibère qu'il peint la tyrannie sous ses aspects les plus sombres, reflets des descriptions de Tacite.

Cependant, l'intérêt que Montesquieu porte à Tacite ne se borne pas là: l'historien a pour originalité d'être l'auteur d'une double réflexion sur la liberté. Si, dans les *Annales* plus que dans les *Histoires*, il dénonce une situation historique, où la pratique dément la théorie, où le fait l'emporte sur le droit, la violence sur le légitimité, à travers la *Germanie* il met en scène une société 'préhistorique', dans laquelle Montesquieu puise les éléments d'une description idéale de la liberté primitive. Au monde germain régi par les mœurs répond le monde romain soumis à un carcan de lois qu'il ne songe qu'à transgresser; à la liberté ancrée au cœur de chaque Germain correspond chez les Romains le désir de s'anéantir dans la servilité. Avons-nous là un raccourci significatif de l'histoire de l'humanité, vouée à la décadence malgré des débuts prometteurs?[9] Ou simplement le contraste trop facile suggéré par un moraliste aigri? Ou plutôt, comme le pensait sans doute Montesquieu lui-même, deux aspects complémentaires, malgré le temps qui les sépare, de la recherche de Tacite, qui fait coexister un moment de crise, où les rouages de la société romaine apparaissent clairement, et un état idéalisé qui échappe au temps, mais se révèle menacé. C'est cette confrontation entre un idéal dont ils ne sont pas forcément dupes et une réalité dont ils ne désespèrent pas qui nous semble jeter le pont le plus solide entre Tacite et Montesquieu.

La liberté selon les Germains

Nous avons déjà étudié cette fameuse 'liberté germanique' d'un point de vue

6. Suétone, *Vie d'Auguste*, XIII; XXVII.

7. Fragment de *L'Esprit des Lois*, conservé à La Brède, no 34 (Nagel, iii.633).

8. p.111: 'Comme on voit un fleuve miner lentement et sans bruit les digues qu'on lui oppose, et, enfin, les renverser dans un moment et couvrir les campagnes qu'elles conservaient, ainsi la puissance souveraine sous Auguste agit insensiblement et renversa sous Tibère avec violence.'

9. Cf. *L'Esprit des lois*, VI, 11: 'Le peuple romain avait de la probité. Cette probité eut tant de force, que souvent le législateur n'eut besoin que de lui montrer le bien pour le lui faire suivre. Il semblait qu'au lieu d'ordonnances il suffisait de lui donner des conseils.'

historique: Tacite s'était révélé l'observateur scrupuleux d'un certain nombre de coutumes toutes-puissantes parmi les Germains qui se sont perpétuées grâce aux Francs. Nous allons l'aborder maintenant selon une autre perspective: à partir de la *Germanie* de Tacite, qui lui-même idéalise un peuple barbare, Montesquieu trace le portrait embelli d'une nation qui semble incarner la liberté; le résultat de cette synthèse mérite tout particulièrement l'attention: le Germain de Montesquieu devient une figure quasi mythique de sa pensée politique et morale, plus riche que celle des Troglodytes, plus originale que celle du 'bon sauvage' dont s'entiche le dix-huitième siècle.[10] Dans l'élaboration de ce mythe germain, Montesquieu fait d'abord appel aux facteurs physiques, le pays et le climat, avec pour corollaire l'aspect racial et démographique. Ensuite viennent les aspects moraux au travers desquels se manifestent la liberté chère aux peuples septentrionaux et peut-être l'amorce de la servitude.

10. Cf. J. Ehrard, *L'Idée de nature en France dans la première moitié du dix-huitième siècle* (Paris 1963), ii.514-15, et C. Rosso, *Montesquieu moraliste: des lois au bonheur*, p.184.

1. Le pays et le climat

Au début du livre xiv de *L'Esprit des lois*, Montesquieu établit les conséquences des climats du nord sur les êtres humains: 'Vous trouverez dans les climats du nord des peuples qui ont peu de vices, assez de vertus, beaucoup de sincérité et de franchise' (xiv, 2). Le livre xxi précise leur influence sur la vie politique: 'Les peuples du nord ont besoin de la liberté, qui leur procure plus de moyens de satisfaire tous les besoins que la nature leur a donnés' (xxi, 3). Aussi n'a-t-on aucune peine à en déduire que les Germains, peuple du nord par excellence, ont 'une machine saine et bien constituée, mais lourde', 'trouve[nt] [leurs] plaisirs dans tout ce qui peut remettre les esprits en mouvement, la chasse, les voyages, la guerre, le vin' (xiv, 2), et sont particulièrement prédisposés à mener une vie active et rebelle à l'autorité d'autrui. Sans que Tacite aille jusque-là, Montesquieu ne trouve pas chez lui de démenti, puisque conformément à un lieu commun fort répandu dans l'Antiquité, l'historien reconnaît l'influence d'un climat rude et d'un sol peu hospitalier sur le comportement de la population.[1]

Il convient cependant d'apporter quelques précisions à ce tableau trop simple: d'où viennent les Germains? Font-ils exactement partie de ces peuples du nord que Montesquieu ne localise pas précisément? Une page des *Considérations* pourrait en faire douter: 'Aussi les Romains laissèrent-ils les Germains dans leurs forêts et les peuples du Nord dans leur glaces'(*Considérations*, ch. 16, p.133). Montesquieu semble ici opérer une distinction entre les peuples du nord, sans doute Scandinaves, et les Germains moins lointains. Dans *L'Esprit des lois*, les Germains sont désignés comme venant de Scandinavie, quand Montesquieu évoque cette 'grande prérogative qui doit mettre toutes les nations qui habitent [la Scandinavie], au-dessus de tous les peuples du monde; c'est qu'elles ont été la source de la liberté de l'Europe' (*L'Esprit des lois*, xvii, 5). Y a-t-il contradiction? En fait, deux explications se présentent: l'appellation 'peuple du nord' est relative. Elle désigne parfois toutes les nations qui vivaient au nord des terres occupées par les Romains; dans les *Considérations*, Montesquieu est obligé de distinguer, parmi ces peuples, ceux qui vivent dans les régions les plus lointaines, les plus nordiques; cette localisation géographique est donc très peu précise. En revanche, dans *L'Esprit des lois*, Montesquieu a tendance à faire reculer les Germains jusqu'aux terres les plus septentrionales, ce qui n'est vrai à l'origine que d'un peuple: 'On ne peut douter que les Germains n'ayent été se mêler avec les Scandinaviens. Tacite parle des Suions. L'ancienne langue suédoise et l'ancienne langue danoise ont de la conformité avec l'ancienne langue germaine, soit que ce fût le même peuple qui se fût grossi par les raison susdites,[2] soit qu'en se retirant en foule dans le fond du Nord, ils soyent devenus la principale partie de la Nation' (*Pensées*, 2036; 1592). Les Germains qui, sur le Rhin, sont proches des Gaulois abâtardis par la présence romaine,[3] gagnent ainsi en dignité,

---

1. Cf. J. Perret, *Introduction à la Germanie*, p.16, n.2: 'A l'époque de Tacite, c'est un des points les plus fermement acquis de la science', d'Hérodote à Strabon, Quinte-Curce, Cicéron et Vitruve; cf. *Germanie*, iv, 3.

2. L'impérialisme romain; voir plus bas.

3. Voir *Germanie*, xxviii, 4.

car ils ont reculé devant les menaces d'asservissement: 'Quand les Romains chassèrent les Barbares et les obligèrent, par frayeur, de refouler vers la Scandinavie, ils ne leur parlèrent point de religion, mais de prendre les mœurs romaines, de payer des tributs, d'obéir' (*Pensées*, 2036; 1592). Les Germains se différencient donc nettement des peuples soumis aux Romains, ils font pleinement partie des nations les plus nordiques. Montesquieu joue sur des faits historiques, le flux des migrations, pour suggérer l'image d'un peuple de plus en plus lointain, qui revendique sa 'septentrionalité' et s'écarte avec horreur des envahisseurs méridionaux.

En fait, ces étrangers convoitent-ils réellement le pays des Germains, si peu tentant, si pauvre, 'hérissé de forêts ou enlaidi de marécages', comme le dit Tacite?[4] Montesquieu abonde en ce sens, parle même de l''affreux pays du Nord' (*Esprit des lois*, XVIII, 3), bien différent de l'Italie, 'le jardin de Rome' (*Considérations*, ch.17, p.137) et explique que les grands Etats 'sont [...] bornés par des mers, des montagnes et de vastes déserts, que leur pauvreté fait mépriser. Aussi les Romains laissèrent-ils les Germains dans leurs forêts' (*Considérations*, ch.16, p.133). Ces forêts mentionnées par Tacite[5] reviennent en d'autres occasions sous la plume de Montesquieu; nous les retrouvons dans *L'Esprit des lois*, où il décrit les 'peuples du nord de l'Europe' qui 'se maintinrent avec une sagesse admirable contre la puissance romaine, jusqu'au moment où ils sortirent de leurs forêts pour la détruire' (XIV, 3). Cette forêt Hercynienne profonde et redoutable sert presque de *limes*, mais il marque moins la limite de l'empire romain que celle de la puissance germaine, qui y trouve refuge.[6] Les facteurs physiques se conjuguent donc pour renforcer l'isolement des Germains, préservés de l'influence néfaste des peuples du midi.

Cette idée trouve une confirmation pleine et entière dans une orientation suggérée par Tacite et deux fois reprise par Montesquieu: contre certains de ses devanciers, Tacite défend la thèse de l'autochtonie[7] et insiste sur la pureté de la race germanique.[8] Montesquieu donne à ce thème son extension, en arguant

4. Cf. *Germanie*, V, 1: *Siluis horrida aut paludibus foeda. Germanie* II, 2: *Quis porro, praeter periculum horridi et ignoti maris ... Germaniam peteret, informem terris, asperam caelo, tristem cultu aspectuque, nisi si patria sit?*, 'Et qui donc, sans parler des périls d'une mer âpre et inconnue, ferait voile vers la Germanie, vers ses pays sans forme, son ciel rude, triste à habiter comme à voir, à moins qu'elle ne soit sa patrie?'

5. Soit à propos de précisions géographiques, *Germanie*, XXVIII, 2, et XXX, 1, soit à propos de la vie religieuse, *Germaine*, IX, 3, et XL, 2. Cf. note précédente.

6. L'image de la forêt contribue à rendre encore plus lointains ces Germains farouches, non seulement dans l'espace, mais aussi dans le temps, dans l'histoire de la civilisation: si, dans *L'Esprit des lois*, XI, 6, Montesquieu évoque le 'beau système' d'où 'les Anglais ont tiré l'idée de leur gouvernement politique', c'est en ajoutant qu'il 'a été trouvé dans les bois'. Cf. également les *Voyages*, p.1287: 'la peur des Romains fit qu'ils se réunirent. Ils étaient couverts par les forêts.'

7. Cf. J. Perret, Introduction, p.19; *Germanie*, II, 1: *Ipsos Germanos indigenas crediderim minimeque aliarum gentium aduentibus et hospitiis mixtos*, 'Quant aux Germains eux-mêmes, je les croirais indigènes, et qu'en aucune sorte, ni l'établissement d'autres peuples, ni les relations d'hospitalité n'ont produit chez eux de mélange.'

8. *Germanie*, IV, 1: *Ipse eorum opinionibus accedo, qui Germaniae populos nullis aliis aliarum nationum conubiis infectos propriam et sinceram et tantum sui similem gentem extitisse arbitrantur*, 'Pour moi, je me range à l'opinion de ceux qui pensent que les peuples de la Germanie, pour n'avoir jamais été souillés par d'autres unions avec d'autres tribus, constituent une nation particulière, pure de tout mélange et qui ne ressemble qu'à elle-même.'

'de ce que Tacite dit des Germains: *Omnibus iis idem habitus*',[9] car 'cela prouve qu'ils n'avaient point été vaincus, et qu'ils n'avaient fait qu'envoyer des colonies ailleurs, sans en recevoir' (*Pensées*, 1172; 1586). Non seulement les Germains conservent leur intégrité, leurs qualités originelles, c'est-à-dire leur attachement naturel à la liberté, non seulement ils ignorent la soumission mais encore ils connaissent une expansion extraordinaire, qui va donner une vitalité sans précédent à l'idéal qu'ils incarnent. Alors que Tacite ne donne aucun renseignement d'ordre général sur l'importance ou la fécondité de ce peuple, Montesquieu applique aux Germains les lois qu'il édicte à propos des nations dont la simplicité fait la prospérité: 'L'Italie, la Sicile, l'Asie Mineure, l'Espagne, la Gaule, la Germanie, étaient à peu près comme la Grèce, pleines de petits peuples, et regorgeaient d'habitants: on n'y avait pas besoin de lois pour en augmenter le nombre.'[10] Les *Considérations* évoquent des 'essaims de barbares qui sortirent autrefois du Nord' et 'se répandirent de toutes parts' (*Considérations*, ch.16, pp.133-34). Pourtant, ils avaient subi les assauts des Romains: 'Par l'événement du monde le plus extraordinaire, Rome avait si bien anéanti tous les peuples que, lorsqu'elle fut vaincue elle-même, il sembla que la Terre en eût enfanté de nouveaux pour la détruire' (p.133).

Plusieurs facteurs s'additionnent donc pour accroître la population germanique: la fécondité propre aux peuples naissants,[11] la répartition des terres – nous savons que les Germains la pratiquaient,[12] la continence, règle de vie parmi les deux sexes,[13] ont fait du nord la 'fabrique du genre humain' (*L'Esprit des lois*, XVII, 5). Enfin, des circonstances historiques sont intervenues: en repoussant les barrières de l'empire, en faisant reculer leurs ennemis adossés à la Baltique, qui ne pouvaient se replier qu'en Scandinavie, les Romains se sont condamnés à subir le reflux du mouvement qu'ils avaient amorcé en gagnant peu à peu quelques pouces du territoire des Germains. Mais, tandis que l'empire, écrasé de tributs, appauvri, se vidait de sa population, tandis que les habitants du nord étaient contenus dans leurs forêts, ces derniers se multipliaient, en vertu des lois que nous venons de mentionner, et c'est en vagues successives qu'ils déferlèrent sur l'empire quand aucune force ne s'opposa à eux.

Tels sont donc les fondements du mythe germain que Montesquieu trouve chez Tacite et qu'il développe dans le sens suggéré par l'historien: ce peuple du nord, au contact des régions les plus septentrionales, puise des forces nouvelles, comme si ses qualités s'exaltaient à mesure qu'il remonte vers le nord. Les aspects positifs sont soulignés: sa vigueur, sa vitalité apparaissent par contraste avec la faiblesse de l'empire romain. La valeur des traits négatifs s'inverse: leur terre peu engageante garantit leur isolement. Et surtout les Germains ne sont pas des vaincus, malgré leurs défaites: celles-ci ne font que renforcer leur superbe éloignement et, de là, l'intégrité de leur race. Ainsi la servitude politique qui, d'après Montesquieu, n'existe pas chez eux, ne serait-ce qu'en germe, n'a pu s'introduire en Germanie. Tous les facteurs physiques et démographiques

---

9. 'Ils ont tous même apparence'; cf. *Germanie*, IV, 2.
10. *L'Esprit des lois*, XXIII, 18: 'De l'état des peuples avant les Romains'.
11. Voir *L'Esprit des lois*, XXIII, 10.
12. Voir *Germanie*, XXVI, 3; *L'Esprit des lois*, XVIII, 22 et XXIII, 15.
13. Voir *Germanie*, XIX, et *L'Esprit des lois*, XXIII, 2.

contribuent donc à donner l'image d'un peuple farouche, que les peuples du midi n'ont pu souiller de leur tempérament servile, et qui a gardé sous sa forme la plus pure le souffle qui l'anime, la liberté, malgré les tentatives de l'impérialisme romain. Les moindres détails du texte de Tacite sont sollicités en ce sens; chaque élément est approfondi, élargi, pour coïncider avec l'analyse de Montesquieu, qui donne ainsi l'impression de rester dans le droit fil de la *Germanie*.

2. Les ambiguïtés de la liberté

QUEL paradoxe pourtant que cette liberté pour laquelle Montesquieu clame son admiration! Il nous dit que chez les nations évoluées, policées, elle est fort difficile à trouver, qu'elle est le résultat d'un équilibre fragile: 'Pour former un gouvernement modéré, il faut combiner les puissances, les régler, les tempérer, les faire agir [...] c'est un chef-d'œuvre de législation, que le hasard fait rarement, et que rarement on laisse faire à la prudence' (*L'Esprit des lois*, v, 14). Or, une peuplade 'sans art, sans éducation, presque sans lois' (XIV, 3) s'est maintenue contre la puissance romaine pour finalement la renverser; Montesquieu la présente même comme un modèle de liberté, entièrement nouveau pour les sujets de l'empire romain. Bien que les Germains, comme tous les vainqueurs, aient pu être tentés de refuser la liberté aux vaincus, l'idée de liberté est si fortement ancrée en eux qu'ils en font, comme nous l'avons vu, le pivot du gouvernement qui s'installait alors dans les pays récemment conquis. Par quel miracle les Germains étaient-ils capables de vivre dans cet état privilégié, qui n'est plus tout à fait l'état de nature, qui n'est pas encore l'état civil et politique, et où l'indépendance de chacun et le bien général sont respectés?

i. De la société de nature à la société civile

Remarquons d'abord les hésitations avec lesquelles Montesquieu définit la société des Germains: ils sont *presque* sans lois; il nous dit ailleurs que, grâce aux compositions, 'les peuples germains sortirent de cet état de nature où *il semble* qu'ils étaient encore du temps de Tacite'.[1] Simple précaution de vocabulaire ou difficulté réelle? Montesquieu ne peut guère, dans le cas qui nous occupe, parler d''état de nature'; quand il le fait, il est dans le domaine de la fiction (*L'Esprit des lois*, I, 2). Ici, il s'agit en réalité de la 'société de nature',[2] qui connaît déjà quelques règles, qui est sur le point de basculer et de devenir une société politiquement organisée. Au moment où Tacite la dépeint, elle n'a pas encore édicté de loi positive écrite; elle est fondée sur les 'mœurs', sur la volonté individuelle consciente de ses droits et de ses devoirs, respectueuse de coutumes strictes, en vertu d'une convention tacite passée entre ses membres, de façon libre et spontanée. Mais, de la règle non écrite à la loi positive, le passage est insensible, et Montesquieu sent bien que la société évoquée par Tacite se trouve à un tournant, qu'elle relève à la fois de la société de nature et de la société civile. Un critère nous permet de le constater, la disparition progressive de la violence inhérente à la société de nature.

Cette violence, d'après Tacite, paraît d'abord omniprésente en Germanie: les hommes ne sont-ils pas 'toujours armés' (*Pensées*, 1171; 1585)? Montesquieu amplifie cette idée dans *L'Esprit des lois*: 'Les Germains ne faisaient aucune affaire publique ni particulière sans être *armés*. Ils donnaient leur avis par un

---

1. *L'Esprit des lois*, XXX, 19. C'est nous qui soulignons.
2. Cf. J. Ehrard, *L'Idée de nature ...*, pp.476ss.

signe qu'ils faisaient avec leurs *armes*. Sitôt qu'ils pouvaient les porter, ils étaient présentés à l'assemblée; on leur mettait dans les mains un *javelot*.'³ Ces armes représentent l'essence même de la société, car les jeunes gens 'dès ce moment [...], sortaient de l'enfance; ils étaient une partie de la famille, ils en devenaient une de la république'. De même, au moment du mariage, la famille de l'épouse reçoit du futur mari 'des cadeaux non pas choisis pour l'agrément d'une femme', mais des 'armes qui l'avertissent qu'elle vient partager des travaux et des périls'.⁴

Mais ces signes sont ambigus. Les armes sont-elles destinées à perpétrer la violence? Ne la préviendraient-elles pas? Les décisions de l'assemblée sont renforcées par l'approbation des armes, par la menace qu'elles représentent; il n'est pas besoin de recourir à elles pour faire respecter un pouvoir incontesté; ceux qui instaurent l'ordre ne sont-ils pas justement ceux que rien ne désigne comme des combattants, les prêtres?⁵ On pourrait alors objecter que ce sont eux qui exercent une violence, sous une forme répressive, puisqu'ils ont mission de 'châtier, de lier, de frapper'.⁶ Mais Montesquieu répète soigneusement les restrictions formulées par Tacite: 'Non pas par un ordre du prince, ni pour infliger une peine, mais comme par une inspiration de la divinité, toujours présente à ceux qui font la guerre.'

La meilleure preuve que la violence est toute-puissante, qu'elle est érigée en vertu, ne serait-elle pas alors ce continuel appel à la bravoure, cette exigence constante de valeur militaire qui se retrouve dans le *comitatus* et qui ne peut se manifester que par le recours à la force? Montesquieu cite Tacite en ces termes: 'Si une cité est en paix, les princes vont chez celles qui font la guerre, c'est par là qu'ils conservent un grand nombre d'amis.'⁷ Tacite écrit même: *ingrata genti quies*, 'Cette nation déteste l'état de paix.' Toutefois cette activité guerrière librement choisie qui, sous cette forme, paraît devoir s'exercer pour elle-même, sans aucun motif patriotique, est dirigée vers l'extérieur; bien qu'elle favorise l'émulation,⁸ elle cimente la troupe autour de son chef. Enfin, elle arrive à son expression ultime quand la puissance militaire agit par la seule vertu de son nom, sans qu'elle ait à recourir à la violence qui l'a imposée: 'Souvent la réputation décide de la guerre.'⁹ Ainsi Montesquieu précise-t-il une analyse qui est présente chez Tacite, mais de façon latente.

Alors même que l'état de guerre paraît inéluctable, les Germains cherchent à prévenir et à circonscrire le danger: la seule manière de prendre les auspices que Montesquieu retienne parmi toutes celles qu'expose Tacite au chapitre x de la *Germanie*, c'est celle 'par où ils cherchent à connaître l'issue des guerres importantes' (*Germanie*, x, 6): 'Lorsqu'une nation voulait entrer en guerre avec une autre, elle cherchait à faire quelque prisonnier qui pût combattre avec un des siens; et [...] on jugeait par l'événement de ce combat, du succès de la guerre. [Ces] peuples [...] croyaient que le combat singulier réglerait les affaires

3. *L'Esprit des lois*, XVIII, 26, dans lequel Montesquieu cite la *Germanie*, XI, 6 et XIII, 1. C'est nous qui soulignons.
4. *Germanie*, XVIII, 2 et 4, cité dans le *Spicilège*, 244.
5. *Germanie*, XI, 4, cité dans *L'Esprit des lois*, XVIII, 31.
6. *Germanie*, VII, 2, cité dans *L'Esprit des lois*, XVIII, 31.
7. *Germanie*, XIV, 3, cité dans *L'Esprit des lois*, XXX, 3.
8. *Germanie*, XIII, 3, cité dans *L'Esprit des lois*, XXX, 3.
9. *Germanie*, XIII, 5, cité dans *L'Esprit des lois*, XXX, 3.

publiques [...]' (*L'Esprit des lois*, XXVIII, 17). La violence est donc limitée à ces champions, volontaires ou non. Aux dires de Montesquieu, l'état de guerre est donc loin de régner chez les Germains, alors que Tacite insiste sur le caractère belliqueux de ces populations, souvent incapables de maîtriser leurs instincts meurtriers, pour le plus grand profit de l'empire romain (cf. *Germanie*, XXXIII).

Ces affrontements collectifs, signe d'une *impotentia* propre aux barbares, ne retiennent pas l'attention de Montesquieu, qui préfère s'intéresser aux multiples moyens inventés par les Germains afin de détourner les passions les plus dangereuses sans édicter de lois positives. Mais ils ne sont pas loin de ce stade, car les rapports entre individus sont régis par des règles qui substituent, dans les cas les plus graves (quand il s'agit d'homicide), l'accord des parties à la vengeance personnelle. Ce sont les compositions, qui mettent fin 'aux haines et aux inimitiés' (*Germanie*, XXI, 1). 'On expiait l'homicide, en donnant une certaine quantité de bétail; et toute la famille recevait satisfaction' (*L'Esprit des lois*, XXIV, 17). A la suite de Tacite, Montesquieu retient que ce procédé est une 'chose très utile, parce que les inimitiés sont plus dangereuses chez un peuple libre'. C'est également celle qui lui paraît mettre les Germains sur la voie de la 'civilisation' dans le bon sens du terme, et des lois positives (*L'Esprit des lois*, XXX, 19). En recopiant Tacite, Montesquieu remarque donc que pour maintenir la liberté dans cette société, il faut qu'elle évolue, c'est-à-dire qu'elle disparaisse pour faire place à la société politique.[10] Malgré les solutions originales qu'elle a trouvées, la société des Germains n'échappe pas à la règle commune; pour ne pas sombrer dans l'anarchie, elle doit privilégier les lois civiles dont les compositions sont une préfiguration. Quant au pouvoir politique, on devine à travers l'autorité incontestée de l'assemblée de la nation lors des délibérations les plus importantes et dans les actions capitales (*Germanie*, XI, 1, et XII, 1) que, si la délégation du pouvoir à un chef est loin d'être réalisée,[11] la 'réunion des forces particulières'[12] est effective. Avec cette assemblée à laquelle chacun participe, avec ce chef dont l'autorité peut être à chaque instant remise en cause, nous sommes en pays connu, parmi les démocraties qui trouvent dans de telles institutions les garanties de la liberté politique, mais nous sommes, également, bien loin des critiques adressées par Tacite à ces Germains incapables de s'unir sous la volonté d'un seul en abolissant les distinctions tribales, même pour assurer leur survie, à ces peuplades si faibles devant l'unité et la solidité de l'empire romain (*Germanie*, XXXIII). Ce qui chez Tacite apparaît comme une marque d'impuissance devient chez Montesquieu la preuve que la société germanique est une société vivante, où s'équilibrent intérêt général et liberté individuelle.

La liberté germanique aux yeux de Montesquieu n'est donc pas l'émanation pure et simple du caractère nordique dont il grossit certains effets, comme nous l'avons vu. Mais cela ne fait que renforcer le mythe: le 'miracle germain' vient de la conciliation de la société de nature, qui tente de survivre, et de l'Etat civil, qui commence à apparaître. L'évolution historique ne porte pas forcément

10. Cf. J. Ehrard, *L'Idée de nature* ..., p.479.
11. Voir *L'Esprit des lois*, XVIII, 30, et *Germanie*, VII, 1.
12. Cf. *L'Esprit des lois*, I, 3: 'La réunion de toutes les forces particulières, dit très bien Gravina, forme ce qu'on appelle l'Etat politique.'

atteinte à la liberté: nous le constatons à propos du gouvernement gothique, qui a su parfaitement la respecter. Mais elle en modifie la composante initiale: bientôt le temps viendra où les Bourguignons oublieront la qualité des rapports entre individus et où le législateur sera obligé de leur rappeler les devoirs de l'hospitalité (*L'Esprit des lois*, xx, 2). Alors que les Germains, à ce stade de leur évolution, pouvaient être tentés de rejeter sur une autorité suprême les responsabilités qu'ils assumaient jusque-là spontanément, les liens personnels qui rayonnent à partir de la cellule familiale sont toujours vivants, et les Germains se laissent encore conduire par les 'mœurs'.

ii. Les ambiguïtés des mœurs

Mais ces liens, ces mœurs, ne sont-ils pas eux-mêmes ambigus? Dans cette période de transition, la 'vertu' qui devrait constituer un des rouages essentiels de la société de nature n'est pas un principe aussi simple qu'il y paraît. Et que deviennent la convention sur laquelle elle est fondée et la liberté qu'elle doit assurer?

Chez ces 'barbares' vivre libre, ce n'est pas *pouvoir* faire ce que les mœurs permettent, comme dans une nation évoluée, où il faut *pouvoir* faire ce qui est autorisé par la loi, c'est *vouloir* faire ce que les mœurs recommandent. Cet accord est spontané chez les Germains; il est le fruit d'une éducation quotidienne: en voyant de façon constante ses parents et ses proches pratiquer la vertu, l'enfant grandit dans l'amour du bien et, à l'âge adulte, se conforme avec joie à ses modèles.[13] Nulle pensée tournée vers le mal, sinon de façon exceptionnelle et limitée. Les passions existent: l'amour est orienté vers la famille; la bravoure, la recherche de l'exploit individuel, ne sont pas toujours mises au service de la patrie, mais elles ne nuisent pas au bien général, au contraire même, elles renforcent une qualité indispensable à une société non répressive, la loyauté, car elles impliquent un respect de la foi donnée. La haine même se laisse apaiser. Pas de jalousie, mais de l'émulation. Pas de convoitise, mais le respect d'autrui. Pas de commandements précis, mais toujours le sens du devoir, qui dicte la conduite qu'il faut adopter. Tous ces traits, empruntés à Tacite, tendent au même but.

Un tableau ne peut être aussi idyllique que si l'on en dissimule quelque pan, et l'on est tout d'abord tenté de faire appel aux arguments dont use Voltaire dans *Le Mondain* (1736), quand il évoque l'âge d'or: 'Qu'auraient-ils pu connaître? Ils n'avaient rien.' 'L'admirable simplicité' que vante Montesquieu à la suite de Tacite[14] ressemble fort à du dénuement; dans ce cas, où est le mérite des Germains? Dans un pays où il y avait si peu d'argent (*L'Esprit des lois*, xxii, 2), peut-on connaître l'usure (*Germanie*, xxvi, 1)? Quand les fortunes se réduisent à quelques têtes de bétail, l'intérêt n'est pas une passion dominante. En revanche, les terres sont abondantes: aussi les Germains, qui sont sûrs de toujours en

---

13. Cf. *L'Esprit des lois*, iv, 4, *Différence des effets de l'éducation chez les anciens et parmi nous*: 'Leur éducation avait un autre avantage sur la nôtre; elle n'était jamais démentie.' Cette idée, que Montesquieu dégage à propos des républiques anciennes, trouve ici aussi son application.

14. *L'Esprit des lois*, xviii, 23; voir, par exemple, *Germanie*, xlvi, à propos des Fennes.

trouver à leur suffisance, n'ont-ils pas un sens aigu de la propriété (*Germanie*, XXVI, 2). Les femmes ont peu de tentations: ni les spectacles ni les festins, si pernicieux à Rome, ne s'offrent à elles (*Germanie*, XIX, 1). Les Germains ne sont-ils pas vertueux à bon compte? Que seraient-ils devenus, que seraient devenues leurs admirables mœurs s'ils avaient connu le luxe?

Cette question ne se pose en ces termes que pour des observateurs extérieurs. Pour les Germains, la pauvreté n'est pas une malédiction, ni même une contrainte, mais un état de fait; plus qu'un cadre de vie, elle est l'essence même de leur caractère. Alors, pourquoi introduire des hypothèses invraisemblables, et imaginer des Germains vivant dans l'opulence, soumis à la tentation des richesses et des raffinements qu'offre la civilisation? Ce serait absurde; Montesquieu établit une relation directe de cause à effet entre l'absence de luxe et la liberté que l'on constate chez les peuples qui ne cultivent pas les terres:[15] le luxe tue la vertu; Montesquieu le constate aussi à propos des républiques (*L'Esprit des lois*, VII, 2). Dans une république qui dégénère en oubliant la frugalité, gage de la vertu indispensable à son bon fonctionnement, la liberté disparaît aussi vite que dans une société primitive dont les traits essentiels sont modifiés. On sentait déjà combien la société des Germains, qui résulte d'un équilibre fragile, était précaire; mais il faut aussi mesurer l'importance de cette caractéristique pudiquement appelée 'absence de luxe', étroitement attachée à une époque et à un peuple: quand la richesse apparaîtra, la société de nature disparaîtra. Ainsi, les leçons que peuvent donner les Germains aux Romains de Tacite ou aux Français du dix-huitième siècle ne sont pas universelles; Montesquieu, pas plus que Rousseau, n'a l'intention de nous faire 'marcher à quatre pattes', selon la trop célèbre expression de Voltaire:[16] il est conscient qu'une certaine forme de vertu est l'apanage des siècles passés.[17] Cette remarque doit nous avertir que, si Montesquieu construit un mythe germain, comme il conçoit un mythe du despotisme ou un mythe des républiques grecque et romaine, il est assez pénétré de relativisme pour en savoir les limites; et s'il paraît parfois s'aveugler sur son modèle, il ne se leurre pas sur la portée de son tableau, plus cohérent et plus riche, donc plus discutable, que l'esquisse proposée par Tacite.

Analysons notamment cette fameuse vertu des Germains, périssable et immuable à la fois. Elle ne se laisse pas définir aussi facilement; en effet nous venons de l'évoquer en raisonnant par analogie, à partir de la vertu républicaine. N'est-pas un abus de langage? En effet, Montesquieu dit avec véhémence dans l'Avertissement de *L'Esprit des lois* que cette vertu propre aux démocraties 'n'est point une vertu morale, ni une vertu chrétienne, c'est la vertu politique',[18] inconcevable dans une société qui, nous l'avons vu, n'est politique que par certains aspects. En fait, on peut se demander si la 'vertu' des Germains ne doit pas plutôt être rapprochée de l''honneur' qui anime les monarchies, ce qui serait

---

15. *L'Esprit des lois*, XVIII, 17: 'Ce qui assure le plus la liberté des peuples qui ne cultivent point les terres, c'est que la monnaie leur est inconnue. Les fruits de la chasse, de la pêche, ou des troupeaux, ne peuvent s'assembler en assez grande quantité, ni se garder assez, pour qu'un homme se trouve en état de corrompre tous les autres.'

16. Voltaire, *Lettre à Rousseau*, 30 août 1755.

17. Cf. J. Ehrard, *L'Idée de nature* ..., pp.379 et 507.

18. On a pu dire, il est vrai (*BG*, i.4), que cette définition était 'obscure' et que cette vertu politique, dont l'idée remonte à Aristote, était en fait 'parfois confondue avec la vertu morale'.

tout à fait naturel puisqu'on la trouve essentiellement dans les rapports entre prince et compagnons qui sont à l'origine de la féodalité.

Les Germains ont un sens aigu de ce qu'ils doivent à leur chef et de ce qu'ils se doivent à eux-mêmes: dans *L'Esprit des lois*, Montesquieu insiste sur le dévouement total dont ils font preuve et sur les sentiments qui les poussent à toujours rechercher de nouvelles occasions de prouver leur valeur. Dans les dernières lignes de ce passage: 'Ils n'acquerront pas par la sueur ce qu'ils peuvent obtenir par le sang',[19] se manifeste une fierté d'aristocrate qui ne résonnait pas de la même façon chez Tacite. Mais cette médaille n'a-t-elle pas son revers? Le courage des Germains est mis au service de la patrie, il assure la survie de la nation, à moins qu'il ne se détourne sur d'autres peuples; mais le souci de la gloire n'est-il pas parfois poussé jusqu'à l'absurde, l'*aristeia* jusqu'au vain sacrifice? Montesquieu cite une phrase de la *Germanie*, qu'il ne commente pas pour elle-même: 'C'était chez les Germains, dit Tacite, une grande infamie d'avoir abandonné son bouclier dans le combat; et plusieurs, après ce malheur, s'étaient donné la mort.'[20] Rien ne permet de dire qu'il désapprouve ce geste: les guerriers germains, dégagés de toute considération utilitaire, montrent qu'ils savent tout oublier au profit de leur dignité, pour respecter la ligne de conduite qu'ils se sont fixée, jusqu'à commettre l'acte 'gratuit' de se donner la mort. Les mœurs des Germains sont donc parfois aussi 'bizarres'[21] que celles des peuples qui vivent en monarchie; elles dérivent d'un principe qui a ses propres lois, qui 'fait que les vertus ne sont que ce qu'il veut, et comme il les veut' (*L'Esprit des lois*, IV, 2). Il semblerait donc qu'on ne puisse juger les actes qu'inspire ce 'maître universel qui doit partout nous conduire' comme des faits rationnels.

Voilà tout ce que peut nous apprendre le rapprochement avec l'honneur des monarchies: car on ne peut comparer 'le préjugé de chaque personne et de chaque condition' (*L'Esprit des lois*, III, 6) et les sentiments qui naissent dans une société foncièrement égalitaire, parmi laquelle émergent seulement quelques chefs. Les mœurs des Germains acquièrent donc une autre dimension; loin d'être le reflet des bons sentiments qui règnent chez les Troglodytes, elles constituent un code – avant la lettre – complexe, déterminé par le caractère particulier d'une société de brigands (XX, 2). Les Germains ne pratiquent pas la 'vertu' au sens où nous l'entendons: le chef ne tient son rang que grâce aux 'guerres et [aux] rapines', qui lui permettent de fournir la 'solde' de ses compagnons.[22] Cette fois encore, le mythe ne doit pas tromper: les qualités des Germains correspondent à un état donné. L'hospitalité, par exemple, 'très rare dans les pays de commerce, se trouve admirablement chez les peuples brigands' (XX, 2). Montesquieu ne peut que constater le fait, non le citer en exemple, car il relève d'un monde particulier, où tout se tient.

Certaines conduites peuvent cependant faire illusion: nous sommes tentés de mesurer à notre aune la chasteté des Germains, ou la coutume de ne pas exposer les enfants; le mépris du danger et de la mort, le dévouement inconditionnel au chef que l'on s'est choisi, peuvent passer à nos yeux pour les manifestations

19. *L'Esprit des lois*, XXX, 3, et *Germanie*, XIV, 5.
20. *L'Esprit des lois*, XXVIII, 21, et *Germanie*, VI, 6.
21. Voir aussi *L'Esprit des lois*, IV, 2, et V, 19.
22. *L'Esprit des lois*, XXX, 3, et *Germanie*, XIV, 4.

extrêmes du courage et de la fidélité, c'est-à-dire, de vertus qui nous sont familières. Comme, à l'exemple de l'honneur, elles nous paraissent 'toujours moins ce que l'on doit aux autres que ce que l'on se doit à soi-même' (*L'Esprit des lois*, IV, 2), nous y voyons également le principe qui rend encore superflues les lois écrites, en favorisant l'intériorisation des règles dictées par les mœurs. Mais il ne faut pas nier le caractère original de ces mœurs, dont la brutalité fait mieux ressortir une sagesse 'admirable', selon l'expression fréquemment employée par Montesquieu. Si ce terme exprime un jugement, c'est moins celui du moraliste que celui de l'historien, qui compare le fonctionnement de diverses sociétés; celle qui lui paraît la meilleure n'est pas celle qui respecte ses propres valeurs, mais celle dont les rouages s'ajustent spontanément. Montesquieu n'a pas voulu faire de ses Germains d'autres Troglodytes, agaçants de vertu. Les mœurs des Germains ne relèvent pas d'une morale intemporelle et absolue, mais sont dictées par un principe d'utilité ou par un besoin d'affirmation personnelle. Pour les Germains, il n'y a pas de bien en soi (propre aux rêveries des philosophes) ni de pur amour du bien public (propre aux républiques) ni de soumission, volontaire ou non, de l'intérêt personnel à l'intérêt général (propre aux monarchies) mais plutôt une attitude pragmatique, fondée sur la conviction que dans une société aussi peu hiérarchisée, aussi mobile, tout acte, toute décision, mérite la réciproque et que tout individu doit mériter la place que lui accorde la société: preuve que le pacte qui a fondé cette société et qui garantit la liberté de chacun est toujours respecté.

La meilleure illustration de ce pacte nous est donnée par l'institution du *comitatus*, à laquelle Montesquieu tient tant (*L'Esprit des lois*, XXX, 3). Elle se caractérise à la fois par la solidité des liens qu'elle établit (la fidélité va jusqu'à la mort (*Germanie*, XIV, 2)) et la facilité avec laquelle elle peut être remise en question, puisque chaque combat est l'occasion de prouver sa valeur; il s'agit pour le chef de se gagner de nouveaux compagnons, ou par conséquent d'en perdre, et pour les compagnons de se distinguer. D'une façon générale, malgré le prestige indéniable de la naissance (*Germanie*, VII, 1, et XIII, 2), les chefs doivent mériter l'admiration qui est le fondement indispensable de leur autorité sur l'ensemble du peuple (*Germanie*, VII, 1). La bravoure individuelle ne nous apparaît donc plus comme une manifestation gratuite: elle atteste la vitalité de ce contrat social, au même titre, par exemple, que les relations d'hospitalité; comme celles-ci, à la différence des usages grecs et romains, ne comportent aucune obligation précise de réciprocité et ne créent pas de lien étroit et unique entre deux individus, qui se traduirait en termes d'échange, l'hospitalité des Germains garantit une réciprocité ouverte indistinctement à tous les membres de la société, et même au-delà, à tout étranger, sans exigence égoïste de retour, avec pour seul paiement la certitude de trouver même accueil auprès de n'importe qui. Montesquieu aurait pu accorder plus de place à ce type de conduite, car c'est l'essence même de la convention fondamentale qui réunit les volontés individuelles en leur assurant l'assistance mutuelle et la sauvegarde de chacune; le fondement de la liberté germanique peut ainsi être observé.

iii. Liberté et contraintes

On ne peut porter le même jugement sur certaines coutumes des Germains, qui nous incitent à douter de la rigueur de leurs mœurs et de leur aptitude foncière à la liberté. Tout d'abord, ne connaissent-ils pas la servitude, du moins domestique, et ne pratiquent-ils pas l'esclavage? Ces hommes qui conquirent l'Europe 'en hommes libres' (*L'Esprit des lois*, XVII, 5) et qui se refusèrent à imposer la servitude aux vaincus ne craignaient pourtant pas de l'infliger à leurs frères de race, sans même avoir les mauvaises excuses des négociants ou des gens bien-pensants qu'attaque *L'Esprit des lois*.[23] Mais Montesquieu pourrait objecter une phrase de Tacite qu'il cite également dans *L'Esprit des lois*: 'Vous ne pourriez, dit Tacite, [...] distinguer le maître de l'esclave, par les délices de la vie' (XV, 10). Nous l'avons vu,[24] Montesquieu donne ici une traduction très approximative du texte de la *Germanie*: 'Aucun raffinement ne distingue l'éducation du maître de celle de l'esclave.'[25] Il atténue ainsi les aspects les plus cruels d'un usage dont Tacite souligne les particularités: 'Fouetter un esclave, le punir par les fers ou un travail forcé est chose rare', mais 'ils en tuent souvent, non pour faire un exemple ou par dureté, mais par emportement et colère, comme un ennemi, hormis que c'est impunément'.[26] Chez eux, la liberté est aliénable (*Germanie*, XXIV, 3-4), ce qui est parfaitement contraire aux convictions de Montesquieu.[27] La liberté devient même parfois un enjeu aux dés (*Germanie*, XXIV, 3). Il est vrai, ajoute Tacite, que c'est une nouvelle preuve de leur sentiment de l'honneur (*Germanie*, XXIV, 4). Mais on peut se demander si Montesquieu, qui vante la douceur de la condition servile chez les peuples simples, n'a pas voulu fermer les yeux sur le mépris de la vie et de la liberté d'autrui qui ressort de ces coutumes, peut-être parce qu'il n'était pas profondément ancré dans le caractère germain: une fois en Gaule, les Francs ne suppriment-ils pas l'esclavage (*L'Esprit des lois*, XI, 8)?

Pourtant, Montesquieu ne se méprend pas de la sorte sur un autre point qui paraît nuire à la liberté: la soumission totale aux prêtres. Elle est la contrepartie du peu d'autorité dont disposent les princes,[28] mais Montesquieu n'en ignore pas les implications: 'Chez les peuples barbares, les prêtres ont ordinairement du pouvoir, parce qu'ils ont et l'autorité qu'ils doivent tenir de la religion, et la puissance que chez des peuples pareils donne la superstition. Aussi voyons-nous, dans Tacite, que les prêtres étaient fort accrédités chez les Germains'.[29] Il reconnaît surtout les conséquences d'une telle coutume: le chapitre dans lequel il expose ces remarques s'intitule 'De l'autorité du clergé dans la première race'; Montesquieu rappelle l'étendue du pouvoir des prêtres germains uniquement pour montrer ce qu'il en advient par la suite: 'Il ne faut pas être étonné

---

23. *L'Esprit des lois*, XV, 5, 'De l'esclavage des nègres'.
24. Voir notre troisième partie, p.72.
25. *Germanie*, XX, 3: *Dominum ac seruum nullis educationis deliciis dignoscas.*
26. *Germanie*, XXV, 2: *Verberare seruum ac uinculis et opere coercere rarum: Occidere solent, non disciplina et seueritate, sed impetu et ira, ut inimicum, nisi quod impune est.*
27. Cf. *L'Esprit des lois*, XV, 2: 'Il n'est pas vrai qu'un homme libre puisse se vendre', et 'L'esclavage est [...] aussi opposé au droit civil qu'au droit naturel.' Cf. J. Ehrard, *L'Idée de nature ...*, p.500.
28. Voir *L'Esprit des lois*, XVIII, 30, et *Germanie*, XI, 1.
29. *L'Esprit des lois*, XVIII, 31, et *Germanie*, XI, 4.

si, dès le commencement de la première race, on voit les évêques arbitres des jugements, si on les voit paraître dans les assemblées de la nation, s'ils influent si fort dans les résolutions des rois, et si on leur donne tant de biens' (*L'Esprit des lois*, xviii, 31). Cette dernière remarque, qu'il faut rapprocher des chapitres 5 à 7 du livre xxv,[30] montre le danger d'une institution si bien assise. Car ne savons-nous pas que les Germains n'étaient pas attachés à leur religion?[31] Sur ce point, Montesquieu n'hésite pas à entrer en contradiction avec l'historien latin, et il introduit ainsi une fausse note dans son propos initial. L'autorité de ces prêtres n'était donc pas fondée sur une foi bien vive, sur une adhésion spontanée et profonde à une religion dont Tacite nous décrit les manifestations les plus spiritualistes avec tant d'admiration et de respect (*Germanie*, ix); c'est une habitude, plutôt qu'un trait de caractère, dont on peut redouter les suites, et qui, de ce fait, ne devrait pas remporter que des louanges, même si, chez les Germains, elle est un des meilleurs moyens d'assurer la bonne marche de la société.

Nous sommes alors amenés à nous poser certaines questions: chez un peuple que nous connaissons seulement grâce à un traité théorique ou à travers quelques pages d'historiens ou de géographes romains, nous ne pouvons savoir comment était ressentie cette toute-puissance des mœurs et de la religion. La pression sociale, plus forte chez un peuple sans lois positives, n'est-elle pas souvent plus coercitive que la loi? Le problème nous paraît particulièrement aigu quand il s'agit de la femme. Profite-t-elle également de la liberté des Germains? Son statut est-il différent de celui de toutes les femmes, fictives ou réelles, de l'univers de Montesquieu, 'oubliées du progrès',[32] de ce progrès qui marque l'ensemble de son œuvre?

La femme germaine se présente d'abord comme l'antithèse des Persanes, objets de luxe, prisonnières du sérail, qui cherchent leur liberté dans la dissimulation ou qui, comme Roxane, la trouvent dans le suicide et la rupture de l'ordre établi par et pour l'homme. Chez les Germains, la polygamie n'existe qu'exceptionnellement;[33] toutes les structures familiales et sociales sont donc différentes: la femme est chargée de responsabilités à la mesure de son courage. Dans cette société militaire, elle donne soins et encouragements aux combattants (*Germanie*, vii, 3-4); elle partage les dangers (*Germanie*, xv, 4); dans cette société de liberté, elle incarne le refus de la servitude, elle est plus indomptable que n'importe quel guerrier (*Germanie*, viii, 1); dans cette société simple et saine, où 'les passions étaient très calmes',[34] elle est un rouage essentiel, et elle en est consciente: elle répugne à manquer à ses devoirs. Aussi Montesquieu peut-il, à la suite de Tacite, insister sur sa vertu, et plus particulièrement sur sa vertu

---

30. *L'Esprit des lois*, xxv, 5: 'Des bornes que les lois doivent mettre aux richesses du clergé'; xxv, 6: 'Des monastères'; xxv, 7: 'Du luxe de la superstition'.

31. *L'Esprit des lois*, xxv, 3: 'Les peuples qui n'ont point de temples ont peu d'attachement pour leur religion: voilà pourquoi [...] les peuples barbares qui conquirent l'empire romain ne balancèrent pas un moment à embrasser le christianisme.'

32. Cf. J. Geffriaud-Rosso, *Montesquieu et la féminité* (Pise 1977), p.506.

33. Voir *L'Esprit des lois*, xviii, 24, et *Spicilège*, 244; *Germanie*, xviii, 1. Cf. J. Geffriaud-Rosso, pp.542-43.

34. *L'Esprit des lois*, xv, 14; c'est encore un effet du climat.

conjugale.[35] Chez les Germains, l'adultère est fort rare, mais il existe. Pour faire comprendre le mépris dans lequel ils le tiennent, Montesquieu décrit le châtiment qu'encourent les coupables (*Spicilège*, 244): *Paucissima adulteria, accisis crinibus, nudatam coram propinquis adulteram expellit domo maritus ac per omnem vicum verbere agit*, 'Les adultères sont extrêmement rares; le mari coupe les cheveux [de la femme adultère], la met nue et en présence de ses proches, la chasse de chez lui, puis la mène à coups de fouet à travers tout le village';[36] elles sont désignées de la sorte à la vindicte publique.

Celle qui n'a su préserver sa vertu ne connaît pas un sort plus enviable: sa punition est de ne pouvoir trouver de mari.[37] C'est un signe que le monde des Germains est un monde d'hommes au même titre que celui des Persans. Chez les Persans, les femmes sont renfermées dans le sérail; il n'en est pas besoin en Germanie: 'Elles vivent [...] dans une vertu bien close.'[38] Le vocabulaire de Tacite le montre: la clôture a beau être intériorisée, elle est toujours clôture, et même clôture infranchissable pour une femme qui ne la dépassera qu'en se perdant à ses propres yeux. Aucune indulgence pour celle qui a failli: la sévérité est à la mesure du rôle que la femme doit jouer dans la société.[39]

Deux logiques totalement différentes, celle de l'interdit et celle des mœurs, en arrivent donc au même résultat: la femme doit s'acquitter d'une fonction précise dans la société; que ce soit dans un harem ou sur un champ de bataille, elle est utile et doit être ménagée en conséquence. Chez les Germains, les qualités d'une femme doivent être le dévouement aux hommes et le renfermement volontaire: nous ne sommes pas loin des constantes que J. Geffriaud-Rosso dégage à travers les fictions des *Lettres persanes* et dans l'ensemble de la pensée de Montesquieu (p.377): fécondité et égalité, mais dans la soumission à l'homme. Quand il nous dit que 'les femmes, chez les premiers Germains, étaient dans une perpétuelle tutelle' (*L'Esprit des lois*, VII, 12), il ne faut pas limiter cette affirmation au domaine juridique. Aussi Montesquieu peut-il sans arrière-pensée parler de 'l'admirable simplicité' des peuples du nord et de la vertu de leurs femmes: la femme germaine que Tacite décrit conformément à ses vœux représente pour Montesquieu un certain idéal, alors qu'elle nous apparaît comme un être sans intériorité, sans valeurs spécifiques. Il ignore les grandes figures célébrées par Tacite: Bouddica et Velléda, investies d'un pouvoir incontesté et même sacré, animées d'un courage et d'un patriotisme sans borne, n'ont pas retenu l'attention de notre philosophe, peu intéressé par des personnages aussi exceptionnels. Celui-ci a beau célébrer les mérites des femmes du nord: comme leurs sœurs d'Asie, elles sont marquées du signe ambigu qui leur interdit de connaître leur

---

35. *L'Esprit des lois*, XVIII, 25, et *Spicilège*, 244; *Germanie*, XVIII-XIX.

36. D'après *Germanie*, XIX, 2.

37. *Germanie*, XIX, 2. Il faut noter que Montesquieu n'adhère sans doute pas à la fin de ce passage, cité dans le *Spicilège*, 244: au lieu d'écrire, comme Tacite, 'Certaines cités font mieux encore [...]', *Melius quidem adhuc eae ciuitates*, il dit: 'Il existe des villes [...]' La suite est sans changement et signifie (*Germanie*, XIX, 4) 'où seules les vierges se marient'; cette idée est en contradiction avec toutes les théories de Montesquieu relatives à la 'propagation de l'espèce'. Voir *L'Esprit des lois*, XXVI, 9, et J. Geffriaud-Rosso, pp.495ss.

38. *Germanie*, XIX, 1: *Saepta pudicitia agunt*.

39. Nous arrivons aux mêmes conclusions que J. Geffriaud-Rosso, 4e partie, ch.8, 'Une valeur ambiguë: la pudeur', p.571.

propre liberté; parmi un peuple libre, elles ne connaissent que la liberté instituée par les hommes: c'est là que butent à la fois le mythe de la liberté germanique et les réflexions que Montesquieu consacre aux femmes.

Les trois thèmes que nous venons d'aborder convergent pour nous faire douter de cette 'admirable' liberté germanique: l'esclavage, la soumission aux prêtres, la condition faite à la femme, autant de réalités inquiétantes à des degrés divers. Montesquieu n'est guère sensible à la première et ne tient aucun compte du témoignage sans équivoque de Tacite. La femme germaine ne l'intéresse guère – l'historien lui-même ne peut lui ouvrir les yeux sur certains êtres d'exception – et elle n'est pas capable d'assumer sa propre liberté. En revanche, le danger que représente le pouvoir absolu des prêtres, danger ignoré de Tacite, est mis en lumière par Montesquieu. Dans les trois cas, c'est le problème de la liberté individuelle qui se pose: comment estimer l'importance des contraintes que nécessite le pacte social?

Cette question est d'abord celle de la société germanique, mais elle est la même dans toute société qui remet en cause le régime qui la gouverne ou qui est entraînée vers une nouvelle forme de gouvernement, chaque fois qu'un nouveau pacte est signé implicitement. Tacite la pose aussi quand, après la chute de la dynastie flavienne, le principat prend un nouveau départ avec Nerva et Trajan et quand une Rome nouvelle ouvre les yeux sur son avenir. Le mythe germain n'offrirait-il pas un exemple de fraîcheur politique qui devrait contrebalancer les souvenirs de la tyrannie de Domitien?[40] Au lieu de se laisser porter par la continuité du pouvoir, le Français du dix-huitième siècle, le Romain du premier siècle, sont invités à reconsidérer la convention qui régit leurs rapports avec leur prince; il ne s'agit pas de la refuser, car c'est impossible, mais d'être conscient des droits de chacun, de la réciprocité des devoirs: 'Si je pouvais faire en sorte que tout le monde eût de nouvelles raisons pour aimer ses devoirs, son prince, sa patrie, ses lois [...] je me croirais le plus heureux des mortels.'[41]

La seconde leçon du mythe nous révèle à la fois ses limites et sa portée, car sous le mythe, il y a la réalité: à la différence de l'allégorie des Troglodytes, qui permet d'envisager différentes situations, anarchie, despotisme, etc., l'histoire des Germains n'admet pas d'hypothèse nouvelle: la liberté germanique est indissolublement liée à la forme de la société et doit être envisagée comme un tout avec les 'défauts' que nous avons relevés. Cette constatation a deux conséquences contradictoires; nous avons déjà vu la première: si l'on admet que la liberté germanique dépend de conditions très précises, heureusement rassemblées à l'époque où Tacite écrit, alors Tacite et Montesquieu nous ont laissé chacun leur rêve exotique, une nouvelle version de l'âge d'or, qui ne leur inspire que de la nostalgie – et cela est sans doute vrai plus particulièrement pour l'historien latin. Mais si, comme Montesquieu, l'on reconnaît que la société germanique s'inscrit dans un devenir et si l'on sait que son évolution, loin d'être funeste à la liberté, a fait naître le régime gothique, 'la meilleure espèce de gouvernement que les hommes aient pu imaginer' (*L'Esprit des lois*, XI, 8), la

---

40. Cf. A. Michel, p.54.
41. Préface de *L'Esprit des lois*.

portée du mythe change: l'image idéale n'est pas un modèle mais un exemple; le peuple germain apporte la preuve qu'on peut trouver d'instinct la liberté et la conserver, au sein même de la 'corruption'.[42] Le message de la *Germanie*, en ce sens, n'exprime pas de regret: c'est un message d'espoir; quand les mœurs disparaissent, alors que les conditions de vie sont bouleversées par la conquête, la liberté triomphe en se donnant de nouveaux moyens de subsister.

Il semble d'abord impossible de retrouver chez Tacite, le Romain profondément patriote, une telle démarche, qui implique la disparition de la société qui est la sienne. Tacite s'est aveuglé lui-même: il a eu tort de croire que les discordes internes, l'*impotentia*, la *licentia* des Germains, négligées à juste titre par Montesquieu, suffiraient à protéger l'Empire. Mais, comme César avant lui, il a parfaitement deviné la menace que représentaient ces barbares animés des vertus primitives qui avaient fait, dans un passé très lointain, la force de Rome.[43]

42. *L'Esprit des lois*: 'Et il est admirable que la corruption du gouvernement d'un peuple conquérant ait formé la meilleure espèce de gouvernement [...]'.
43. Cf. A. Michel, p.215.

Conclusion: la portée du mythe germain

L'EXAMEN des différentes facettes de la liberté des Germains, de ses fondements et de ses contradictions, nous permet de mettre en lumière la portée de ce mythe germain, et de comprendre comment il s'intègre à la pensée du philosophe. Nous avions vu, dans notre troisième partie, comment procédait Montesquieu pour idéaliser ce peuple. Nous l'avons encore constaté, il fait la synthèse des moindres détails sur leur pays, leur apparence physique, ou leur mode de vie, pour étoffer ses analyses, de telle sorte qu'on ne peut finalement pas toujours démêler jusqu'au bout ce qui revient à Montesquieu et ce qui appartient à Tacite. Mais Montesquieu sait aussi oublier quand il le faut les faiblesses de ces Germains ivrognes, batailleurs, incapables de s'unir, enragés de liberté mais habitués à pratiquer l'esclavage le plus brutal: tous ces défauts, mentionnés par Tacite avec une certaine complaisance parfois, sont totalement négligés.

Et pourtant Montesquieu est loin d'avoir fait de ces Germains de nouveaux Troglodytes: ce parti-pris favorable venait se greffer sur une réalité historique qu'il a analysée de près, comme nous l'avons vu dans notre cinquième partie. Le mythe se forge donc avant tout en fonction de ces deux tendances opposées. Il s'enracine dans la théorie bien connue des climats; les grands traits en sont fixés, mais d'une manière assez vague pour qu'il puisse se prêter au travail de l'imagination. Le mythe se développe conformément à la pensée politique de Montesquieu: la 'société de nature' germanique se trouve dans un état précaire, proche de la société civile; elle obéit à un processus inéluctable. Bien que la société germanique, dont les traits nous paraissent figés, semble hors du temps, elle est déjà historique, et se trouve à un moment privilégié: le pacte social, d'institution récente, est scrupuleusement respecté. Mais nous voyons à ce tableau quelques ombres, que Montesquieu ne discernait peut-être pas, ou qui lui paraissaient négligeables en regard de la réussite que connaît la société germanique; elles ne sauraient oblitérer le message optimiste que, paradoxalement, Montesquieu nous fait trouver en elle.

VII

La liberté: idéal et réalité: II
La tyrannie à Rome

AUTANT la Germanie semble être une terre d'élection, autant la république
romaine apparaît comme un moment privilégié dans l'histoire de l'humanité,
autant le régime qui lui succède prend les traits de la plus sombre tyrannie.
Entre ces deux époques, aucun bouleversement constitutionnel n'a eu lieu,
même les 'manières' sont respectées; la loi a prouvé qu'elle était 'à la fois aveugle
et clairvoyante' (L'Esprit des lois, XI, 6) puisqu'elle fonctionne désormais pour
protéger la tyrannie qu'elle devait écarter.[1] Le peuple romain, capable des
réactions les plus vives quand il s'agissait de recouvrer sa liberté sous les
décemvirs (XI, 15), capable de donner à son gouvernement une certaine forme
d'équilibre afin de la conserver (XI, 12-17), oublie tout à coup son passé.

Quand il déclare, à l'issue de son exposé sur la constitution anglaise: 'Comme
toutes les choses humaines ont une fin, l'Etat dont nous parlons perdra sa
liberté, il périra. Rome, Lacédémone et Carthage ont péri' (L'Esprit des lois, XI,
6), Montesquieu ne veut-il pas montrer la vanité de ces sociétés politiques qui
mettent tout leur espoir en des cadres vides, les lois, ou en des images séduisantes,
le respect des 'manières', mettant ainsi en lumière un nouvel aspect de son
'pessimisme historique'?[2] Il étudie la distribution des trois pouvoirs sous la
République et s'arrête quand la liberté disparaît, quand la distinction ne tient
plus, l'empereur ayant concentré sur sa personne une grande partie des charges,
et s'étant donné le contrôle des autres:[3] c'est dire que sous l'empire, l'aspect
institutionnel est trompeur; au-delà des formes, ce sont les comportements, les
individus qu'il faut atteindre. En cela, Tacite a fourni à Montesquieu une aide
précieuse, infiniment plus riche que si ce problème avait dû être abordé par le
biais d'une analyse 'technique' dont Tacite, comme ses contemporains, ne
pouvait 'avoir une idée bien claire'.

La notion de tyrannie

La notion même de 'tyrannie' doit au préalable être précisée. Le régime impérial
romain paraît en être l'exemple même: dans le livre XIX, chapitre 3 de L'Esprit
des lois, sous le titre 'De la tyrannie', Montesquieu en appelle deux fois à Dion

---

1. Cf. Annales, III, 25, 1: Vt antehac flagitiis, ita tunc legibus laborabatur, 'Comme autrefois les scandales,
les lois étaient maintenant un fléau', cité dans Catalogue, p.56.
   Cf. M. Ducos, 'La liberté chez Tacite: droits de l'individu ou conduite individuelle?', Bulletin de
l'Association Guillaume Budé (1977), no 2, pp.197 et 199.
2. Cf. G. Chinard, 'Montesquieu's historical pessimism', in The Discipline of the humanities, Studies
in the history of culture (Menascha, Wisconsin 1942), pp.161-72.
3. Voir aussi Considérations, p.126. Cf. A. Michel, La Philosophie politique à Rome d'Auguste à Marc-
Aurèle (Paris 1969), ch.2, pp.14ss.: 'La synthèse augustéenne: un tyran, un roi, un prince?'

pour définir la 'tyrannie d'opinion' et 'la tyrannie réelle'. Encore devons-nous prendre garde à ce vocabulaire dans les *Considérations* (ch.13, p.107, n.1), Montesquieu prend soin de nous avertir qu'il 'emploie ici ce mot dans le sens des Grecs et des Romains, qui donnaient [le] nom [de tyran] à tous ceux qui avaient renversé la démocratie'. Dans *L'Esprit des lois*, l'idée est presque la même, mais elle s'élargit: 'Je prends ici ce mot pour le dessein de renverser le pouvoir établi, et surtout la démocratie. C'est la signification que lui donnaient les Grecs et les Romains' (*L'Esprit des lois*, xiv, 13). La tyrannie n'est pas tout à fait l'équivalent du despotisme: elle consiste en une action violente, même si elle est insidieuse, essentiellement négatrice, exercée généralement contre la liberté. On applique donc seulement par extension ce terme au régime établi par le tyran et prolongé par ses successeurs, légitimes ou non.[4] La tyrannie n'est pas une forme originale et stable de gouvernement, comme le despotisme; elle ne résulte pas non plus de la corruption d'un régime déterminé: une intervention nouvelle, facilitée il est vrai par la corruption du régime existant, vient modifier les structures anciennes. La tyrannie se présente donc comme une menace extrêmement dangereuse; à quelque époque que ce soit, elle exige la plus grande vigilance.

4. Cf. J.-J. Rousseau, *Du contrat social*, iii, 10.

1. Le tyran

Peut-il en être autrement quand la tyrannie est incarnée par tant de personnages si différents les uns des autres? Qui sont donc ces tyrans romains à propos desquels Tacite est notre principal informateur, si l'on excepte Caligula et Domitien? Dans les *Considérations*, Montesquieu n'articule pas ses réflexions selon le plan suggéré par l'historien: pour lui Auguste est le tyran par excellence, celui qui asservit les Romains, dans la lignée de César; le portrait qu'en livre Tacite (*Annales*, I, 9-10) est trop sommaire pour avoir inspiré Montesquieu, qui se tourne vers Suétone et Dion Cassius. Tibère mérite également ce titre; l'importance que lui accorde Montesquieu est conforme à la place qu'il occupe dans l'œuvre de Tacite. Il est l'homme de la loi de lèse-majesté, celui qui sauvegarde les apparences pour assouvir sa cruauté, et qui donne à l'empire la physionomie qu'il gardera jusqu'à Nerva. Caligula est rapidement mentionné; mais Claude n'est pas plus longuement évoqué, alors que ses vices et ses incohérences remplissent deux livres des *Annales* (livres XI et XII). Les éphémères empereurs de 69 'ne firent que passer', nous dit Montesquieu (*Considérations*, ch.15, p.122), alors que les *Histoires*, ou du moins ce qui en reste, leur sont entièrement consacrées. Quant à Néron, longuement dépeint dans les livres XIII à XVI des *Annales*, il est pratiquement oublié dans les *Considérations*: à en croire Montesquieu, son seul crime notable est d'avoir, en temps de paix, distribué de l'argent aux soldats, et de leur avoir ainsi donné des habitudes dangereuses (*Considérations*, ch.15, pp.121-22).

Cette liste semble donc prouver que, pour peindre la tyrannie, Montesquieu n'a pas calqué ses recherches sur les *Annales* et les *Histoires*, et ne s'est pas totalement laissé influencer par l'historien. Peut-être d'abord a-t-il tenté de se démarquer ainsi de tous les lieux communs qui tournent autour du 'monstre' Néron, si bien exploité au théâtre, de Cyrano de Bergerac à Racine,[1] et de toute la littérature qui évoque avec horreur le dernier des julio-claudiens.[2] Mais la raison essentielle d'un choix qui néglige les empereurs réputés les plus 'tyranniques' est sans doute celle que nous avons évoquée: la tyrannie qui voit la violence se déchaîner aveuglément n'est qu'une forme dérivée de la tyrannie au sens strict; elle frappe davantage l'imagination, mais ne permet pas d'analyse politique en profondeur. Rien ne ressemble autant à un tyran de ce genre qu'un autre tyran: cela ressort des *Considérations*: '[Vespasien rétablit] l'empire, qui avait été successivement occupé par six tyrans également cruels, presque tous furieux, souvent imbéciles et, pour comble de malheur, prodigues jusques à la folie' (p.122), et se retrouve dans les *Pensées*: 'Comme Galba, Othon et Vitellius furent faits, coup sur coup, empereurs par les soldats, et ces deux derniers, presque en même temps, on sentit, sous leur règne, un mal nouveau, qui n'avait pas paru jusqu'alors, qui est le pouvoir que diverses provinces et armées se donnèrent

---

1. Citons bien sûr *Britannicus*, et l'*Agrippine* de Cyrano. Le dix-neuvième siècle suivra la même tendance, comme on le devine à travers l'*Epicharis* de Legouvé, et *Une fête sous Néron* de Soumet.

2. Notons toutefois une allusion à une des formules les plus connues de la légende néronienne, dans *L'Esprit des lois*, VIII, 21: 'le souhait de Néron, que le genre humain n'eût qu'une seule tête.'

d'élire; et, quoique ces empereurs ne fussent pas plus méchants que les autres, on leur a prodigué les noms de *tyran* et on a fait tomber le malheur de la chose sur leurs personnes' (*Pensées*, 1518; 1547). Peu importe en fait la personnalité de ces princes qui n'avaient pas l'envergure d'Auguste ou de Tibère, les vrais tyrans que se plaisent à décrire Suétone et Dion Cassius. Peu importent les raffinements de la cruauté et de la folie: seules méritent l'attention les conditions qui ont permis leur accession au pouvoir, le processus selon lequel ils en sont venus, peut-être malgré eux, à la tyrannie. Et c'est dans cette perspective que l'apport de Tacite est particulièrement précieux.

i. Les princes faibles: convergences entre Tacite et Montesquieu

En réalité, ces princes dont Montesquieu nous dit que 'leur condition n'était pas meilleure' que celle du peuple et du sénat (*Considérations*, ch.15, p.120) ne sont-ils pas des victimes? En tant que Romains, même d'adoption, ils vivent dans l''humeur féroce' qui était 'l'esprit général' des Romains (*Considérations*, ch.15, p.116). Grâce à cette dernière formule, amplement exploitée dans *L'Esprit des lois*, Montesquieu démontre que les empereurs ne sauraient échapper à ce qui constitue le fond d'une nation.[3] Cette influence, en l'occurrence, s'est révélée néfaste: 'On remarqua que Claude devint plus porté à répandre le sang à force de voir ces sortes de spectacles' (les combats de gladiateurs).[4]

Il est vrai que l'exemple de Montesquieu est peut-être mal choisi: il est difficile de trouver dans l'histoire romaine un prince aussi malléable, aussi faible, et par conséquent aussi brutal que Claude. Montesquieu, à la suite de Suétone, nous le décrit 'tremblant de peur', porté par hasard au pouvoir à la mort de Caligula;[5] il ne retient de son règne que la 'fantaisie d'un imbécile'[6] telle que l'interprète Tacite.[7] D'après l'historien nous le savons dominé par ses femmes, par ses affranchis. Montesquieu généralise cette analyse; d'après lui, en effet, Claude n'a jamais fait que porter à son point culminant le défaut de tous les princes: Commode, par exemple, 'suivait toutes ses passions et toutes celles de ses ministres et de ses courtisans' (*Considérations*, ch.16, p.126); nous le trouvons, fait plus surprenant, chez des empereurs 'jaloux de leur autorité', Tibère et Sévère, qui 'se laissèrent gouverner, l'un par Séjan, l'autre par Plautien, d'une manière misérable'. On peut donc supposer qu'à étudier le ministre, on connaîtra mieux le prince; or Montesquieu se contente de mentionner un des traits de

---

3. Les mots *féroce, férocité* sont répétés de façon presque obsédante dans cette page.
4. *Considérations*, ch.15, p.117. Suétone (*Vie de Claude*, XXXIV) nous dit seulement qu'il montrait une cruauté toute particulière en ces occasions.
5. p.119; Suétone, *Vie de Claude*, X.
6. pp.119-20.
7. Voir aussi *Annales*, XII, 60, 3: *Claudius omne ius tradidit, de quo totiens seditione aut armis certatum [...] [cum] Marius [...] et Sylla olim de eo uel praecipue bellarent*, 'Claude leur livra l'ensemble de la justice, qui avait donné lieu à tant de séditions ou de luttes à main armée [...] lorsque ce droit était jadis le principal enjeu des guerres entre Marius et Sylla', et *Considérations*, ch.15, pp.119-20: 'Claude acheva de perdre les anciens ordres en donnant à ses officiers le droit de rendre la justice. Les guerres de Marius et de Sylla ne se faisaient principalement que pour savoir qui aurait ce droit, des Sénateurs ou des Chevaliers [ici, un renvoi à Tacite, *Annales*, livre XII]. Une fantaisie d'un imbécile l'ôta aux uns et aux autres: étrange succès d'une dispute qui avait mis en combustion tout l'Univers!'

caractère de Séjan – et ce qu'il nous dit ne doit rien à Tacite.[8] Pourtant ce personnage retient indirectement l'attention du Président: sous la plume de l'Oratorien Vivien de La Borde, le portrait que Tacite brosse de Séjan est appliqué au père Le Tellier, confesseur de Louis XIV; dans le *Spicilège*, Montesquieu recopie cette page, qui est 'un des traits parfaitement beaux'[9] d'un ouvrage qui dépasse le contexte de la bulle *Unigenitus* et désigne de façon évidente le Roi-Soleil comme un émule du prince réfugié à Capri, et cela en ce qu'il avait de plus misérable.[10] Montesquieu retrouve donc Tacite quand s'impose à lui l'image du tyran moderne qui règne depuis Versailles. Nous avons vu qu'à ses yeux, rien ne rapproche Louis XIV d'Auguste: en effet c'est plutôt à son successeur, plus cruel et plus dangereux encore, qu'il faut l'assimiler. La lecture de Tacite invite donc Montesquieu à voir que le despotisme en France n'est plus seulement une menace: c'est déjà une réalité, introduite par un prince habile et dissimulateur, qui lègue tous ses pouvoirs à son successeur.

D'une façon plus générale, Montesquieu reprend à son compte et approfondit les jugements de Tacite: rendus féroces par l'esprit du temps, soumis à leur entourage, les empereurs dont le caractère principal est l'*impotentia*, la faiblesse, ne peuvent trouver en eux-mêmes les ressources nécessaires pour abandonner une tyrannie qui est devenue la voie la plus facile, presque une tradition: 'La malheureuse coutume de proscrire introduite par Sylla continua sous les Empereurs, et il fallait même qu'un prince eût quelque vertu pour ne pas la suivre: car, comme ses ministres et ses favoris jetaient d'abord les yeux sur tant de confiscations, ils ne lui parlaient que de la nécessité de punir et des périls de la clémence' (*Considérations*, ch.16, p.126). La république elle-même leur a donné l'exemple, et les a pris dans cet engrenage: 'Il faut rendre justice aux Césars: ils n'imaginèrent pas les premiers les tristes lois qu'ils firent. C'est Sylla qui leur apprit qu'il ne fallait point punir les calomniateurs. Bientôt on alla jusqu'à les récompenser' (*L'Esprit des lois*, XII, 16). Comment ces malheureux princes pouvaient-ils résister, quand ils étaient aussi faibles que Claude ou Vitellius, ou quand ils trouvaient des ministres si puissants, en la personne de Séjan ou de Plautien? Pouvaient-ils refuser la tentation d'un pouvoir sans borne dont le meilleur prince ne saurait se garder?

Cette idée, qui peut bien sûr s'appliquer à l'époque de Louis XV, se retrouve tout au long de l'évolution de Montesquieu; d'après R. Shackleton, c'est l'expérience du Parlement qui en 1730 l'incite à recopier ces lignes de Bolingbroke (p.230): 'L'amour du pouvoir est naturel. Il est insatiable, presque constamment aiguisé, jamais empêché ou embarrassé.'[11] De même, dans les *Considérations*, il

---

8. Cf. *Pensées*, 1515; 1515: 'Séjan portait [le] système [de diviniser les hommes] jusqu'au bout: il faisait des sacrifices à lui-même.' Même idée *in Pensées*, 693; 1448.

9. *Spicilège*, 579. P. Vivien de La Borde, *Le Témoignage de la vérité*, 2e édition (Amsterdam 1718), pp.236-37.

10. Montesquieu aurait pu pousser plus loin le parallèle s'il avait fait plus de cas de l'influence des femmes sur les empereurs (cf. J. Geffriaud-Rosso, pp.234ss.) qui est un des griefs principaux de Tacite à leur encontre. A propos de Livie, voir notre quatrième partie, p.97. Montesquieu ne mentionne Agrippine qu'une fois (*Pensées*, 1387; 1135) mais à propos d'une tout autre idée. En revanche, le cas de Messaline confirme la faiblesse de Claude (*Pensées*, 499; 568).

11. 'The love of power is natural. It is insatiable, almost constantly whetted, never cloyed by possession': *Spicilège*, 525 (ms.485-486). Nous traduisons d'après les remarques de Montesquieu.

dénonce l''Homme, toujours plus avide du pouvoir à mesure qu'il en a davantage, et qui ne désire tout que parce qu'il possède beaucoup' (*Considérations*, ch.11, p.94). D'une façon moins emphatique mais peut-être plus pessimiste, *L'Esprit des lois* développe cette idée: 'C'est une expérience éternelle que tout homme qui a du pouvoir est porté à en abuser; il va jusqu'à ce qu'il trouve des limites' (xi, 4). Ces phrases tendent à montrer que les princes romains, loin d'être des exceptions odieuses, sont les victimes exemplaires de la force corruptrice du pouvoir absolu:[12] tous les Etats, y compris la France de Louis XIV et de Louis XV, doivent s'en souvenir.

Portés au pouvoir par hasard ou par la volonté de l'armée, écrasés de responsabilités auxquelles ils n'étaient pas préparés ou qu'ils refusaient d'assumer,[13] les Césars peuvent, comme le Caligula de Camus, chercher à se prouver leur liberté en exerçant une volonté sans frein. Le Caligula de Montesquieu, à peine esquissé, est plus banal, mais aussi plus humain: 'On disait de lui qu'il n'y avait jamais eu un meilleur esclave, ni un plus méchant maître. Ces deux choses sont assez liées: car la même disposition d'esprit qui fait qu'on a été vivement frappé de la puissance illimitée de celui qui commande fait qu'on ne l'est pas moins lorsque l'on vient à commander soi-même.'[14]

Sa folie ne nous apparaît pas comme le délire inouï d'un malade, ainsi que le veut la tradition. Les 'sophismes' que Caligula déploie 'dans sa cruauté' (pp.118-19) sont, à un autre degré, les mêmes que ceux des triumvirs; dans un alinéa ajouté dans l'édition de 1757, Montesquieu insère dans *L'Esprit des lois* cette remarque: 'Sous les triumvirs on voulut être plus cruel et le paraître moins: on est désolé de voir les sophismes qu'employa la cruauté' (xii, 18). Les mots sont presque identiques: cela nous invite une fois de plus à discerner les racines républicaines de la tyrannie impériale, tout en suggérant, d'une façon plus générale, la permanence de ce phénomène. Quand un homme est libre de toute contrainte – la contrainte religieuse n'apparaît guère chez des hommes que leurs contemporains divinisaient – son esprit ne résiste pas à ses passions, il les démultiplie même. La raison se pervertit pour donner libre cours aux vices; la force est mise au service de la faiblesse. Enfin, ne peut-on voir dans cette condamnation des 'sophismes' auxquels se plaisent Caligula ou Domitien quand ils ont recours à la loi de lèse-majesté, un écho du mépris dans lequel Montesquieu tient les 'politiques'? Nous l'avons déjà vu (pp.24-26, et 120-21), ceux-ci déclarent s'inspirer de Tacite pour faire l'apologie des raisonnements les plus pervers et pour en tirer des règles de gouvernement. La doctrine des 'politiques', grands admirateurs d'Auguste et de Tibère, est-elle autre chose que la systématisation et la justification de ces sophismes?

Mais ce qui est vrai des empereurs les plus inconsistants, les plus fragiles, Claude, Othon, Vitellius, ou des princes les plus hypocrites, comme Tibère,

---

12. Cf. M. Ducos, p.198.

13. Cf. A. Michel, p.122.

14. *Considérations*, ch.15, p.116. Cette expression vient peut-être de Tacite, *Annales*, vi, 20, 1: *Vnde mox scitum Passieni oratoris dictum percrebuerit neque meliorem unquam seruum neque deteriorem dominum fuisse.* 'De là le mot spirituel et bientôt répandu de l'orateur Passienus, qu'il n'y eut jamais meilleur esclave ni pire maître.' En fait ce mot, répété par Suétone, *Vie de Caligula*, x, 4, fait partie des expressions quasi-proverbiales que tout latiniste devait connaître.

l'est-il aussi de Néron, tyran aux débuts si prometteurs? *L'Esprit des lois* nous fournit des indications intéressantes: les quatre renvois qu'énumère la Table des matières à l'article 'Néron' concernent des actions méritoires: 'Pourquoi ne voulut pas faire les fonctions de juge, VI, 5. Loi adroite et utile de cet empereur, XIII, 7. Dans les beaux jours de son empire, il voulut détruire les fermiers et les traitants, XIII, 19.' Le quatrième, 'Comment il éluda de faire une loi touchant les affranchis, XV, 18', montre au moins qu'il n'osa pas faire preuve d'une autorité excessive en la matière. Dans *L'Esprit des lois*, Néron n'est plus le monstre que les *Considérations* passaient presque sous silence; il n'est pas davantage le Néron de Tacite, le jeune prince sournois qui, dès sa jeunesse, laisse transparaître ses vices et dont Sénèque et Burrhus doivent sans relâche combattre les mauvais penchants.[15] Soucieux de remédier aux désordres causés par son père adoptif, qui avait 'la fureur de juger' (VI, 5), il agit peut-être par 'esprit de contradiction'.[16] Mais ses autres décisions révèlent un empereur conscient de ses devoirs, sans doute peu averti en matière fiscale,[17] mais doué des meilleurs intentions.

Comment expliquer l'attrait exercé par le *quinquennium Neronis*, que contrebalance à peine une allusion (omise dans la 'Table des matières') à sa conduite lors de la conjuration de Pison (*L'Esprit des lois*, VIII, 7, n.1)? Ce n'est pas seulement le goût du paradoxe gratuit. Si Montesquieu insiste de la sorte sur les 'beaux jours de cet empereur', c'est plutôt pour montrer l'effet de ce pouvoir illimité sur une âme tournée vers le bien et éduquée par les meilleurs maîtres. Certes, le pouvoir a d'abord permis à Néron de pratiquer la vertu, mais dans des bornes bien étroites: 'quatre ordonnances' contre les publicains,[18] un impôt 'sagement ménagé', voilà tout ce qu'il lui est possible de faire. L'âge venant, l'expérience du pouvoir aidant, les nécessités de l'autorité se sont fait sentir; son goût pour la puissance s'est tourné vers la violence et la démesure. C'est bien l'empire qui a corrompu cette nature peut-être faible, mais bonne à l'origine: l'optimisme de Montesquieu célébrant les vertus d'un prince n'est pas sans arrière-pensée.

ii. Les monarques éclairés: divergences entre Tacite et Montesquieu

On retrouve cette ambiguïté, ce mélange d'aspects positifs et négatifs, chez les deux princes qui nous ont paru être les 'vrais tyrans' de Rome, ceux qui arrivent

15. L'image présentée par Montesquieu est loin d'être banale: dans l'*Encyclopédie*, Pesselier, à l'article 'Fermes (du roi)' (VI.515) ne veut comprendre l'affaire des 'quatre ordonnances' (*L'Esprit des lois*, XIII, 19) que comme la manifestation d'un 'fanatisme des vertus' car 'l'idée de l'entière abolition des impôts n'a jamais pu entrer dans une tête bien saine'. Ce lecteur fidèle de Montesquieu préfère la légende néronienne.

16. Cf. *Considérations*, ch.15, p.116: 'Le commencement du règne des mauvais princes est souvent comme la fin de celui des bons; parce que, par un esprit de contradiction sur la conduite de ceux auxquels ils succèdent, ils peuvent faire ce que les autres font par vertu, et c'est à cet esprit de contradiction que nous devons bien de bons règlements, et bien des mauvais aussi.'

17. *L'Esprit des lois*, XIII, 19: 'Néron, indigné des vexations des publicains, forme le projet impossible et magnanime d'abolir tous les impôts.'

18. Il ne faut cependant pas sous-estimer une mesure qui interdit la spéculation (cf. A. Michel, p.217).

à renverser le pouvoir; pourtant, ils paraissent aussi forts, sauf Tibère dans sa vieillesse, que Néron ou Claude soumis à leurs passions; nous savons combien leur conduite est haïssable, mais la Table des matières les présente, comme Néron, sous un jour plutôt favorable, moins net il est vrai: sur les neuf références qui signalent Auguste, cinq vantent son habileté; sur les sept qui sont consacrées à Tibère, quatre vont en ce sens. Ce n'est pas un hasard si trois de ces références leur sont communes: Tibère, bien qu'il ait poussé la loi de lèse-majesté jusqu'à l'absurde, est dans la lignée de son père adoptif; leurs qualités se révèlent quand ils se trouvent dans des situations comparables.

Quelles sont ces qualités? Avant tout, Auguste et Tibère ont conscience de l'évolution des temps: la société romaine doit s'adapter au nouveau régime: les mœurs ont changé, les hommes doivent donc changer les règles qui les diri-geaient, concernant le luxe ou la conduite des femmes. Les deux tyrans ont donc le mérite, équivoque, de savoir où ils mènent leurs sujets: Auguste, 'rusé tyran, les conduit doucement à la servitude' (*Considérations*, ch.13, p.107). Tibère refuse les lois somptuaires car elles ne sont plus de mise dans la monarchie instaurée par Auguste. En promulguant des lois habiles, qui facilitent la transition de la république à l'empire, qui évitent les troubles et assurent la survie de la monarchie, Tibère, 'qui avait des lumières' (*L'Esprit des lois*, VII, 4), apparaît donc comme un monarque éclairé, tout autant qu'Auguste, dont le principal mérite est d'avoir lutté pour la 'propagation de l'espèce', ce que Montesquieu étudie longuement, car on sait combien cette idée lui tient à cœur.[19]

Cette image est fort éloignée de celle que nous offre Tacite. Montesquieu ne reprendrait-il alors les critiques formulées à l'encontre de l'historien par Voltaire, défenseur des Césars qu'il estime calomniés par ce 'fanatique pétillant d'esprit'?[20] Tacite n'est-il pas coupable de n'avoir pas su ou pas voulu comprendre la politique subtile de Tibère? Sans doute n'était-il pas plus à même que ses contemporains de mesurer la portée de certaines dispositions économiques. Ainsi Montesquieu traduit-il en termes financiers la mesure prise par Tibère qui 'ordonna que ceux qui voudraient de l'argent en auraient du trésor public en obligeant des fonds pour le double. Ainsi sous Tibère, dix mille sesterces en fonds devinrent une monnaie commune comme cinq mille sesterces en argent.'[21] Le fermier général Cl. Dupin a beau ironiser sur cette assimilation,[22] l'idée d'une 'monnaie terrienne', depuis Law, n'était pas sans intérêt: mais elle porte la marque du dix-huitième siècle.[23] On ne peut donc faire grief à Tacite de n'avoir pas prêté attention à une telle décision.

Peut-être l'historien aurait-il pu faire preuve de plus de sagacité dans l'affaire des lois somptuaires. Nous avons vu comment Montesquieu reconstruit le discours prononcé par Tibère à cette occasion;[24] dans le texte que rapporte

19. *L'Esprit des lois*, XXIII, 21. Cf. dans les *Lettres persanes*, 117: 'Cette politique est bien différente de celle des Romains, qui établissaient des lois pénales contre ceux qui se refusaient aux lois du mariage et voulaient jouir d'une liberté si contraire à l'utilité publique.'

20. Lettre à Madame Du Deffand, 30 juillet 1768.

21. *L'Esprit des lois*, XXII, 2; *Annales*, VI, 17, 3.

22. Cl. Dupin, iii.226ss.

23. Cf. P. Harsin, *Les Doctrines monétaires et financières en France du seizième au dix-huitième siècles* (Paris 1928), pp.149-50.

24. Voir notre troisième partie, pp.66-67.

Tacite, on ne trouve pas trace de cette sagesse d'un prince conscient des nécessités économiques nouvelles et du changement de mœurs qui en est la cause, telle qu'elle apparaît chez Montesquieu. Nous avons dit que ces idées étaient celles d'un moderne; mais Tacite, obsédé par ses partis-pris, n'a pas cherché à voir les aspects positifs.

Il est un fait plus grave aux yeux du philosophe: la sévérité avec laquelle l'historien juge certaines mesures condamnables au nom de la morale immédiate, mais souhaitables à long terme; Auguste et Tibère usent de la loi de majesté afin 'de punir les débauches de leurs parentes', démarche 'utile pour le respect' – ce qui est louable – 'utile pour la vengeance' (*L'Esprit des lois*, VII, 13) – ce qui l'est moins. Tacite ne retient que ce dernier aspect, car cet esprit conservateur n'a sans doute pas senti que les mœurs devaient considérablement évoluer au début du principat, et qu'il fallait se donner les moyens de les infléchir. Il n'admet pas de voir ainsi la fin justifier tous les moyens, et surtout la loi de lèse-majesté: 'De là vient que les auteurs romains s'élèvent si fort contre cette tyrannie.'

Montesquieu s'orienterait-il vers une lecture 'tacitiste' des *Annales*, qui se donnerait pour but de vanter les qualités du 'prudent Tibère', ignorant ou méprisant les condamnations explicites que Tacite formule contre lui? Nous pensons au contraire qu'un tel raisonnement est tout à fait étranger à Montesquieu: il reconnaît les mérites des deux empereurs, comme ceux de Néron à ses débuts, mais pas leurs vertus. L'esprit se satisfait de ces mesures qui vont dans le sens de l'évolution historique; mais le cœur ne saurait s'en contenter ni oublier tout ce qui est sacrifié à la Raison d'Etat, ou à ce qu'on met sous ce mot. L'explication est simple; nos analyses précédentes nous ont fourni deux éléments convergents: les déformations les plus graves que Montesquieu imprime aux textes de Tacite sont destinées à présenter les tyrannies de Tibère et de Néron sous le jour le plus odieux.[25] Rappelons aussi que la peinture de la tyrannie permet à Montesquieu de montrer les qualités d'un style nerveux et énergique.[26] Ce qui, aux yeux de Montesquieu, couvre de honte les Césars, ce qui contrebalance les 'lumières' de Tibère, ou plutôt ce qui les fait regarder d'un œil nouveau, tient en deux mots: lèse-majesté.

Cette fameuse loi de majesté, à laquelle sept chapitres de *L'Esprit des lois* sont consacrés (XII, 7-13), a pris une extension particulière sous Tibère. Promulguée sous la république, elle est remise à l'honneur par Auguste (*Annales*, I, 72, 2), mais c'est sur Tibère que retombe toute la responsabilité, car il s'en sert comme d'une arme infaillible, en accusant qui il veut de 'ce crime, dit Pline, de ceux à qui on ne peut point imputer de crime'.[27] Nous l'avons dit, il doit ce pouvoir à une distorsion de la loi destinée à l'origine à préserver la majesté du peuple romain, puis celle de son chef suprême.[28] Cette distorsion n'est pas différente des 'sophismes' des triumvirs ou de Caligula: c'est un 'sophisme' de faire violer

---

25. Voir notre troisième partie, pp.76-77.
26. Voir notre quatrième partie, pp.88-90.
27. *Considérations*, ch.14, p.114. Caligula était moins hypocrite, 'qui abolit ce crime arbitraire de lèse-majesté [...] Qu'y gagna-t-on? Caligula ôta les accusations des crimes de lèse-majesté, mais il faisait mourir militairement tous ceux qui lui déplaisaient' (*Considérations*, ch.15, p.116).
28. Cf. *Considérations*, ch.14, pp.113-14.

la fille de Séjan par un bourreau avant de l'envoyer au supplice, sous prétexte qu''un ancien usage des Romains défendait de faire mourir les filles qui n'étaient pas nubiles' (*L'Esprit des lois*, XII, 14). Tibère est soumis à ses passions comme n'importe quel despote (*Considérations*, ch.14, p.113); de tels raffinements de cruauté ne lui sont pas inspirés par la folie mais par la perversion de ces lumières apparemment mises au service d'une bonne cause, la restauration du crédit ou le rétablissement des mœurs, qui renforcent la tyrannie au lieu de l'atténuer et qui font de la loi, non plus une garantie, mais un danger.[29] Encore plus soucieux que ses prédécesseurs de respecter l'apparence et de s'arroger la réalité du pouvoir, Tibère sait habilement confondre les mots et les choses, et, sous prétexte d'assurer la majesté du peuple romain, trouver de nouveaux moyens de l'avilir. Le plus condamnable aux yeux de Tacite est peut-être ce fallacieux recours au sacro-saint *mos maiorum*, la coutume ancestrale, que remarque Montesquieu: 'Une des principales tyrannies de Tibère fut l'abus qu'il fit des anciennes lois'[30] avec ce renvoi à Tacite: *Proprium id Tiberio fuit, scelera nuper reperta priscis verbis obtegere* 'C'était le propre de Tibère de dissimuler des crimes nouveaux sous des formules antiques'. De même, c'est une perversion des honneurs, mis en contradiction avec l'honneur, qui incite Néron à donner les ornements triomphaux à ses favoris 'sur la découverte et la punition d'une prétendue conjuration', et Tibère à élever des statues et décerner ces mêmes honneurs aux délateurs, décourageant ainsi les généraux de faire la guerre (*L'Esprit des lois*, VIII, 7, n.1).

La faute de Tibère n'est pas d'avoir affermi le principat et interdit le retour à la république en favorisant l'évolution des mœurs; mais Tibère, comme Néron au début de son règne, pouvait faire naître certains espoirs, cruellement déçus par la suite. Il avait l'envergure d'un prince libéral, désireux de gouverner de concert avec le Sénat, conscient de l'intérêt général et assez fin politique pour en tirer de sages conséquences. Il a tourné le dos à cette voie, peut-être faute de meilleurs conseillers, et a donné à ses vices le pire des encouragements, celui de ses lumières. En lui reconnaissant les qualités que glorifiaient les tacitistes, Montesquieu s'éloigne encore davantage d'une interprétation dont il s'écartait d'instinct, car avec Tibère l'histoire offrait aux Romains une chance unique, qui s'est perdue. Le jugement de Montesquieu est peut-être encore plus pessimiste que nous ne le pensions d'abord.

Peut-on dire que Tacite, si peu enclin à accorder crédit à Tibère, ait pu inspirer cette analyse à Montesquieu? L'historien n'accorderait sans doute pas plus de confiance à cette image de monarque éclairé qu'à celle d'un Néron sincère et vertueux au temps de sa jeunesse. Pourtant, il est aussi sévère envers Tibère parce qu'il a pressenti en lui un esprit tourné vers le stoïcisme, comme on peut le voir grâce à une lecture critique des *Annales*,[31] affectant de dominer ses passions, de ne pas rechercher le pouvoir, de respecter les responsabilités individuelles; mais ses actes démentent sa prétendue philosophie. Il était capable d'être un empereur philosophe, il n'est devenu qu'un tyran hypocrite. Le Tibère

---

29. *Considérations*, ch.14, p.111: 'Il n'y a point de plus cruelle tyrannie que celle que l'on exerce à l'ombre des lois et avec les couleurs de la justice, lorsqu'on va, pour ainsi dire, noyer des malheureux sur la planche même sur laquelle ils s'étaient sauvés.'
30. *L'Esprit des lois*, VII, 13; *Annales*, IV, 19, 2.
31. Cf. A. Michel, pp.132ss.

de Montesquieu n'était donc pas étranger à Tacite; l'idéal qu'il incarne n'est pas le même, mais nous trouvons chez les deux écrivains la même déception devant une même déchéance, les mêmes réactions d'indignation, la même dénonciation.

Toutefois, ce point ne saurait être considéré comme acquis si nous n'examinions une objection de taille: à propos de Tibère, de la loi de lèse-majesté dans son ensemble, telle que l'évoque le livre XII de *L'Esprit des lois*, et de la tyrannie, définie au livre XIX, ce n'est pas directement de Tacite que Montesquieu aurait tiré son inspiration, mais de l'auteur anglais Thomas Gordon, qui, dans ses *Discours historiques, critiques et politiques sur Tacite*, fustige les empereurs. Evitant l'interprétation tacitiste, Montesquieu se serait-il orienté vers une autre lecture? Nous pensons, au contraire, que Tacite est la source principale qu'utilise Montesquieu pour étudier la loi de lèse-majesté, parallèlement aux codes impériaux qui lui montrent comment les abus de cette loi ont été corrigés.

C'est J. Dedieu qui, en 1909, a tiré de l'oubli les *Discours sur Tacite*, de Th. Gordon. Dans le chapitre consacré aux *Rapports des lois avec les mœurs*,[32] c'est-à-dire aux écrivains qui, en ce domaine, ont pu influencer Montesquieu, il accorde une plus grande place au pamphlétaire anglais qu'à B. de Mandeville et A. Sydney. Après avoir retracé brièvement la carrière politique et littéraire de Gordon, Dedieu en vient à son œuvre majeure, publiée en 1728.[33] Il expose, sous forme de tableaux comparatifs et d'analyses détaillées, les points où se rencontrent la pensée de Gordon et celle de Montesquieu. Il est catégorique: 'Montesquieu a mis en coupe réglée l'œuvre politique de l'historien anglais' (p.292). M. Dodds, suivie par F. Weil,[34] a fait justice d'une telle affirmation, en ce qui concerne les pages consacrées à la définition et à la peinture du despotisme (*L'Esprit des lois*, IV, 3; V, 14-15, etc.) et au droit de conquête (*L'Esprit des lois*, X). Mais, à propos du livre XII, M. Dodds est plus nuancée: 'Il nous semble très probable que Montesquieu s'est servi de Gordon pour son 12e livre, celui sur le crime de lèse-majesté, pour lequel il lui a emprunté des exemples tirés de l'histoire romaine' (p.147). Telle est aussi l'opinion de J. Brèthe de La Gressaye.[35]

32. *Montesquieu et la tradition politique anglaise en France. Les sources anglaises de L'Esprit des lois* (Paris 1909), pp.283-326.

33. Il existe deux traductions procurées par P. Daudé (Amsterdam), l'une en deux volumes datant de 1742, et l'autre en trois volumes, de 1751. A la suite de l'éd. La Gressaye, iii.327, nous avons utilisé l'édition de 1742, la seule qu'ait pu connaître Montesquieu pendant la rédaction de *L'Esprit des lois*. Par ailleurs, M. Dodds (2e partie, ch.1, 'Les sources de l'idée de despotisme') a justifié ce recours à la traduction: la plupart des rapprochements établis par Dedieu est fondée sur des similitudes de vocabulaire, qui seraient un pur effet du hasard si Montesquieu avait utilisé le texte latin qui, à l'arrivée de Montesquieu en Angleterre (novembre 1729), venait de paraître et faisait grand bruit. Mais rien ne prouve que Montesquieu ait eu connaissance de cet ouvrage, de toute manière postérieur aux *Lettres persanes*, dans lesquelles Montesquieu avait déjà exprimé l'essentiel de ses idées sur le despotisme, comme le remarque M. Dodds.

34. F. Weil, 'Montesquieu et le despotisme', in *Actes du congrès Montesquieu* (Bordeaux 1956), p.192.

35. Cf. *BG*, iii.327, n.5 du livre I: 'Montesquieu se serait beaucoup inspiré du pamphlétaire anglais si dur pour le despotisme, notamment dans le livre XII (voir *supra*) et en particulier dans ce livre XIX, partout où il est question des Romains. Cf. aussi l'édition Derathé, i.523, n.5 du livre XIX, à propos du même passage que nous aurons l'occasion d'étudier: 'Montesquieu s'est, pour la préparation du livre XIX, beaucoup servi de cet ouvrage de Gordon.' Les deux éditeurs ont soin de préciser qu'ils s'appuient sur l'autorité de Dedieu.

L'hypothèse est séduisante, dans la mesure où l'ouvrage de Gordon tranche sur une production littéraire d'une grande médiocrité.[36] Déjà le dix-huitième siècle avait reconnu ses qualités: J. A. Fabricius, après avoir énuméré les innombrables *politicae observationes* inspirées par Tacite en les accompagnant d'un commentaire méprisant, accorde une place particulière à Gordon,[37] le seul à lui paraître digne d'intérêt. Dans l'*Encyclopédie*, à l'article 'Terni', essentiellement consacré à Tacite, le chevalier de Jaucourt reconnaît également les mérites de cet ouvrage, le seul du genre qu'il cite: 'Entre les commentaires politiques, les Anglais estiment beaucoup celui de Gordon, qui est plein de réflexions sur la liberté du gouvernement.' Cette dernière remarque n'est pas sans importance, car, comme nous l'avons vu (p.30), elle donne un ton plus polémique à un article qui s'attache surtout à définir la pénétration psychologique parfois excessive de l'écrivain, et à louer son style et sa 'force'; la lecture de l'auteur anglais n'est pas innocente: en effet, on sait que l'influence de Gordon se fait encore sentir à l'époque prérévolutionnaire et révolutionnaire: Mirabeau et Desmoulins connaissaient bien ce violent pamphlet antimonarchiste.[38] Aussi peut-on se demander si Dedieu n'a pas été tenté, en faisant remonter à Gordon une grande partie des idées fondamentales de Montesquieu sur le despotisme et la liberté, d'esquisser des rapprochements nouveaux entre notre philosophe et les courants de pensée qui lui sont largement postérieurs, et qui doivent beaucoup à l'auteur anglais, rapprochements confirmés par l'apparition, à l'époque révolutionnaire, d'une image républicaine de Montesquieu.[39]

Mais ces constructions sont fragiles, et ne résistent pas à un examen attentif. En effet, il nous paraît tout à fait inutile de chercher chez Gordon des détails historiques que Montesquieu connaissait parfaitement, car il pouvait les trouver aussi bien dans les sources anciennes, ou des jugements, voire des raisonnements entiers, que Dedieu tronque ou recompose afin de les faire correspondre à ce que nous trouvons chez Montesquieu. Pour nous, c'est aux historiens et aux jurisconsultes antiques, à eux seuls, et plus précisément à Tacite, que Montesquieu doit son inspiration dans les pages que nous allons étudier.

Nous ne nous attarderons pas sur le tableau qui figure à la page 293 de l'ouvrage de Dedieu, qui met en parallèle le 5e discours du tome i, 'De l'ancienne loi *de majestate* étendue et pervertie par les empereurs romains', et le 6e, 'Des accusations et des délateurs sous le règne des empereurs', avec le livre xii de *L'Esprit des lois*, ch.8 'De la mauvaise application du nom de crime de sacrilège et de lèse-majesté', et suivants. L'affirmation de Dedieu: 'L'ordre des pensées est identique' est vérifiée si on rapproche les idées des pages 232 et 246[40] des

36. Cf. pour la fin du seizième et le début du dix-septième siècle, le jugement sans appel de J. von Stackelberg.

37. p.402: *Unum non paenitet commemorasse Gordonum Britannum qui disputationes historicas, criticas et politicas lectu sane dignas in Tacitum edidit.* Voir cependant la sévérité avec laquelle J. A. Ernesti mentionne Gordon, qu'il met sur le même plan que ses prédécesseurs, dans la Préface de son édition de Tacite (Leipzig 1772, p.l). Cf. Voltaire, *Lettres philosophiques* (22e Lettre, *in fine*) 'ainsi en Angleterre, il y a des factums et peu d'histoires. Il est vrai qu'il y a à présent un Monsieur Gordon, excellent traducteur de Tacite, très capable d'écrire l'histoire de son pays.'

38. Cf. J. von Stackelberg, *Vorrevolutionäre und revolutionäre Tacitusrezeption*, pp.234-35.

39. Cf. B. Mirkine-Guetzévitch, 'De *L'Esprit des lois* à la démocratie moderne', in *La Pensée politique et constitutionnelle de Montesquieu*, Recueil Sirey, 1952, p.21.

40. Vendre les statues de l'empereur et les fondre.

pages 229 et 245,[41] pour les faire correspondre aux divers chefs d'accusation énoncés au ch.9 du livre XII; or, nous constatons que le premier (poursuivre un juge qui prononce contre les ordonnances du prince) n'a pas de précédent chez Gordon, mais qu'il fait référence à la loi 1 du *Code* de Justinien, *Ad leges Julias de majestate*, l.9, tit. 8, déjà citée deux fois au chapitre précédent. Le second (jurer par la vie du prince, p.232 chez Gordon) présente la même référence au *Code*. Des troisième, quatrième, et cinquième exemples suivants (fondre les statues de l'empereur non consacrées, jeter une pierre contre une statue de l'empereur), qui correspondent aux lois 4 et 5, livre 48, tit.4, *Ad leges Jul. Maj.*, du *Digeste*, on retrouve chez Gordon le troisième (p.246) et le quatrième (p.232). Il n'est pas fait mention du cinquième. C'est donc vraisemblablement en lisant systématiquement les jurisconsultes romains, qu'il cite fort souvent tout au long de *L'Esprit des lois*,[42] que Montesquieu conçoit et organise ce chapitre. Pour dépeindre les abus de la loi de majesté plus subtilement qu'il ne l'avait fait dans les *Considérations* (ch.14, p.114), où il reprenait les cas les plus surprenants et les accusations les plus futiles que Dion accumule au livre 57, il utilise un biais: il expose la correction de ces abus à l'époque du Bas-Empire, pour montrer qu'un tel 'monstre législatif' ne peut survivre sans modification. Le *Code* et le *Digeste* lui offraient, sous la rubrique *Ad leges Julias de majestate*, un répertoire logiquement composé et historiquement inattaquable, bien préférable aux énumérations de Gordon, qui se contente de reprendre successivement tous les exemples lus dans Tacite, Suétone et Dion.

De même, nous sommes amenée à critiquer l'hypothèse d'un plagiat maladroit qui, au ch. 15, 'De l'affranchissement de l'esclave pour accuser le maître', conduirait Montesquieu à commettre une erreur: 'Auguste établit que les esclaves de ceux qui auraient conspiré contre lui seraient vendus au public.' Montesquieu prétend s'appuyer sur 'Dion, dans Xiphilin'. D'après Dedieu, 'Gordon ne dit pas autre chose' (p.295) tandis que, chez Dion, il n'est pas fait mention de complots dirigés contre Auguste. Or, nous ne trouvons nulle trace de cette idée chez Gordon: nous lisons (p.258, discours 6, section 2): 'Dion fait voir tout au long qu'Auguste fut le premier qui s'avisa de cette infâme subtilité', car, dit-il plus haut, 'les esclaves ne pouvaient porter témoignage contre leurs maîtres'. La suite fait voir qu'il s'agit, non de conspirations, mais d'accusations suscitées par les délateurs pour satisfaire la cruauté du prince. Cependant, chez Dion, nous trouvons dans la phrase qui suit le paragraphe cité par Dedieu la source même de l'affirmation de Montesquieu: 'Certains estimaient nécessaire [une telle mesure] car beaucoup en profitaient pour se révolter contre lui et les institutions'.[43] Or, ce 'lui' (ἐπ' αὐτῷ ἐκέίνῳ) désigne évidemment Auguste. La remarque de Dedieu se révèle donc injustifiée.

Un rapprochement a paru probant aux éditeurs modernes à propos du livre

---

41. Des écrits satiriques, que nous allons analyser dans les lignes suivantes.

42. Voir notre tableau comparatif des sources, p.182, qui donne environ 146 références à des Codes et à des jurisconsultes de l'empire pour *L'Esprit des lois*. Cf. également l'éd. La Gressaye, t.i, Introduction, p.xxv, qui signale 6 volumes in-4°, soit 790 feuillets, d'extraits de droit romain transcrits par Montesquieu.

43. Dion, l.55, 5, 4, *in fine*: 'οἱ δ'ἀναγκαῖον αὐτὸ ἔφασκον, ὅτι πολλοὶ διὰ τοῦτο καὶ ἐπ' αὐτῷ ἐκείνῳ καὶ ἐπὶ ταῖς ἀρχαῖς συνίσταντο'.

xix, ch.3, de *L'Esprit des lois*:[44] 'Les premiers Romains ne voulaient point de rois, parce qu'ils n'en pouvaient souffrir la puissance; les Romains d'alors ne voulaient point de rois, pour n'en point souffrir les manières. Car quoique César, les Triumvirs, Auguste, fussent de véritables rois, ils avaient gardé tout l'extérieur de l'égalité, et leur vie privée contenait une espèce d'opposition avec le faste des rois d'alors; et quand ils ne voulaient point de roi, cela signifiait qu'ils voulaient garder leurs manières, et ne pas prendre celles des peuples d'Afrique et d'Orient.'

A première vue, la ressemblance s'impose: à 'César et Auguste' correspondent chez Montesquieu 'César, les triumvirs, Auguste', qui laissaient 'tout l'extérieur de l'égalité', dit Montesquieu, 'tout l'extérieur de l'autorité et de la dignité', dit Gordon, bien qu'ils 'fussent de véritables rois' pour Montesquieu, 'dans le temps même qu'ils avaient mis Rome dans l'esclavage', pour Gordon. Cette 'distinction subtile' vient directement de Gordon, commente Dedieu (p.297).

Remarquons toutefois que distinguer – fût-ce subtilement – la réalité du pouvoir autoritaire et ses dehors démocratiques destinés à rassurer le peuple n'a rien de très original: cette distinction se dégage à l'évidence pour tout lecteur de Tacite et de Dion.[45] Tout historien mentionne les visées monarchiques de César et les précautions qu'il avait prises. Quant à Auguste, Montesquieu avait déjà dépeint avec complaisance dans les *Considérations*[46] l'opiniâtreté avec laquelle il cherchait à établir le pouvoir absolu, sous le couvert d'une fiction républicaine. Rapprocher César et Auguste n'a rien non plus d'inattendu: sous Tibère et ses successeurs, plus personne n'est dupe des simulacres de liberté que l'empereur offre parfois au Sénat; on reproche donc cette duplicité aux fondateurs de l'Empire.

Mais Montesquieu fait aussi allusion aux triumvirs; Crassus et Lépide sont des personnages bien falots à côté de Pompée, qui domina longtemps l'Italie, et surtout d'Antoine, le maître de l'Egypte, celui-là même qui avait fini par adopter 'les manières des peuples d'Afrique et d'Orient' et n'avait pas gardé jusqu'au bout 'l'extérieur de l'égalité'. Ainsi, notre auteur oriente sa pensée dans une direction particulière; pour Gordon, il s'agit seulement de ne pas 'provoquer'[47] le peuple en bouleversant ses habitudes; pour Montesquieu, le plus intéressant n'est pas cette manœuvre politique fondée sur une remarque de bon sens; le tort des Romains a été de ne redouter que la corruption extérieure.[48] En attirant leur attention sur la décadence orientale, la propagande du vainqueur d'Actium a détourné leur vigilance, déjà bien assoupie, pour introduire insidieusement les germes de la soumission.[49] Or, on le sait, la corruption du principe entraîne la corruption générale et la fin d'un régime, et cette corruption est purement interne: voilà ce qu'on leur a fait ignorer ou oublier. La similitude exposée plus haut se réduit donc au parallélisme des expressions 'l'extérieur de l'égalité' et

---

44. Cf. *BG* et *Der.*, qui reproduisent ce texte de Gordon (*Discours*, iii.143, dans l'édition de 1751, ii.311 dans celle de 1743).

45. Montesquieu cite ce dernier à la fin du chapitre (l.54, 17). Sur le thème de l'*imago libertatis*, cf. M. Ducos, p.197.

46. Voir ch.13, p.107, le parallèle de Sulla et d'Auguste.

47. p.143 ou 311 selon l'édition.

48. La monarchie, pour les Romains, est souvent orientale, comme le despotisme l'est toujours pour Montesquieu; cette image est plus vivace ici que celle de la royauté primitive.

49. Cf. *L'Esprit des lois*, xiv, 13: 'La servitude commence toujours par le sommeil.'

'l'extérieur de l'autorité', assez frappant il est vrai; mais la seconde s'applique aux magistrats, tandis que la première sert à définir l'attitude de César et d'Auguste. Ce parallélisme est purement verbal, et voir une filiation entre le texte de Gordon et celui de Montesquieu consiste à associer à des idées banales (le peuple est attaché à ses coutumes, il faut distinguer les apparences et la réalité du pouvoir) les thèmes majeurs de *L'Esprit des lois* (modification d'une composante de l'esprit général, menaces de corruption).[50] On peut tout au plus admettre que Montesquieu ait eu connaissance de l'ouvrage de Gordon (qui aurait pu l'inciter à se référer directement à Dion) après qu'il eut déjà composé l'essentiel des chapitres cités. Peut-on dire alors que Montesquieu aurait profondément modifié et vivifié une pensée ou une phrase qui l'auraient frappé? Ce ne serait déjà plus 'mettre en coupe réglée', selon l'expression de Dedieu, les *Discours* de Gordon; et l'idée est si commune, les mots si pauvres, que la dette serait mince. Si on voit là une page digne d'être imitée par Montesquieu, à quelle œuvre, si obscure soit-elle, n'attribuera-t-on pas des vertus aussi flatteuses?

A la lumière des trois cas que nous venons d'examiner, les exemples évoqués dans les pages 296 et suivantes de l'ouvrage de Dedieu perdent toute valeur; un examen attentif révèle que les prétendues ressemblances reposent parfois sur de simples similitudes de vocabulaire, sans que les mêmes termes aient dans les deux cas même sens et même portée,[51] ou sur une communauté de pensée d'autant moins contestable en apparence qu'il s'agit de considérations banales, voire évidentes, qui ne prouvent rien.[52] Les remarques qui associent deux textes en arguant d'une identité d''allure' tombent d'elles-mêmes si l'on examine les idées qu'ils exposent,[53] tout comme celles qui se fondent en grande partie sur des appréciations personnelles.[54]

Dedieu n'est pas plus convaincant lorsqu'il voit en Gordon, commentateur ou traducteur de Tacite, l'inspirateur de Montesquieu. Le premier exemple nous est donné par Dedieu (p.302) à propos de *L'Esprit des lois*, x, 17 (Suite du chapitre: 'D'un Etat despotique qui conquiert') et des *Discours*, ii.119 (i.433,

---

50. On a retrouvé dans les *Pensées* (677; 145) la première rédaction de ce passage. Etant de la main de Montesquieu (Nagel, ii.LVI) elle ne peut être datée, sinon d'une façon très vague et incertaine; elle appartient au premier cahier des *Pensées*, qui recouvre la période 1720-1734 (p.il). Mais peut-être s'agit-il d'une addition plus tardive? Nous l'avons dit, on ne peut savoir si Montesquieu a connu avant cette date l'original latin des *Discours*. Nous ne pouvons donc tirer qu'un faible argument de cette datation.

51. Voir, par exemple, le rapprochement des *Discours*, i.133, et de *L'Esprit des lois*, xix, 17, fondé sur le mot 'révolutions'; de même, à propos des *Discours*, iii.133 (ii.301) et de *L'Esprit des lois*, xix, 4.

52. Voir, par exemple, le passage sur la vertu et la corruption de Rome, p.296, à la suite de celui que nous venons de citer; nous ne l'avons pas trouvé sous la forme que cite Dedieu, mais en des termes plus généraux. Voir aussi les idées des deux auteurs à propos du sens 'arbitraire' qu'on peut attribuer aux paroles et de la précision qu'il faut exiger de la loi, afin de définir exactement les paroles auxquelles elle s'applique (Dedieu, p.294, Gordon, p.228, Montesquieu, *L'Esprit des lois*, XII, 12).

53. *L'Esprit des lois*, XIX, 4, et Gordon, iii.313-14 (ii.479-80), p.299 chez Dedieu.

54. Cf. Dedieu, p.294: 'Gordon avait déjà rappelé, dans un paragraphe dont la brièveté et l'ironie rappellent singulièrement le chapitre (11 du livre XII) de *L'Esprit des lois* (le songe des frères Petra) [...]' l'exemple (i.247) fait partie d'une longue énumération qui vaut par l'accumulation et la gradation des exemples.

dans l'édition de 1742). Gordon évoque la politique des Romains qui rendaient la royauté aux princes vaincus, 'afin d'avoir même des rois pour instruments de servitude',[55] dit Tacite, que Gordon commente ainsi: 'Non seulement ces instruments de tyrannie jettoient les peuples dans l'esclavage, mais ils les ruinaient en suscitant des guerres entre eux.' Or on trouve le même renvoi à Tacite chez Montesquieu, avec l'affirmation suivante: 'Les Romains étaient donc bien généreux, qui faisaient partout des rois pour avoir des instruments de servitude.'[56] Montesquieu traduit bien sûr le même texte que Gordon, ce qui explique le parallélisme des expressions, mais il n'en fait pas le même usage: les *instrumenta servitutis* deviennent chez Gordon des 'instruments de tyrannie', et non des 'instruments de servitude', comme l'affirme Dedieu, et comme l'écrit Montesquieu. Le sens, de ce fait, n'est plus le même: pour Montesquieu, il s'agit d'assurer l'autorité du vainqueur par l'entremise de la royauté locale, mieux établie;[57] pour Gordon, le calcul est de jeter le peuple vaincu entre les mains d'un despote, qui ôtera toute velléité d'indépendance à des sujets réduits en esclavage et épuisés par les discordes civiles. Dans ce cas encore, la ressemblance est superficielle; elle est l'indice d'une communauté de source, que Dedieu reconnaît comme une preuve flagrante de l'imitation (p.295); nous y voyons pour notre part l'assurance que Montesquieu est totalement indépendant de Gordon. Si la référence est la même, c'est que les œuvres de Tacite constituent un fonds commun où puisent les historiens modernes et qu'ils utilisent plus ou moins scrupuleusement. Dans le cas d'un recueil aussi court que l'*Agricola*, dans lequel se détachent maintes sentences, il paraît vraisemblable que Montesquieu n'a eu besoin de personne pour relever les expressions qui s'imposent au lecteur.[58]

Le second exemple est identique. Dedieu met en rapport (pp.294-95) les deux textes qui s'autorisent de Tacite, *Annales*, I, 72, pour décrire de nouveau l'origine et les méfaits de la loi de majesté; 'Celui qui divulguait les galanteries d'une dame de qualité, les fautes et les faiblesses d'un patricien, ne manquait pas d'être accusé de former des projets contraires aux intérêts de la République', écrit Gordon (p.229); 'Des mots même, tout innocents qu'ils étaient', étaient des crimes capitaux (p.244); 'Ce fut un crime de lèse-majesté à Cremutius

55. Tacite, *Agricola*, XIV, 2: *ut haberet instrumenta servitutis et reges*. Nous ne citons que la phrase en cause; chez Gordon, la référence est beaucoup plus longue.

56. *Ut haberent instrumenta* ... Il nous semble significatif que Dedieu reproduise la leçon fautive *haberent* pour *haberet*, qui s'explique chez Montesquieu par l'accord avec les mots français *les Romains*, et qui se retrouve plusieurs fois dans son œuvre (*Catalogue*, p.199, *Pensées*, 1954; 948). Comme toutes les citations du *Catalogue*, celle-ci est autographe, donc indatable; la *Pensée* 1954 est postérieure à 1748. Mais on peut supposer qu'une expression aussi bien frappée n'avait pu échapper à l'attention de Montesquieu qui, comme nous l'avons vu, connaissait depuis longtemps l'*Agricola* (voir *Spicilège*, 233, qui remonte à la période 1715-1724, et *Pensées*, 927; 1580, qui date des années 1734-1735).

57. Pour Tacite, la servitude, *servitus*, est simplement le joug imposé par Rome aux peuples vaincus; s'il est question de *reges*, ce terme n'a ici rien d'infamant, c'est la forme habituelle de gouvernement chez ces peuples barbares; la traduction et l'interprétation de Montesquieu, sans être irréprochables, sont donc plus fidèles au texte latin que celles de Gordon.

58. Est-il surprenant, comme le dit Dedieu, de voir mentionner Rome quand il est question des Etats despotiques? Bien avant l'Empire, l'Etat romain a outrepassé les limites territoriales permises à une république. Son gouvernement était despotique dans les pays conquis (*L'Esprit des lois*, XI, 19). L'ironie de Montesquieu tend seulement à démontrer que Rome, toute république qu'elle fût en théorie, avait fort bien compris où se trouvait son intérêt.

Cordus d'avoir inséré dans son Histoire les louanges de Brutus, d'avoir appelé Cassius le dernier des Romains' (p.245). Tandis que nous lisons chez Montesquieu (*L'Esprit des lois*, XII, 13): 'Auguste et Tibère y attachèrent la peine de ce crime: Auguste, à l'occasion de certains écrits faits contre des hommes et des femmes illustres; Tibère, à cause de ceux qu'il crut faits contre lui [...] Crémutius Cordus fut accusé, parce que dans ses annales, il avait appelé Cassius le dernier des Romains.' L'argument final de Dedieu est que Montesquieu se réfère à la citation de Tacite déjà employée par Gordon.

En fait, cette référence n'est pas signalée par Gordon; Montesquieu est capable de la donner, parce qu'il connaissait le texte, auquel il fait également allusion dans un fragment rejeté de *L'Esprit des lois*, conservé dans les dossiers de La Brède:[59] 'Auguste rétablit [la loi de majesté]. Avant lui, dit Tacite, on punissait les faits, et les paroles étaient impunies. Tibère, au crime de lèse-majesté, ajouta le crime d'impiété [...]' En marge, on trouve la note: 'Annales, livre I; *Facta arguebantur, dicta impune erant*', qui correspond à *Annales*, I, 72, 2. La phrase suivante est traduite mot à mot par Montesquieu: (Auguste punit Cassius Severus) qui, 's'en prenant à des hommes et à des femmes de rang illustre, les avait diffamés dans des écrits insolents',[60] alors que Gordon glose et déforme le texte. Tacite continue: 'Puis Tibère [appliqua la loi, car] il avait été exaspéré lui aussi par des vers anonymes qui couraient sur sa cruauté, son orgueil et sa mésentente avec sa mère.'[61] S'il ne traduit plus exactement le texte latin et s'il introduit une nuance (*qu'il crut faits contre lui*), Montesquieu ne la prend pas chez Gordon qui, en fait de *mots innocents*, ne parle que d'accusations fondées sur des prédictions d'astrologues,[62] en un passage fort éloigné du premier que cite Dedieu, et qui n'a aucun rapport avec les libelles injurieux.

Quant à la défense et à la condamnation de Cremutius Cordus, elles sont longuement exposées par Tacite, à titre d'exemple remarquable qui lui permet de formuler des réflexions générales sur la liberté de penser et l'inutilité des manœuvres des tyrans.[63] Voici la traduction de ses propres termes: 'Cremutius Cordus est accusé [...] d'avoir, en publiant des annales où était loué M. Brutus, appelé C. Cassius le dernier des Romains.'[64] Montesquieu est plus proche de Tacite que ne l'est Gordon; quant à l'identité des traductions, elle s'impose: peut-on traduire *Romanorum ultimum* autrement que par l'expression *le dernier des Romains*? Et Montesquieu, à l'inverse de Gordon, cite sa référence, comme à son habitude, sans précision de paragraphe. A quoi bon voir à tout prix ici une imitation de l'auteur anglais, quand les sources latines sont si manifestes? De

59. Nagel, iii.599-645; fragment 34, p.634. Le manuscrit ayant été perdu (p.599), on peut difficilement dater ce chapitre; peut-être est-il antérieur aux *Considérations*, p.113, car il est moins affirmatif à propos de l'inviolabilité des tribuns dans ce fragment. Mais peut-être s'agit-il d'un remords tardif qui trouve sa place dans une analyse plus approfondie.

60. *qua uiros feminasque inlustres procacibus scriptis diffamauerat*.

61. *Mox Tiberius* ... (I, 72, 4) *Hunc quoque asperauere carmina incertis auctoribus uulgata in saeuitiam superbiamque eius et discordem cum matre animum*.

62. Accusation portée contre Drusus Libon, *Annales*, II, 32-34, p.244 chez Gordon.

63. *Annales*, IV, 34-35, et surtout, IV, 35, 5.

64. *Annales*, IV, 34, 1, '*Cremutius Cordus postulatur [...] quod editis annalibus laudatoque M. Bruto, C. Cassium Romanorum ultimum dixisset*'.

surcroît, elles nous apparaissent encore mieux dans le fragment dont nous venons de parler.

Nous pouvons maintenant voir combien le nom de Tacite est attaché à l'idée de la tyrannie: son arme principale, la loi de lèse-majesté, prend toute son ampleur dans les *Annales*. Suétone ne fait guère que ramasser en un paragraphe (*Vie de Tibère*, LVIII) les cas les plus divers et les plus dramatiques. Dion est lui aussi attiré par l'aspect fantaisiste de certaines condamnations abusives; c'est donc à Tacite que l'on demande un historique de la question, étayé par des faits précis et des distinctions claires (*Annales*, I, 72), des exemples nombreux et dramatiques, scandés par les sentences du moraliste.[65] Parmi ceux que cite Montesquieu, notons la dénonciation du chevalier Titius Sabinus (*Annales*, IV, 68ss.) par d'anciens préteurs, à laquelle il fait ainsi allusion: 'On vit des sénateurs se cacher sous le toit d'un homme qu'ils voulaient accuser, pour entendre ses discours', ainsi que l'acharnement déployé par Tibère contre un des fils de Germanicus:[66] 'On vit Tibère porter au sénat tout ce que Drusus avait dit pendant les … années de sa vie'. Comme le laisse entendre la note épinglée en marge: 'Voir dans Tacite le nombre des années', c'est bien cet auteur qui fournit à Montesquieu les exemples les plus suggestifs, car il sait parfaitement mettre en lumière l'aspect arbitraire et cruel du plus efficace des *instrumenta regni*. Pour dénoncer ainsi la tyrannie, Montesquieu n'avait pas besoin de Gordon. Il lui suffisait, pour l'essentiel, d'avoir lu Tacite.

iii. Une définition de la liberté

La répulsion de Montesquieu à l'égard des tyrans et de la loi de majesté trouve donc en grande partie ses racines chez l'historien latin. Il n'est pas étonnant, par conséquent, de voir apparaître chez les deux auteurs une semblable définition de la liberté: pour Tacite et pour Montesquieu la liberté est en premier lieu 'l'opinion qu'on a de sa sûreté' (*L'Esprit des lois*, XII, 2). C'est d'après l'expérience de la loi de majesté que Tacite exprime cette conviction. Comme le dit R. Marache: 'Si Tacite insiste sur la *lex maiestatis*, c'est qu'il voit en elle, dans une lumineuse intuition, non pas seulement l'instrument du despotisme, mais la caractéristique du régime totalitaire qui retire toute garantie aux citoyens. C'est la fin de la *libertas*, mot qui désigne chez Tacite plutôt l'assurance de l'individu contre l'arbitraire que la liberté politique réelle.'[67] Montesquieu, distinguant la liberté politique de la liberté philosophique, en arrive aux mêmes conclusions: aussi s'attarde-t-il autant sur la loi qui permet tant de 'violent[s] abus' (XII, 8) et qui ne garantit pas 'l'innocence des citoyens' (XII, 2).

Cette équivalence entre liberté et sécurité, cette définition du seul frein qui doive jouer sur la volonté du tyran est sans doute négative et peut être considérée comme un appauvrissement de la notion de liberté; mais elle donne pour ainsi

---

65. *Annales*, I, 73; I, 74; II, 27-32; IV, 34-36; VI, 7; etc.

66. *Annales*, VI, 24. Ces deux exemples appartiennent au fragment déjà cité des chapitres rejetés de *L'Esprit des lois*.

67. R. Marache, 'L'œuvre de Tacite', p.5, in *L'Information historique* 20 (1958), pp.1-6. Cf. M. Ducos, pp.200-201, et Ch. Wirszubski, *Libertas as a political idea at Rome* (Cambridge 1950), p.158.

dire le premier degré de la liberté, et elle a au moins le mérite d'assurer le respect de l'individu contre les absurdités dont la loi de majesté est un exemple.

Les sujets de l'empire romain, comme de toute monarchie, sont-ils même capables d'en formuler une autre? Leur seul acte de liberté n'a-t-il pas été d'oublier ce qu'elle pouvait être? A envisager ce problème à travers le seul détenteur du pouvoir, on risque d'en perdre la dimension la plus originale: comme le fait remarquer B. Kassem,[68] ce qui est monstrueux pour Platon et Aristote, c'est la personne même du tyran. Aux yeux de Montesquieu, c'est le despote et son peuple. Cette remarque s'applique sans difficulté à la tyrannie romaine. Nous avons dit l'importance de l''esprit général' en vertu duquel les Romains s'habituent aux pires cruautés. De plus, les circonstances politiques les ont 'accoutumé[s] à obéir' (*Considérations*, ch.14, p.114); mais, outre ce rôle passif, la responsabilité des Romains est grande dans l'évolution de l'empire et dans son orientation vers la tyrannie. Le principal tort des Césars est d'avoir cru en la faiblesse de la nature humaine, d'avoir tablé sur elle et d'avoir réussi. Les Romains ont eu le régime qu'ils méritaient: telle est la sévère leçon qui se dégage à la lecture de Tacite et dont Montesquieu retient l'essentiel.

68. B. Kassem, *Décadence et absolutisme dans l'œuvre de Montesquieu* (Genève, Paris 1960), 2e partie, ch.5, 'Le système politique de Montesquieu'.

2. Les sujets de l'Empire: victimes ou complices?

i. *O homines ad seruitutem paratos*

EN effet, Auguste et Tibère n'ont jamais fait que favoriser les penchants du peuple romain: quand ils parviennent au pouvoir, les mœurs ne sont déjà plus les admirables mœurs républicaines; l'esprit de liberté est en train de disparaître.[1] Certes, ils accélèrent le mouvement, et le cynisme avec lequel Tibère évoque la dégradation morale de ses contemporains pour leur déconseiller les lois somptuaires montre assez la satisfaction qu'il en retire; mais le processus était irréversible.[2] L'attitude des citoyens envers les lois ne les prédisposait-elle pas déjà à voir s'écarter de son but la loi de majesté? En matière d'usure, nous voyons une lutte incessante, presque une course de vitesse, entre le législateur et ceux qui arrivaient à tourner la loi, à la rendre caduque ou inefficace: 'Tacite dit qu'on faisait toujours de nouvelles fraudes aux lois faites pour arrêter les usures.'[3]

L'hypocrisie avec laquelle Tibère feint de suivre les 'maximes de la république' en favorisant la délation (*L'Esprit des lois*, VI, 8) n'aurait guère de conséquence si elle ne rencontrait pas l'empressement des dénonciateurs: 'Et d'abord on vit paraître un genre d'hommes funestes, une troupe de délateurs. Quiconque avait bien des vices et bien des talents, une âme bien basse et un esprit ambitieux, cherchait un criminel dont la condamnation pût plaire au prince', car, 'comme il n'est jamais arrivé qu'un tyran ait manqué d'instruments de sa tyrannie, Tibère trouva toujours des juges prêts à condamner autant de gens qu'il en put soupçonner' (*Considérations*, ch.14, pp.111-12).

Aussi la tyrannie impériale se caractérise-t-elle par l'accord profond du prince et de ses sujets, ou du moins d'une grande partie d'entre eux: 'Le peuple de Rome, ce que l'on appelait *Plebs*, ne haïssait pas les plus mauvais empereurs [...] Caligula, Néron, Commode, Caracalla, étaient regrettés du Peuple à cause de leur folie même: car ils aimaient avec fureur ce que le Peuple aimait, et contribuaient de tout leur pouvoir, et même de leur personne, à ses plaisirs [...] le Peuple [...] jouissait des fruits de la tyrannie, et il en jouissait purement, car il trouvait sa sûreté dans sa bassesse' (*Considérations*, ch.15, p.118).

Ces deux derniers points sont directement inspirés de Tacite: nous avons vu que le mot de délateur, dans l'esprit de Montesquieu, est lié aux *Annales*;[4] le deuxième apparaît tout aussi nettement quand Tacite dépeint la joie avec laquelle la foule voit Néron partager ses plaisirs: (Néron se plaît à conduire un char) 'puis on en vient à inviter le peuple romain, qui l'applaudit et le porte aux nues, vu que la foule est avide de plaisirs et, si le prince suit les mêmes

1. Cf. M. Ducos, p.203.
2. Toutefois, à propos du viol de la fille de Séjan, Montesquieu note que Tibère 'détruisait les mœurs pour conserver les coutumes' (*L'Esprit des lois*, XII, 14): il joue alors un rôle actif et odieux.
3. *L'Esprit des lois*, XXII, 22. Cf. également *L'Esprit des lois*, XII, 21: 'Tous les moyens honnêtes de prêter et d'emprunter furent abolis à Rome, et ... une usure affreuse, toujours foudroyée et toujours renaissante, s'y établit.'
4. Voir notre troisième partie, pp.67-68.

penchants, pleine d'allégresse'.[5] De l'historien au philosophe, on retrouve la même méfiance envers les masses déchaînées,[6] manipulées, volontairement aviliés,[7] qui donnent si facilement dans ce piège, et se voient ôter leurs moindres prérogatives, tout en soutenant de toutes leurs forces le principat,[8] et en se donnant, grâce à l'annonymat, l'illusion de la liberté.

Ce qui est valable de la lie de la société l'est aussi pour une part de ceux qui côtoient l'empereur: dans cette société où l'on se partage les dernières parcelles de pouvoir, personne ne peut échapper à ce phénomène de déchéance: 'On ne saurait croire combien cette décadence du pouvoir du Peuple avilit l'âme des Grands,' déclare Montesquieu à propos du transfert au sénat des élections tributes.[9] Au lieu de profiter des nouvelles responsabilités que lui offre Tibère et dont le peuple est désormais privé, le sénat, délivré de toute obligation envers ce dernier, se montre sous son vrai jour, ou plutôt révèle ses failles en s'effaçant derrière l'empereur.[10] Le Sénat refuse sa chance et se voit peu à peu évincé jusqu'au règne de Domitien. Ne faut-il pas voir là l'avertissement que lance Montesquieu à une noblesse aliénée par l'argent, comme on l'a vu à l'époque du Système, peu différente de ces sénateurs toujours en quête des largesses impériales, plus soucieuse d'intérêt personnel que de responsabilités réelles, comme l'a montré l'échec du Régent et de la polysynodie?[11]

Pourtant on peut canaliser cette adulation qui étourdit les sénateurs: c'est en se conformant au modèle donné par Vespasien et pour lui plaire qu'ils délaissent le luxe effréné dont ils se faisaient une gloire (*Annales*, III, 55, 7). Cette inversion positive de l'*obsequium*, de l'obéissance aveugle, n'est pas faite pour déplaire à Montesquieu, qui sait se tourner vers une 'seconde morale', plus moderne et plus réaliste que la morale antique de la pure vertu.[12] Mais cette idée, que Montesquieu n'avait pas retenue chez Tacite, n'offre pas un contrepoids suffisant à la longue suite de cruautés et de lâchetés qui constitue l'histoire du sénat de Tibère à Domitien. Au dernier degré d'indignité, par une sorte d'osmose, les sénateurs en arrivent à partager les sentiments de l'empereur, et ne voient plus que par ses yeux: 'La dissimulaton et la tristesse du Prince se communiquant partout, l'amitié fut regardée comme un écueil, l'ingénuité comme une imprudence, la vertu comme une affectation':[13] l'asservissement des esprits est total.

Cette page des *Considérations*, une des plus réussies parmi toutes celles que

---

5. *Annales*, XIV, 14: *Mox ultro uocari populus Romanus laudibusque extollere, ut est uulgus cupiens uoluptatum et, si eodem princeps trahat, laetum.*

6. Cf. J.-M. Engel, *Tacite et l'étude du comportement collectif* (Lille 1972).

7. Cf. dans notre troisième partie, p.74, n.31, le commentaire de l'expression: 'On l'avait accoutumé aux jeux et aux spectacles', *Considérations*, ch.15, p.118.

8. Cf. Z. Yavetz, *Plebs and princeps* (Oxford 1969).

9. *Annales*, I, 15, 1, et *Considérations*, ch.14, p.113.

10. Les phrases suivantes: 'Lorsque le Peuple disposait des dignités, les magistrats qui les briguaient faisaient bien des bassesses; mais elles étaient jointes à une certaine magnificence qui les cachait' (*Considérations*, ch. 14, p.113), développent une expression de Tacite et l'expliquent (*Annales*, I, 15, 1): *senatus largitionibus ac precibus sordidis exsolutus*, 'le sénat, déchargé des largesses et des prières humiliantes'. L'interprétation de Tacite est toutefois moins pessimiste.

11. Cf. *Pensées*, 2227: 1300: 'Je disais sur la bassesse des courtisans de Louis XIV: "Une certaine philosophie répandue de nos jours fait que nos grands d'aujourd'hui sont peut-être plus fripons; mais ils ne sont pas si misérables."' Cf. J. Starobinski, p.83.

12. Cf. J. Ehrard, *L'Idée de nature* ..., pp.379-80.

13. *Considérations*, ch.14, p.111.

Tacite a inspirées à Monesquieu[14] est assez claire: ce qui, aux yeux de Montes-quieu, ressort de cette attitude du Sénat, c'est ce qui a été analysé chez Tacite comme l'idée même de servitude: une tendance innée à la servilité, opposée à une nouvelle conception de la liberté, définie comme 'le courage d'être libre'.[15] La liberté est maintenant du ressort de la conduite individuelle. Quand l'ordre sénatorial et l'ordre équestre ne sont plus que des masses au service d'un seul, c'est dans l'individu que l'on peut trouver les germes de résistance à l'oppression.

ii. La résistance

Paradoxalement, la première force qui s'oppose à la tyrannie, c'est le tyran lui-même, en la personne de Tibère. Ce que Tacite nous dépeint comme la juste indignation du prince devant la servilité du Sénat, et comme une nouvelle expression de son hypocrisie, Montesquieu le reprend en grande partie à son compte: 'Il ne paraît pourtant point que Tibère voulût avilir le Sénat: il ne se plaignait de rien tant que du penchant qui entraînait ce corps à la servitude; toute sa vie est pleine de ses dégoûts là-dessus' (*Considérations*, ch.14, p.113). Tibère a beau ne pas avoir voulu avilir le Sénat, il est pourtant arrivé à ce résultat parce qu'il cédait à ses passions. Mais en allant au devant de ses désirs, en lui offrant la tentation permanente de satisfaire ses moindres volontés et d'outrepasser ses droits, le Sénat est responsable de sa propre décadence et de celle de Tibère. Les autres empereurs ne connaîtront pas les mêmes hésitations et n'auront qu'à se féliciter d'une telle servilité. Les sénateurs sont pris dans un engrenage: les sachant incapables d'agir autrement que par adulation, l'empe-reur trouve là l'occasion de les priver des responsabilités qui les aideraient à retrouver le sens de la liberté. Mais, dans le cas de Tibère, cette attitude des 'Grands' est encore plus condamnable, car elle lui interdit définitivement toute tentative de gouvernement éclairé: à quoi bon vouloir le bonheur d'hommes qui en sont incapables?

L'ultime manifestation de cette liberté qui fuit devant le principat semble être le dernier ressort de la liberté individuelle: le suicide. Or, le suicide, qui préoccupe tant les esprits au dix-huitième siècle, risque d'apparaître chez Tacite sous un jour particulièrement intéressant: s'il n'est pas seulement la conséquence du vent d'est, est-il, comme l'affirment des pages fort théoriques, le 'plus simple des droits de la nature qu'un homme sensé ne mit jamais en question'?[16] A la lumière de l'expérience vécue et des passions humaines qui semblent faire défaut à Robeck, Tacite et Montesquieu posent le problème d'une acte qui n'est pas seulement renoncement, mais qui peut aussi avoir un sens politique et philosophique. Nombreux sont les suicides dans les *Annales*, ils deviennent même 'une coutume si générale des Romains' (*Considérations*, ch.12, p.101), favorisée par leur éducation (*L'Esprit des lois*, XIV, 12) et par d'autres raisons, moins avouables, que Montesquieu ne reconnaît pas toutes:[17] 'Le progrès de la secte

14. Voir notre troisième partie, pp.88-90
15. Cf. M. Ducos, p.205, et Ch.Wirszubski, ch.11.
16. J.-J. Rousseau, *La Nouvelle Héloïse*, IIIe partie, lettre 21.
17. Voir notre troisième partie, p.70.

stoïque [...] l'établissement des triomphes et de l'esclavage [...] l'avantage que les accusés avaient de se donner la mort plutôt que de subir un jugement [...] une espèce de point d'honneur [...] enfin, une grande commodité pour l'héroïsme [...] On pourrait ajouter une grande facilité dans l'exécution [...] parce que la passion fait sentir, et jamais voir' (*Considérations*, ch.12, pp.101-102).

Le seul motif qui provienne explicitement de l'historien, 'l'avantage que les accusés avaient de se donner la mort plutôt que de subir un jugement par lequel leur mémoire devait être flétrie et *leurs biens confisqués*'[18] prouve que Montesquieu pas plus que Tacite n'est un admirateur inconditionnel de ces suicides lâches où l'intérêt domine.[19] L'idée et le vocabulaire de cette page des *Considérations* se retrouvent dans *L'Esprit des lois*, où Montesquieu analyse ce phénomène en introduisant une dimension historique: le suicide 'sous les premiers empereurs' (XXIX, 9) est moins l'effet d'un 'instinct naturel et obscur', comme il le disait dans les *Considérations* (ch.12, p.102), qu'un fait sociologique. Des *Considérations* à *L'Esprit des lois*, le point de vue change: dans les *Considérations*, l'acte est pris en lui-même, comme un choix absolument libre, dans lequel interfèrent des motifs psychologiques et des raisons matérielles. Dans *L'Esprit des lois*, il s'agit seulement de 'prévenir la condamnation par une mort volontaire', non de dénoncer le régime impérial ou de refuser le rôle que la tyrannie offre à l'individu. L'homicide de soi-même' par lequel le condamné devance la contrainte qui lui est faite apparaît moins comme un acte désespéré de liberté, tel celui de Roxane,[20] que comme l'ultime exigence de la dignité humaine. Montesquieu à l'instar de Tacite retient d'abord l'aspect théâtral de ces morts, ou plutôt de ces 'instants de mort', 'temps gracieux de la dernière réplique';[21] 'chacun faisant finir la pièce qu'il jouait dans le Monde, à l'endroit qu'il voulait' (*Considérations*, ch.12, p.102). L'alliance de mots par laquelle Montesquieu définit cet aspect, 'une grande commodité pour l'héroïsme', ne fait-elle pas sentir au lecteur la vanité des suicides ostentatoires que Tacite réprouve dans l'*Agricola*?[22] Montesquieu condamne-t-il donc sans appel le recours au suicide? Les hésitations de Tacite sur ce sujet ne l'incitent-ils pas à nuancer sa pensée?

Connaissant les éloges que Montesquieu décerne à la secte 'admirable' des stoïciens (*Considérations*, ch. 16, p.125), préoccupée du 'bonheur des hommes' et des 'devoirs de la société' (*L'Esprit des lois*, XXIV, 10), on peut penser que si elle 'encourage' le suicide, ce n'est pas, aux yeux du philosophe, par égoïsme ou lâcheté, mais par grandeur d'âme: n'y entre-t-il pas aussi 'une espèce de point d'honneur' qui est loin d'être absurde? Pourtant Tacite, qui est tout autant que Montesquieu conscient des devoirs de l'individu envers la société, condamne le suicide stoïcien, dont la noblesse ne lui échappe pourtant pas, parce qu'il peut apparaître comme une solution de facilité, comme le moyen d'esquiver les responsabilités de l'homme et du citoyen,[23] encore plus lourdes en temps de

---

18. *Annales*, VI, 29, 1. C'est nous qui soulignons.
19. Cf. R. Favre, *La Mort au siècle des Lumières* (Lyon 1978), p.476; cf. M. Ducos, p.212.
20. Cf. J.-M. Goulemot, 'Montesquieu: du suicide légitimé à l'apologie du suicide héroïque', in *Revue d'Auvergne* 79 (1965), n.422, pp.307-18 (Actes du Colloque G. Romme).
21. Cette expression est de R. Barthes, p.110.
22. *Agricola*, XLII, 5: *ambitiosa morte,* 'une mort tapageuse'.
23. Cf. M. Ducos, p.213.

tyrannie. Les deux auteurs, animés de convictions semblables, en arrivent à des conclusions sinon opposées, du moins différentes.

Rappelons, cependant, une remarque que nous avions faite à propos de l'expérience des deux hommes: il faut tenir compte du fossé qui sépare le sénateur, contraint de condamner ses pairs sous Domitien, et le président de province, dont les démêlés les plus graves avec le pouvoir seront provoqués par la censure. Ce que le philosophe imagine, l'historien l'a vécu. A la terreur romaine qu'il retrace, Montesquieu fait répondre des actions conformes au 'génie romain', à cet héroïsme disparu chez les 'petites âmes' de ses contemporains, qui se traduit dans l'antiquité par des actes éclatants, coups de théâtre ou obstination exemplaire: illusion fort répandue, à laquelle échappe Diderot, mais qui fascine encore Montesquieu. Tacite n'a pas la même conception de l'héroïsme: pour lui, le plus difficile n'est pas de céder à une double tentation, celle du suicide ou celle de l'*otium*, mais de remplir chaque jour son rôle sous la tyrannie, d'intérioriser une liberté qui ne se contente ni d'éphémères coups d'éclat accomplis avec ostentation ni d'une lâche obscurité.[24] L'héroïsme quotidien, c'est connaître la honte et le remords, et garder en soi les ressources nécessaires pour ne pas se laisser entraîner par la peur et le vertige de l'adulation. Malgré l'intérêt qu'il porte à l'expérience de Tacite, Montesquieu n'en a pas senti toutes les conséquences.

Le suicide bénéficie donc d'abord, chez Montesquieu, d'un jour doublement favorable: il est recommandé par le stoïcisme, il n'est donc pas égoïste; il permet un certain héroïsme, il n'est donc pas lâche. Cette orientation a peut-être pu faire penser qu'il se faisait l'apologiste du suicide, alors qu'il se borne à en constater la fréquence chez les Anglais ou les Romains, et qu'il en donne les causes, tout en montrant plus de compréhension que ne le fait Tacite. Mais il est loin d'éprouver une admiration sans mélange, nous l'avons dit; certes, les Romains ne sont pas tout à fait résignés: il leur reste le courage d'échapper à leur condition.[25] Mais à partir du moment où ce qui doit être exemplaire, ce qui doit être le fruit d'une réflexion personnelle et d'une décision libre, devient l'effet de la crainte, presque une mode, une 'coutume si générale', Montesquieu ne peut plus porter sur 'l'homicide de soi-même' un jugement favorable. Le suicide n'est-il pas devenu un leurre? C'est, sans aucun doute, ce que pense Montesquieu, rejoignant ainsi Tacite en dernière analyse.

Quand la voie de la liberté devient celle de la résistance à l'oppression et se fait aussi étroite, souvent décourageante,[26] quand elle exige de l'individu tant de fermeté qu'on ne peut guère espérer la trouver parmi les citoyens ordinaires, on est amené à douter du régime qui a pu en arriver à cette situation. Inversement, quand Tacite évoque comme un idéal impossible à réaliser le gouvernement né du choix ou du mélange des gouvernements traditionnels et susceptible d'assurer le bonheur des peuples (*Annales*, IV, 33, 1), on peut estimer qu'il fait preuve d'un pessimisme excessif. S'il peut dénoncer la tyrannie de Domitien et les moyens qu'elle déployait, n'est-ce pas parce que l'empire est arrivé à une

24. Cf. M. Ducos, pp.214-15.
25. *Pensées*, 1570; 1426: 'Les gens malheureux conservent leur vie, parce qu'ils sont accoutumés aux malheurs.'
26. Voir *L'Esprit des lois*, III, 3: 'Tous les coups portèrent sur les tyrans, aucun sur la tyrannie.'

pause, où il est permis de faire des bilans et de porter des jugements? Il est déjà satisfaisant d'en avoir la possibilité. Mais on peut se demander si les Romains peuvent réellement trouver le bonheur ou simplement un soulagement provisoire à leurs maux.

Apparement, le prologue de l'*Agricola* donne une réponse optimiste à ces questions: si l'évolution du principat est une affaire de comportement individuel, l'empire qui est échu à des hommes capables et sages prend un nouveau départ. La malédiction initiale du principat s'est éteinte. Montesquieu sait combien ces espérances sont trompeuses puisqu'au vertueux Marc-Aurèle succède le 'monstre' Commode (*Considérations*, ch.16, p.126), puisque bientôt accèdent au pouvoir Caracalla, que l'on 'pourrait appeler [...] non pas un tyran, mais le *destructeur des hommes*' (p.128), et tous les princes, depuis Antonin jusqu'à Probus, qui se disputent la première place. Mais pour lui le principat a fait ses preuves auparavant, en la personne d'Hadrien, des deux Antonins et, surtout, de Trajan, le 'prince le plus accompli dont l'histoire ait jamais parlé' (cf. *Pensées*, 421; 2184). A côté des phrases sans couleur qui évoquent, sans s'attarder, 'Nerva, vénérable vieillard', en une expression qui se retrouve quelques pages plus loin à propos de Pertinax (*Considérations*, ch.16, pp.122, 126), le portrait de Trajan se détache avec netteté.[27] Montesquieu n'a senti aucune des réticences de Tacite à l'égard de Trajan et de son successeur aux débuts peu engageants.[28] Son enthousiasme pour le premier de ces princes est sans bornes. Quant aux Antonins, issus du stoïcisme, ils renforcent le prestige d'une secte qui n'avait plus besoin de prouver sa grandeur. Montesquieu répète la célèbre formule *Res olim dissociabiles, principatus et libertas*[29] avec conviction, alors qu'une lecture critique des œuvres de Tacite, où les silences sont parfois éloquents, nous incite à douter d'un enthousiasme aussi peu spontané. Montesquieu s'est-il laissé duper par Tacite alors que sa déception à la mort du Régent aurait dû le prédisposer à comprendre les désillusions de l'historien, quand il croit à ces moments privilégiés de l'histoire où le temps n'amène pas toujours la décadence, où la liberté et le bonheur semblent renaître?

Cette illusion, Tacite ne l'a créée, même s'il a par son mutisme laissé s'élaborer une légende à laquelle il ne croyait pas. Montesquieu ne l'a pas davantage trouvée dans les autres sources antiques, même si elles charrient lieux communs et traits édifiants; ce mirage, Montesquieu a voulu l'inventer, sans doute pour renforcer le contraste et stigmatiser une dernière fois la tyrannie des julio-claudiens et de leurs successeurs immédiats, coupables de n'avoir pas saisi la possibilité qui leur était offerte de faire le bonheur du genre humain, possibilité que les Antonins ont su mettre à profit. Montesquieu est-il alors réellement dupe? L'admirable gouvernement des princes stoïciens semble curieusement désincarné. Le peuple, qui n'a plus grand chose à dire, n'apparaît guère dans les pages des *Considérations* que Montesquieu consacre à ces empereurs (ch.16, pp.125-26). Son unique satisfaction doit-elle être de refléter les vertus du prince régnant? Certes, Montesquieu nous dit que 'ce fut un bonheur d'être né sous [le] règne [de Trajan]: il n'y en eut point de si heureux ni de si glorieux pour

27. Voir notre quatrième partie, p.92.
28. Cf. R. Syme, pp.492ss.
29. *Pensées*, 1786; 207, d'après *Agricola*, III, 1.

le peuple romain',[30] mais c'est sur ce dernier adjectif 'glorieux' qu'il insiste en consacrant plusieurs pages aux guerres parthes. De tels gouvernants sont-ils si dignes d'intérêt, qui trouvent si peu de place dans *L'Esprit des lois* et seulement dans les débuts des *Pensées*?[31]

En fait, le plus important n'est pas là: nous étions partis de la constatation selon laquelle, aux yeux de Montesquieu, le principat n'offre aucune garantie formelle de liberté, puisque ce régime ne connaît pas l'équilibre des pouvoirs. Tacite a connu le pire et le meilleur – c'est-à-dire une période de calme: plutôt qu'un heureux hasard, c'est la preuve que le principat n'est pas établi sur des bases assez solides. Le renouveau qu'il connaît à partir de l'avènement de Trajan et dont Tacite se fait le témoin peut inciter Montesquieu à reconsidérer cette analyse; désormais la souveraineté est confiée à l'empereur en vertu d'un pacte conclu avec le sénat.[32] L'origine de son autorité peut être assimilée au contrat librement consenti qui, pour Montesquieu, est le fondement légitime du pouvoir (cf. *Pensées*, 1267; 616).

Encore faut-il, pour le faire respecter, que les différents contractants soient de bonne foi et tiennent leur engagement: la tentation est grande, de part et d'autre, d'abuser de ce qui n'est pas fixé par une loi positive ou par des années de tradition: à l'époque où Tacite écrit, le souvenir des excès commis par les empereurs précédents peut inciter le Sénat à en prévenir de nouveaux, et autoriser le souverain à s'engager sur une voie déjà bien connue.[33] Qu'est-ce qui peut donc assurer la pérennité de ce fragile équilibre des pouvoirs? Nous l'avons vu tout au long de cette dernière partie: les hommes plus que les institutions tiennent une place primordiale. Le principal responsable de la corruption de la liberté, pour Tacite comme pour Montesquieu, n'est pas tant l'empereur que les sénateurs, animés d'ambitions personnelles. Mais il faut se demander si Montesquieu suit Tacite dans l'analyse très sombre que mène le *Dialogue des Orateurs* et qui aboutit à refuser aux Grands toute participation au pouvoir.

Il nous paraît certain que Montesquieu, reprenant le témoignage de l'historien, tient cette décadence du Sénat pour irrémédiable, et en fait une des causes essentielles de la décadence générale de Rome. Mais il n'en est pas encore à appliquer cette leçon à son propre siècle, malgré la déception causée par l'échec de la Régence. S'il insiste tant sur l'importance des pouvoirs intermédiaires, c'est bien sûr parce qu'ils ont oublié le rôle qu'ils devaient jouer, mais aussi parce qu'ils sont encore en mesure de le tenir. Enfin, n'y a-t-il pas une différence fondamentale entre la monarchie strictement héréditaire et le principat où le souverain *choisit* son successeur – même si ce choix reste théoriquement arbitraire – ou garde la possibilité de le choisir? A l'époque où écrit Montesquieu, la noblesse française ne s'est pas encore condamnée comme s'est condamnée la

---

30. Ch. 16, pp.125-26, et *Considérations*, ch. 15, pp.122-23.

31. Voir *Pensées*, 421; 2184; et 576; 138; et *L'Esprit des lois*, XXIX, 17.

32. Cf. A. Michel, pp.59ss.

33. Nous avons vu également dans notre sixième partie ce contrat ébauché dans la société naissante des Germains: ceux-ci accordaient alors trop d'importance à la liberté individuelle pour ne pas courir le risque de sombrer dans une anarchie tout aussi dangereuse: c'est, du moins, l'avis de Tacite.

classe sénatoriale; elle peut encore trouver en elle des ressources plus dignes de ses fonctions: si Montesquieu adopte, lui aussi, l'*otium* choisi par Tacite, il aura comme Tacite montré à ses pairs une voie nouvelle, non pas celle de la résignation, ni celle de l'opposition, mais celle qui mène à une acceptation sereine et lucide de la réalité, à une meilleure compréhension des problèmes posés par la liberté. Ils auront fait tous deux, pour leurs contemporains et pour la postérité, une œuvre utile.

Conclusion

Aux questions que nous avons gardées présentes à l'esprit: comment Montesquieu juge-t-il le principat? et, d'abord, le juge-t-il sous la forme que lui ont donnée les tyrans? la tyrannie est-elle une forme aberrante, un devenir possible du principat, ou le fruit d'une évolution nécessaire? Montesquieu ne trouve guère de réponses chez Tacite, et n'en apporte pas davantage. A travers l'image du tyran, qui ne vient pas purement et simplement de Tacite, mais que Montesquieu enrichit de ses propres idées, à travers la faiblesse du prince, qui constitue un trait dominant, s'affirme la puissance corruptrice du pouvoir, dont Néron est une des principales victimes. A travers l'intelligence diabolique d'Auguste et, surtout, de Tibère apparaît le danger des lumières perverties par les passions, qui se manifeste dans la loi de majesté, dénoncée avec vigueur par Montesquieu, à la suite de Tacite, afin de donner une définition de la liberté comme garantie de sûreté.

A l'évocation de la faiblesse du tyran répond celle, encore plus grave, de la faiblesse générale, qui assure l'accord du prince et des ses sujets, et garantit dans la bassesse, de façon fallacieuse, la sûreté de tous: fausse liberté d'un peuple aliéné qui ne se sauve qu'exceptionnellement de la déchéance par le suicide, dernier mirage héroïque. En tempérant son admiration pour les princes qui succèdent à Trajan, et en affirmant la fatalité de la décadence, Montesquieu ne fait-il pas preuve de lucidité, plutôt que de pessimisme?

En contrepartie, il faut remarquer une fois encore que Montesquieu montre plus d'énergie pour dépeindre la tyrannie que pour mettre en valeur le bonheur des règnes paisibles, et qu'il est plus disposé à élaborer le mythe de la tyrannie, contrepoint du mythe germain, frère du mythe du despotisme, mais plus riche car il représente un danger plus menaçant, plus proche que l'enfer asiatique fondé sur des siècles de servitude. La leçon du mythe romain, si mythe il y a, nous est plus sensible, car il ne dérive pas d'une théorie des climats plus ou moins simplifiée, mais d'une analyse des vices internes du principat et d'une constatation impitoyable que Tacite n'aurait pas désavouée: tout homme porte en lui un tyran, qui a besoin des circonstances pour se faire jour; tout homme est un esclave en puissance, qui réclame un maître. Mais, croire en la faiblesse humaine, c'est lui donner les moyens de s'étendre; ne vaut-il pas mieux laisser sa chance à la dignité du sujet ou du citoyen? Tel est le dernier rempart qui interdise à Montesquieu de désespérer du régime sous lequel il vit et qui lui donne le courage de s'appliquer à le comprendre.

Conclusion d'ensemble

Au terme de cette analyse, il importe d'abord de récapituler les différentes étapes par lesquelles nous sommes passés, les hypothèses que nous formulons sans pouvoir les étayer, et les points que nous pouvons considérer comme acquis, afin de répondre à cette question fondamentale: connaissons-nous mieux maintenant Montesquieu et Tacite – ou du moins la destinée posthume de ce dernier?

Rappelons l'orientation qui a été la nôtre: afin de mieux mesurer la présence de Tacite au dix-huitième siècle nous avons effectué cette étude à travers un cas précis, presque typique, celui de Montesquieu, tout en essayant de nous référer sans cesse aux différents témoignages qui devaient élargir cette enquête, et sans oublier bien sûr la dimension et la spécificité de l'auteur que nous avons choisi. Notre point de vue, d'abord très général, s'est donc inversé, mais la perspective ne s'est pas rétrécie: car notre première partie nous a permis d'entrevoir la véritable originalité de Montesquieu en ce domaine; il est trop facile de constater qu'au moment où les traducteurs et les commentateurs de Tacite se font rares, seul Montesquieu fait appel à l'historien; il nous paraît plus juste de conclure qu'à l'époque où Tacite semble bien connu, trop connu même pour susciter un réel intérêt, Montesquieu anime d'un souffle nouveau des textes épuisés et fournit à l'âge suivant, celui de l'*Encyclopédie*, un relais indispensable.

Notre seconde partie, dans laquelle nous examinons les instruments de travail de Montesquieu, a confirmé ce que nous savions déjà: Montesquieu connaît parfaitement les textes qu'il cite, il les lit sans aucun doute dans leur langue originale. L'intérêt nouveau qu'il porte aux institutions germaniques dans la dernière phase de la rédaction de *L'Esprit des lois* se traduit par une relecture approfondie non seulement de la *Germanie*, mais aussi des autres ouvrages de Tacite. Peut-on dire que celui-ci ait joué un rôle actif dans la formation de la pensée de l'historien des lois? Il nous paraît certain que si Montesquieu n'avait trouvé en Tacite le guide capable de le tirer du 'labyrinthe obscur' des lois féodales, il se serait lancé moins facilement dans la rédaction des livres xxx et xxxi de *L'Esprit des lois*, et n'aurait pu achever son travail avec le soulagement qu'il montre dans sa correspondance.[1]

Quant à Tacite, a-t-il gagné à être ainsi l'objet d'une lecture soigneuse certes, mais orientée en un sens bien particulier? Profite-t-on de *L'Esprit des lois* pour le connaître mieux, ou sous un jour différent, ou ne risque-t-on pas de se laisser abuser par des allusions trop rapides et des interprétations tendancieuses? Notre troisième partie s'attache à résoudre ce problème. Le Tacite de Montesquieu n'est pas un Tacite fabriqué ou dénaturé pour les besoins d'une démonstration. Nous relevons quelques négligences: des vétilles, qui montrent surtout la difficulté du travail accompli par Montesquieu. Nous décelons aussi des partis-pris très clairs à la façon dont il gauchit parfois le texte de Tacite. Il veut faire apparaître les Germains chers au cœur de l'historien sous les dehors les plus flatteurs, et noircir la tyrannie romaine que Tacite stigmatisait déjà cruellement.

---

1. Lettre à Mgr Cerati du 28 mars 1748, Nagel, iii.1116.

Cela n'est pas en contradiction avec les desseins profonds de l'écrivain latin, mais constitue une accentuation de ces deux idées maîtresses. En fait, la suite de notre travail nous montre que Montesquieu n'est pas la dupe d'une opposition trop facile entre la vie primitive et libre des Germains et la corruption de la tyrannie romaine: s'il force parfois la note, c'est qu'il trouve en Tacite, plus ou moins développées, les préoccupations fondamentales qui sont les siennes, et celles de son temps. En évoquant les 'admirables' Germains, Montesquieu se laisse sans doute séduire par ce qui va devenir la mode du Bon Sauvage, tout en contribuant à la renforcer. Et, en dénonçant l'empire romain, aussi lointain que la Moscovie où sévit un despotisme mythique, il se donne le ton d'un philosophe soucieux de liberté, sans avoir à se compromettre. Mais il n'agit pas par facilité; pour faire apparaître aussi clairement et aussi aisément ces thèmes chez Tacite, il faut qu'il soit imprégné de la pensée tacitéenne, non pas comme l'élève d'un seul maître, mais parce qu'il a trouvé en lui son prédécesseur et son égal, qu'il exalte parfois et parfois critique implicitement.

Son écriture en porte la trace, comme le montre notre quatrième partie: Montesquieu se défie du style parfois maniéré de la *Germanie* et lui préfère la phrase elliptique qui trouve son point d'achèvement dans les *Annales*, même s'il est loin d'égaler la concision et l'énergie de son modèle: ne s'agit-il pas, pour les deux auteurs, de *faire penser* le lecteur? Voilà qui ajoute à la gloire posthume de Tacite, mais ne modifie guère l'image du brillant auteur de maximes qu'admiraient les moralistes du dix-septième siècle comme les tacitistes. Sous la plume de Montesquieu, ces phrases lapidaires rendent un son nouveau: au lieu d'être objets d'exégèse, dépositaires de vérités éternelles, elles sont les armes silencieuses de l'ironie et en même temps le masque sous lequel celle-ci se dissimule. Et si l'on examine l'écriture de Montesquieu dans sa continuité, et telle que nous la font comprendre ses théories esthétiques, on y retrouve en partie les tendances de la composition tacitéenne. Cette fois ces 'correspondances' ne sont pas l'effet d'une utilisation directe ou même d'une imitation inconsciente: Tacite et Montesquieu écrivent et composent d'une façon comparable, parce que tous deux découvrent et construisent progressivement leur raisonnement.

Peut-être dans les deux cas n'est-ce qu'une réaction contre une époque classique ennemie de la spontanéité; cela ne diminue en rien l'importance d'une telle communauté de pensée, confirmée par tant d'autres points de convergence et reconnue par Montesquieu lui-même, comme nous permet de le constater notre cinquième partie. La genèse des réflexions que Montesquieu consacre aux premiers temps de l'histoire de France a été décrite;[2] elle témoigne que Montesquieu, dès le début de ses travaux, s'est continuellement référé à Tacite, qu'il paraît même parfois se raccrocher à lui. Ce n'est pas l'effet d'une faiblesse, mais l'aveu d'une découverte particulièrement importante pour nous: Tacite est désormais considéré comme une source historique au plein sens du terme; il s'est donné une véritable conception de l'histoire, fondée sur une certaine rationalité, celle que pouvait penser un homme de son siècle, et indissociable d'une philosophie de la liberté, qui a elle aussi été examinée d'un œil nouveau par Montesquieu.

2. Par J.-J. Granpré-Molière.

La première étape de cette réflexion est constituée par l'idéologie qui anime la *Germanie* et qui trouve sa place dans le système de Montesquieu: le mythe du Germain pur et libre s'intègre avec une facilité suspecte dans la théorie des climats. Dans le portrait idéalisé que Montesquieu donne de ce peuple du nord, on retrouve les limites de sa pensée et de sa propre philosophie de la liberté. Montesquieu a négligé le mépris du Romain pour les bandes anarchiques et belliqueuses que sont les 'admirables' Germains; il les a prises dans leur devenir, dans la perspective de leur revanche historique sur l'empire romain, que Tacite pressentait. De l'analyse empirique et partiale de la fragile liberté germanique que livre Tacite, Montesquieu garde les éléments essentiels; il en donne une interprétation personnelle, mais positive: la Germanie n'est pas un jardin d'Eden constamment menacé, mais le lieu d'une expérience destinée à évoluer vers une plus grande liberté. Le lecteur de *L'Esprit des lois* sent-il cette différence? C'est peu vraisemblable; le Germain de Montesquieu vient se superposer au Germain de Tacite, qui garde le bénéfice de cette rencontre: le succès rencontré au dix-huitième siècle par le Germain de Montesquieu retombera sur celui qui a initié le philosophe à la liberté germanique, tout en devenant l'avenir auquel elle était promise.

L'autre pôle de cette réflexion sur la liberté semble s'opposer en tout au premier: pour dépeindre la tyrannie impériale, le lecteur attentif de la *Germanie* qu'est Montesquieu accuse parfois Tacite de manquer de perspicacité et d'impartialité. L'homme des Lumières est alors Tibère, et non son détracteur. Mais le règne de ce prince tourne à la caricature, comme celui de ses successeurs, et Montesquieu, à la suite de Tacite, constate avec indignation la faillite d'un régime fondamentalement vicieux qui corrompt les meilleures qualités des gouvernants et dévoile la faiblesse humaine. Le pessimisme de l'auteur des *Annales*, de l'ancien sujet de Domitien, devient un thème majeur et trouve un écho favorable chez le sujet de Louis XV qui voit la liberté menacée dans son propre pays. Mais le philosophe est mieux armé que l'historien pour envisager une issue heureuse à la dialectique des hommes et des lois: protégé par un système qui lui découvre la racine du mal, le non-respect de l'équilibre des pouvoirs, la perversion de l'esprit des lois au profit de la lettre, il est prêt à lutter de toute la force de ses théories contre les dangers que court la liberté. Ultime leçon, paradoxale mais profonde, tirée par le philosophe qui aura fait de Tacite, pour les générations à venir, le champion de la liberté mourante et qui aura ainsi permis, devant la postérité, la revanche du courage et de l'honneur sur la tyrannie.

Le public éclairé a-t-il compris la portée de cette analyse de Montesquieu? L'image de Tacite, telle que nous venons de l'esquisser, est destinée à durer, mais n'est pas admise unanimement par les plus grands noms du dix-huitième siècle: Voltaire voit en lui un 'fanatique', il est donc loin d'en faire le porte-parole de la liberté et le précurseur des Lumières qui apparaît chez Diderot: celui-ci n'a d'ailleurs pas choisi notre auteur pour héros, il lui a préféré Sénèque. Quant à Rousseau, il respecte infiniment l'historien, mais il ne semble pas avoir perçu l'audace et tout le courage du politique et de l'homme d'action.

Napoléon, qui voyait en Tacite le père spirituel des philosophes, a-t-il été plus clairvoyant que ces philosophes eux-mêmes, ou nous a-t-il imposé une perspective déformante, en faisant de Tacite une figure majeure du siècle des Lumières, grâce à la complicité involontaire de Montesquieu qui, à l'autre bout du siècle, avait donné de notre auteur, en la renouvelant totalement, une image sur laquelle nous vivons encore aujourd'hui? Après Montesquieu, on éprouve encore le besoin de redessiner, de colorer, d'éclairer différemment, de repenser cette figure, suivant des voies qui sont pour nous autant de chemins à parcourir à la recherche de Tacite.

Appendices

Appendice I:
Quand Montesquieu corrige Tacite

Nous avons vu, dans notre troisième partie, que Montesquieu n'hésitait pas, parfois, à déformer le texte de Tacite pour le faire correspondre à ses démonstrations. Quelquefois, il modifie ce texte pour d'autres raisons: un exemple nous montre qu'il s'efforce de comprendre parfaitement tous les détails d'une page et qu'il en arrive alors à corriger les leçons ou les traductions proposées par les éditeurs de Tacite.

Notre exemple est emprunté au livre XII, chapitre 16 de *L'Esprit des lois*, 'Calomnie dans le crime de lèse-majesté', dans lequel Montesquieu insère en note cette citation, concernant les récompenses accordées aux délateurs: *Et quo quis distinctior, eo magis honores assequebatur ac ueluti sacrosanctus erat*. L'essentiel de cette phrase vient des *Annales*, IV, 36, 3, dans lesquelles on peut lire: *Vt quis districtior accusator, uelut sacrosanctus erat* (En se montrant plus hésitant, un accusateur se rendait en quelque sorte inviolable.) Le texte cité par Montesquieu signifie: 'plus l'accusateur se distinguait, plus il remportait d'honneurs, et il était en quelque sorte inviolable'. Il est plus logique que le texte donné par les éditeurs de Tacite qui, pour éluder cette difficulté, confondaient deux adjectifs totalement différents, en donnant à *districtus*, 'hésitant, partagé', le sens de *destrictus* 'menaçant'. La leçon donnée par Montesquieu *distinctus*, est habile, et même plus admissible que la solution adoptée par Juste Lipse.[1] Montesquieu était-il autorisé pour autant à procéder à cette correction, même pour respecter l'esprit du texte? Cet exemple nous montre au moins qu'il ne se satisfait pas des textes obscurs, et qu'il sait apporter des solutions originales et adroites.

1. Les éditions actuelles rétablissent la leçon *destrictior*, qui figurait dans le manuscrit, alors que la leçon *districtior* n'en était qu'une correction.

Appendice II: Tableau des auteurs anciens cités par Montesquieu

	Considérations	L'Esprit des lois	Cahiers	Catalogue
Ammien-Marcellin	11	1		
Appien	12	9		
Aristote	1	35	20	
César	1	12		
Cicéron	15	39	22	1
Denys d'Halicarnasse	14	50		
Dion Cassius	20	28	5	
Grégoire de Tours		40		
Horace			24	14
Ovide				8
Platon		32	23	
Pline l'Ancien	3	27		
Plutarque	15	45	26	
Polybe	16	6		
Procope	13	6		
Salluste	7	2		
Suétone	6	11	10	
Tacite	18	68	34	12
Tite-Live	12	38	7	
Virgile			21	15
Codes	1	150		

Appendice III: index des références à Tacite

(Pour alléger la présentation des références, nous avons utilisé les abréviations: *H.* pour les *Histoires*, *G.* pour la *Germanie*, *Agr.* pour l'*Agricola*. Les références qui ne sont précédées d'aucun sigle concernent les *Annales*. Nous avons également indiqué s'il s'agissait d'une citation par un C, d'une traduction par un T; dans tous les autres cas, on a affaire à de simples allusions.)

A. Dans L'Esprit des lois *(72 références)*

EL	Tacite	Citation ou traduction	EL	Tacite	Citation ou traduction
V, 10	VI, 32, 1²	C	XVIII, 26	G.XIII, 1	C.T.
VI, 5	XI, 5, 1	C	XVIII, 30	G.VII, 1	C.T.
VI, 5	XIII, 4	C	XVIII, 30	G.XI, 1	C.T.
VI, 8	IV, 30 (?)		XVIII, 30	G.XII, 1	C.T.
VII, 4	III, 52-55 (54)	T (libre)	XVIII, 31	G.XI, 4	C.T. (libre)
VII, 4	III, 34, 2	C	XVIII, 31	G.VII, 1-2	C.T.
VII, 4	G.XLIV, 3	C	XIX, 2	II, 2, 4	C.T. (libre)
VII, 13	III, 24		XX, 2	G.XXI, 2-3	C.T.
VII, 13	IV, 19, 2	C	XXII, 2	VI, 17, 3	
VII, 13	II, 50	C	XXII, 21	VI, 16	
VII, 13	indéterminé		XXII, 22	VI, 16	
VIII, 7	XV, 72		XXIII, 21	III, 25, 1	
VIII, 7	XIII, 53	C	XXIII, 21	II, 51, 1	C.T. (libre)
IX, 1	XIII, 19, 1	C	XXIII, 21	XV, 19, 1	
X, 17	Agr.XIV, 2	C	XXIII, 21	III, 25, 1	C
XI, 6	G.XI, 1	C	XXIII, 22	G.XIX, 6	T
XI, 8	indét.		XXIV, 17	G.XXI, 1	T
XII, 13	I, 72		XXV, 3	III, 60, 1	T
XII, 13	IV, 34		XXVIII, 13	G.XXVII, 5	T
XII, 16	IV, 36	C	XXVIII, 17	G.IV, 2	C
XII, 25	Agr.III	C.T.	XXVIII, 17	G.X, 6	T
XIII, 7	XIII, 31	C	XXVIII, 21	G.VI, 6	T
XIII, 19	I, 76, 2	C.T.	XXIX, 9	VI, 29, 1	C.T. (libre)
XIII, 19	XIII, 50-51	C.T.	XXX, 2	indét.	
XV, 10	G.XXV		XXX, 3	G.XXXI, 5	C
XV, 10	G.XX, 3	C.T.	XXX, 3	G.XIII-XIV	T
XV, 18	XIII, 26-27	C.T.	XXX, 4	indét.	
XV, 18	XIII, 27, 2	C.T.	XXX, 6	indét.	
XVIII, 21	G.XIV-XV		XXX, 9	G.XXI, 2-3	
XVIII, 22	G.XVI, 1-2	C.T.	XXX, 16	G.XIII	
XVIII, 22	G.XX, 5	C.T.	XXX, 18	G.XII, 3	
XVIII, 22	G.XXXVII, 5	C.T.	XXX, 19	G.XII, 1	
XVIII, 23	G.XXVIII (?)		XXX, 19	G.XXI, 1	C
XVIII, 24	G.XVIII, 1	C.T.	XXX, 19	indét.	
XVIII, 25	G.XVIII, 1-XIX	C.T.	XXXI, 4	G.VII, 1	C.T.
XVIII, 26	G.XI, 6	C.T.			

2. Pour le livre VI, nous suivons la numérotation de l'édition Wuilleumier, qui reprend la numérotation traditionnelle.

B. Dans les Considérations *(21 références)*

Chapitre	Page (GF) (note)	Référence Tacite	Citation ou traduction
12	102 (n.1)	VI, 29, 1	C
13	109 (n.1)	XIII, 27, 1	C. partielle
13	109 (n.3)	XIV, 27	
14	112	(I, 7, 1)	
14	113 (n.1)	I, 15, 1	
14	114 (n.1)	II, 82, 3	
15	118	(*H.*, I, 4, 3)	
15	119-120 (n.1)	XII, 60	
(15)	121 (n.1)	I, 16 sq	
15	121 (n.2)	I, 25, 3	C
15	121 (n.3)	I, 42	
15	121 (n.4)	I, 44, 3	C
15	121 (n.4)	I, 78, 2	
15	121 (n.5)	*H.*, I, 84, 6	
15	121 (n.6)	*H.*, III, 80, 4	
15	(122	*H.*, I, 5, 4 (?))	
15	122 (n.1)	*H.*, I, 25, 2	C
16	129 (n.4)	I, 17, 4	
17	137 (n.3)	XII, 43	T
17	138 (n.1)	*G.*, VI, 1	
22	170 (n.6)	*G.*, V, 1	

C. Dans les cahiers personnels (*35 références*)

Pensées (28 références)

Nagel	Barckhausen	Réf. Tacite	Citation ou traduction
440	(1529)	(?) II, 88, 2[3]	C.T.
574	(136)	indét.	
751	(1805)	XIII, 19	C
843	(1764)	indét.	
927	(1580)	*Agr.*, II, 3	C
1171	(1585)	*G.*, VII	C
1171	(1585)	*G.*, XIII	C
1171	(1585)	*G.*, XIV	
1172	(1586)	*G.*, IV, 2	C
1302	(595)	*G.*, VII, 1	C
1302	(595)	*G.*, X	
1485	(2006)	*H.*, I, 24, 2	C
1548	(1587)	*G.*, VII, 1	C
1656	(523)	II, 4, 2	C
		I, 47, 2	C
1656	(523)	V, 2, 2[4]	C
1727	(416)	indét.	
1729	(281)	*H.*, I, 9, 3	C.T.
1729	(281)	*H.*, I, 9, 4	C.T.
1786	(207)	*Agr.*, III, 1	C
1826	(404)	*G.*, XXI, 3	C
1826	(404)	*G.*, XX, 6	C?
1840	(362)	*G.*, XX; XXI	C (T. partielle)
1895	(361)	III, 27, 1	C
1906	(285)	*G.*, VII, 1	
1954	(948)	*Agr.*, XIV, 2	C
1989	(654)	XIV, 53	C.T.
2036	(1596)	*G.*, XLIV, 2-4	
2197	(174)	II, 85,2	

3. Montesquieu nous donne le texte: *Facile superari posse proelio, bello nunquam,* 'on pouvait le vaincre facilement au combat, jamais à la guerre', que nous n'avons pas trouvé chez Tacite. La tournure qui en est le plus proche est celle que nous signalons (*Annales*, II, 88, 2): *proeliis ambiguus, bello non uictus,* 'les combats lui furent incertains, la guerre le laissa invaincu', mais elle s'applique à Arminius, alors que Montesquieu parle des Romains.

4. *Eorum prospera res, regnante Saturno,* 'Leur situation fut prospère sous le règne de Saturne', tel est le texte que répète le *Catalogue* (p.6) à propos des *Interpretes critici et commentatores Judaei,* sans nom d'auteur, contrairement à ce que dit la note *ad loc.* de l'édition Nagel. On peut, à la rigueur, supposer que cette phrase a été inspirée par les *Histoires,* V, 2, 2: '*Iudaeos Creta insula profugas nouissima Libyae insedisse memorant, qua tempestate Saturnus ui Iouis depulsus cesserit regnis* 'Les Juifs, dit-on, bannis de l'île de Crète, s'établirent aux extrémités de la Lybie à l'époque où Saturne, vaincu et chassé par Jupiter, abandonna son royaume'.

Spicilège (4 références)

F° du Ms[5]	n° Nagel	Réf. Tacite	Citation ou traduction
174	233	*Agr.*, II, 3-4	C
191	244	*G.*, XVII-XVIII-XIX	C
193	246	*G.*, XVIII-XIX	T
535-536	579	IV, I	C

Voyages (3 références)

Page dans l'édition Nagel, t.ii	Référence Tacite	Citation ou traduction
1114	*H.*, I, 49, 8	C
1279	indét.	
1287	indét.	

Catalogue (12 références; 12 citations)

Page	Rubrique	Référence Tacite
6	Interpretes critici et commentatores catholici	*G.*XXXIV, 4
56	Jurisconsultorum opera et tractatus varii in unum collecti	III, 25
199	Romanarum rerum scriptores	*Agr.*, XIV, 2
213	Gallicarum rerum scriptores (après '*Histoire de Louis XI*', n° 2986)	IV, I, 2
213	*Id.* (après *Mémoires [...] sur Louis XIV*, n° 2989)	I, 80, 2
215	*Id.* (après *Observations* de Mazarin, n° 3002)	*H.*, I, 36, 4
215	*Id.* (après *Discours sur [...] Catherine de Médicis* n° 3003)	I, 10, 5
225	Byzantinarum rerum scriptores	III, 40, 3
227	Belgicae historiae scriptores	*H.*, I, 16, 9
229	Polonicarum rerum scriptores	II, 4, 2
229	Sinarum rerum scriptores	I, 47, 2
233	Judaicarum rerum scriptores	*H.*, V, 8, 4

5. Nous avons indiqué le foliotage, car l'édition de la Pléiade n'adopte pas la numérotation de l'édition Nagel; de plus, cette dernière édition ne donne d'indication chronologique que selon ce foliotage.

Divers (9 références)

Titre	Réf. dans l'éd. Nagel, t.iii	Réf. Tacite	Citation ou traduction
Dissertation sur la politique des Romains dans la religion	p.46	ii, 85, 4	
Id.	pp.49-50	*G.*, xxxiv, 2	C.T.
Mémoire sur les mines; v	p.445	*G.*, v, 3	
Rejets de *L'Esprit des lois* trouvés à La Brède no 9	p.612	xv, 19	
no 34	pp.633-34	i, 72, 2	C.T.
		iv, 69, 1	
		vi, 24, 1	
no 36	p.635	indét.	
Correspondance: lettre no 29, à Bulkeley	p.758	*Agr.*, iii, 1	C

Appendice IV: Tableau chronologique des références

A. Aux Annales *(64 références)*

Réf. Tacite	Réf. Montesquieu	Date
I, 7, 1	*Considérations* ch.14	31-34
I, 10, 5	*Catalogue*, p.215	?[6]
I, 15, 1	*Considérations*, 14	avant 48
I, 17, 4	*Considérations*, 16	avant 48
I, 25, 3	*Considérations*, 15	avant 48
I, 42	*Considérations*, 15	avant 48
I, 44, 3	*Considérations*, 15	avant 48
I, 47, 2	*Catalogue*, p.229	?
I, 47, 2 *(id.)*	*Pensées*, 1656; 523	49 (m)
I, 72	*L'Esprit des lois*, XII, 13	41-43
I, 72, 2	Fragment de l'*Esprit des lois*, t.iii, p.634	?
I, 76, 2	*L'Esprit des lois*, XIII, 19	46-48[7]
I, 78, 2	*Considérations*, 15	avant 48
I, 80, 2	*Catalogue*, p.213	?
II, 2, 4	*L'Esprit des lois*, XIX, 2	41-43
II, 4, 2	*Catalogue*, p.229	?
II, 4, 2 *(id.)*	*Pensées*, 1656; 523	49 (m)
II, 50, 3	*L'Esprit des lois*, VII, 13	41-43
II, 51, 1	*L'Esprit des lois*, XXIII, 21	41-43
II, 82, 3	*Considérations*, 14	31-34
II, 85, 2	*Pensées*, 2197; 174	à partir de 49 (q)
II, 85, 4	*Dissertation sur la politique des Romains dans la religion*	1716
II, 88, 2 (?)	*Pensées*, 440; 1529	31-34 (m)
III, 24	*L'Esprit des lois*, VII, 13	41-43
III, 25, 1	*L'Esprit des lois*, XXIII, 21	41-43
III, 25, 1	*L'Esprit des lois*, XXIII, 21	41-43
III, 25, 1	*Catalogue*, p.56	?
III, 27, 1	*Pensées*, 1895; 361	à partir de 49 (q)
III, 34, 2	*L'Esprit des lois*, VII, 4	41-43
III, 40, 3	*Catalogue*, p.225	?
III, 52-55	*L'Esprit des lois*, VII, 4	41-43
III, 54	*L'Esprit des lois*, VII, 4	41-43
III, 60, 1	*L'Esprit des lois*, XXV, 3	41-43
IV, 1, 2	*Catalogue*, p.213	?
IV, 1	*Spicilège*, no 579	34 (38?) (e)[8]

6. Toutes les citations du *Catalogue* sont de la main de Montesquieu et indatables (*Catalogue*, Introduction, p.xii). Plusieurs sont destinées à commenter certains ouvrages (nos 2986, 3002 et 3003) pour lesquels on n'a pu identifier le secrétaire.

7. La note qui donne cette référence ne figure pas dans le manuscrit (vol.3, f.147v).

8. Cette référence a été transcrite par le secrétaire *e*, qui était au service de Montesquieu de 1734 à 1738. Mais l'extrait en question suit immédiatement une réflexion datée du 6 avril 1734 (no. 578:

Réf. Tacite	Réf. Montesquieu	Date
IV, 19, 2	*L'Esprit des lois*, VII, 13	41-43
IV, 30, 2-3 (?)	*L'Esprit des lois*. VI, 8	41-43
IV, 34, 1	*L'Esprit des lois*, XII, 13	41-43
IV, 36, 3	*L'Esprit des lois*, XII, 16	avant 46
IV, 69, 1	Fragment de *L'Esprit des lois*, t.iii, p.633.	?
VI, 16	*L'Esprit des lois*, XXII, 21	46-48
VI, 16	*L'Esprit des lois*, XXII, 22	46-48
VI, 17, 3	*L'Esprit des lois*, XXII, 2	après 43
VI, 24, 1	Fragment de *L'Esprit des lois*, t.iii, p.633	?
VI, 29, 1	*L'Esprit des lois*, XXIX, 9	46-48
VI, 29, 1 (id.)	*Considérations*, 12	31-34
VI, 32, 1	*L'Esprit des lois*, V, 10	41-43
XI, 5, 1	*L'Esprit des lois*, VI, 5	41-43
XII, 43, 2	*Considérations*, 17	31-34
XII, 60, 1 et 3	*Considérations*, 15	précisé en 48
XIII, 4	*L'Esprit des lois*, VI, 5	41-43
XIII, 19, 1	*L'Esprit des lois*, IX, 1	avant 41[9]
XIII, 19	*Pensées*, 751; 1805	33-34 (m)
XIII, 26-27	*L'Esprit des lois*, XV, 18	avant 46
XIII, 27, 1	*Considérations*, 13	avant 48
XIII, 27, 2	*L'Esprit des lois*, XV, 18	avant 46
XIII, 31	*L'Esprit des lois*, XIII, 7	46-48
XIII, 50-51	*L'Esprit des lois*, XIII, 19	avant 46
XIII, 53	*L'Esprit des lois*, VIII, 7	après 43
XIV, 27	*Considérations*, 13	avant 48
XIV, 53	*Pensées*, 1989; 654	après 49 (m)
XV, 19	*L'Esprit des lois*, XXIII, 21	41-43
XV, 19	Fragment de *L'Esprit des lois*, t.iii, p.612	?
XV, 72	*L'Esprit des lois*, VIII, 7	après 43

B. Aux Histoires *(11 références)*

I, 4, 3	*Considérations*, 15	31-34
I, 9, 3	*Pensées*, 1729; 281	après 48 (p)
I, 9, 4	*Pensées*, 1729, 281	après 48 (p)
I, 16, 9	*Catalogue*, p.227	?
I, 24, 2	*Pensées*, 1485; 2006	39-45 (f)
I, 25, 2	*Considérations*, 15	31-34
I, 36, 4	*Catalogue*, p.215	?

'j'ai lu, ce 6 avril 1734, *Manon Lescaut*). On peut donc supposer que notre extrait a été écrit à cette époque.

9. Cette note a été supprimée dans l'édition de 1749.

Réf. Tacite	Réf. Montesquieu	Date
I, 49, 8	*Voyages*, Nagel, t.ii, p.1124	1729 (ou 49-55?)[10]
I, 84, 6	*Considérations*, 15	avant 48
III, 80, 4	*Considérations*, 15	avant 48
V, 8, 4	*Catalogue*, p.233	?

C. A l'Agricola *(8 références)*

II, 3	*Pensées*, 927; 1580	34-35 (m)
II, 3-4	*Spicilège*, no 233	1715-1724 (b)
III, I	*Pensées*, 1786; 207	après 48 (p)
III, I	*L'Esprit des lois*, XII, 25	41-43
III, I	*Correspondance* no 29	1726
XIV, 2	*Catalogue*, p.199	?
XIV, 2 *(id.)*	*L'Esprit des lois*, X, 17	après 43
XIV, 2 *(id.)*	*Pensées*, 1954; 948	après 48 (p)

D. A la Germanie *(53 références)*

IV, 2	*Pensées*, 1172; 1586	35-38 (M)
IV, 2 *(id.)*	*L'Esprit des lois*, XXVIII, 17	46-48
V, I	*Considérations*, 22	avant 48
V, 3 et VI, I	*Considérations*, 17	31-34
V, 3 et VI, I	*Mémoire sur les mines*, t.iii, p.445	1731[11]
VI, 6	*L'Esprit des lois*, XXVIII, 21	46-48
VII, I	*L'Esprit des lois*, XXXI, 4	46-48
VII, I	*Pensées*, 1302; 595	34-38 (e)
VII, I	*Pensées*, 1548; 1587	43-46 (l)
VII, I	*Pensées*, 1906; 285	après 49 (q)
VII, I	*L'Esprit des lois*, XVIII, 30	46-48
VII, I-2	*Pensées*, 1171; 1585	35-38 (m)
VII, I-2	*L'Esprit des lois*, XVIII, 31	46-48
X, 6	*L'Esprit des lois*, XXVIII, 17	46-48
X	*Pensées*, 1302; 595	34-38 (e)
XI, I	*L'Esprit des lois*, XI, 6	43-46 (l)[12]
XI, I	*L'Esprit des lois*, XVIII, 30	46-48
XI, 4	*L'Esprit des lois*, XVIII, 31	46-48
XI, 6	*L'Esprit des lois*, XVIII, 26	46-48
XII, I	*L'Esprit des lois*, XVIII, 30	46-48
XII, I	*L'Esprit des lois*, XXX, 19	46-48

10. Le texte des *Voyages* d'Italie. d'Allemagne et de Hollande a été transcrit entre 1749 et 1755, mais 'cette copie semble être la reproduction fidèle des notes prises au jour le jour vingt ans plus tôt' nous dit A. Masson, dans son *Introduction aux Voyages* (Nagel, ii.XCII). Nous prenons donc la date la plus ancienne, en signalant l'éventualité d'une addition nettement postérieure, dont témoigne p.1120, une allusion à l'imparfait et au passé simple à 'novembre ou décembre 1729'.

11. Le texte du *Mémoire sur les mines du Hartz*, rédigé en 1751, est identique à celui qu'avait composé Montequieu en 1731: c'est donc cette dernière date seulement que nous donnons. (Cf. Nagel, iii.435).

12. D'après J.-J. Granpré-Molière, p.305.

Réf. Tacite	Réf. Montesquieu	Date
XII, 3	*L'Esprit des lois*, XXX, 18	46-48
XIII, 1	*L'Esprit des lois*, XVIII, 26	46-48
XIII, 1	*Pensées*, 1171; 1585	35-38 (m)
XIII-XIV	*L'Esprit des lois*, XXX, 3	46-48
XIII	*L'Esprit des lois*, XXX, 16	46-48
XIV, 3	*Pensées*, 1171; 1585	35-38 (m)
XIV, 5-XV	*L'Esprit des lois*, XVIII, 21	46-48
XVI, 1-2	*L'Esprit des lois*, XVIII, 22	46-48
XVII, 4 – XVIII, 1 – XIX	*Spicilège*, no 244	24-26 (c) [13]
XVIII, 1 – XIX, 3-4	*L'Esprit des lois*, XVIII, 25	46-48
XVIII, 1	*L'Esprit des lois*, XVIII, 24	46-48
XIX, 4	*Spicilège*, no 246	24-26 (c) [13]
XIX, 6	*L'Esprit des lois*, XXIII, 22	46-48 [14]
XX, 3	*L'Esprit des lois*, XV, 10	41-43
XX, 5	*L'Esprit des lois*, XVIII, 22	46-48
XX, 5	*Pensées*, 1840; 362	après 48 (p)
XX, 6	*Pensées*, 1826; 404	après 48 (p)
XXI, 1	*L'Esprit des lois*, XXIV, 17	41-43
XXI, 1	*L'Esprit des lois*, XXX, 19	46-48
XXI, 2	*L'Esprit des lois*, XXX, 9	46-48
XXI, 2-3	*L'Esprit des lois*, XX, 2	après 43
XXI, 3	*Pensées*, 1826; 404	après 48 (p)
XXV, 1	*L'Esprit des lois*, XV, 10	41-43
XXVI, 3	*L'Esprit des lois*, XVIII, 22	46-48
XXVII, 5	*L'Esprit des lois*, XVIII, 22	46-48
XXVII, 5	*L'Esprit des lois*, XXVIII, 13	46-48
XXXI, 5	*L'Esprit des lois*, XXX, 3	46-48
XXXIV, 2	*Dissertation sur la politique des Romains dans la Religion*	1716
XXXIV, 4	*Catalogue*, p.6	?
XXXVIII, (???)	*L'Esprit des lois*, XVIII, 23	46-48
XLIV, 2-4	*Pensées*, 2036; 1596	après 49 (q)
XLIV, 3	*L'Esprit des lois*, VII, 4	41-43

E. Renvois à Tacite en général (12 références)

L'Esprit des lois, VII, 13	41-43	
L'Esprit des lois, XI, 8	43-46 (l)	
L'Esprit des lois, XXX, 2	46-48	
L'Esprit des lois, XXX, 4	46-48	

13. D'après l'Introduction au *Spicilège* de A. Masson (Nagel, ii.LXXIV) l'extrait no 244, p.191 du *Spicilège* remonte aux environs de 1718; en effet, les nos 238 et 239 (p.179) sont datés de janvier 1718. Mais R. Shackleton attribue au secrétaire *c* les pages 185-193 du *Spicilège* sans affirmer toutefois l'exactitude des dates qu'il nous donne (1724-1726). C'est cette seconde estimation que nous adoptons, avec les réserves qui s'imposent.

14. Cette référence n'est pas dans le manuscrit (vol.5, f.127v-128r)

Réf. Tacite	Réf. Montesquieu	Date
	L'Esprit des lois, xxx, 6	46-48
	L'Esprit des lois, xxx, 19	46-48
	Pensées, 574; 136	33-34 (m)
	Pensées, 843; 1764	33-34 (m)
	Pensées, 1727; 416	après 48 (p)
	Voyages, p.1279	1729
	Voyages, p.1287	1729
	Fragment de *L'Esprit des lois*, p.635	?

Bibliographie

1. Œuvres de Tacite

A. Editions utilisées

Annales, texte établi et traduit par P. Wuil-
leumier, Paris 1974-1978.
Histoires, texte établi et traduit par H. Goel-
zer, Paris 1921.
Germanie, texte établi et traduit par J. Per-
ret, Paris 1949.
Vie d'Agricola, texte établi et traduit par E.
de Saint-Denis, Paris 1942.
Dialogue des Orateurs, texte établi par H.
Goelzer et traduit par H. Bornecque,
Paris 1936.
Annales, livre XIII, texte établi et annoté par
P. Wuilleumier, Paris 1964.

Histoires, livre I, texte établi et annoté par
P. Wuilleumier, Paris 1959.
Dialogue des orateurs, texte établi et annoté
par A. Michel, Paris 1962.
Complete works, texte établi et annoté par H.
Furneaux, C. D. Fisher, J. C. Anderson et
F. J. Haverfield, Oxford 1900-1902.

B. Dictionnaires onomastiques

Gerber A. et A. Greef, *Lexicon Taciteum*,
Leipzig 1895-1903; rééd. en 1933.
Fabia, Ph. *Onomasticon Taciteum*, Paris 1900.

2. Œuvres de Montesquieu

A. Editions utilisées

Œuvres complètes, sous la direction de A.
Masson, Paris 1950-1955. [Nagel]
Œuvres complètes, présentées par R. Caillois,
Paris 1949-1951.
*Considérations sur les causes de la grandeur des
Romains et de leur décadence*, chronologie et
préface de J. Ehrard, Paris 1968.
De l'esprit des lois, éd. R. Derathé, Paris
1973.
De l'esprit des loix, éd. J. Brèthe de La Gres-
saye, Paris 1950-1961.

Catalogue de la bibliothèque de Montesquieu,
établi par L. Desgraves, Genève, Lille
1954.

B. Editions consultées

Œuvres complètes, éd. E. Laboulaye, Paris
1875-1879.
Considérations ..., éd. C. Jullian, Paris 1896.
Extraits de l'Esprit des lois et des œuvres diverses,
éd. C. Jullian, Paris 1905 (3e édition).

3. Textes du dix-septième et du dix-huitième siècles

(Editions et commentaires de Tacite, ouvrages cités par Montesquieu, commentaires et œuvres diverses contemporains de Montesquieu.)

A. Sources éventuelles de Montesquieu

(Pour une bibliographie (approximative)
des ouvrages qui ont pu aider Montesquieu
à connaître l'antiquité en général et Tacite
en particulier, nous renvoyons bien sûr au

Catalogue. Seuls se trouvent cités ici les
auteurs qui ont peut-être modifié sa lecture
de Tacite, ou qui témoignent de la façon
dont on lisait et dont on appréciait cet
auteur.)

Amelot de La Houssaye, A. N. (sous le

nom du sieur de La Mothe Josseval d'Arondel), *Tibère. Discours politiques sur Tacite*, Amsterdam 1683; 2e éd. Paris 1685.

Bayle, P., *Dictionnaire historique et critique*, Rotterdam 1697.

La Borde, P. V. de, *Du témoignage de la vérité dans l'Eglise*, Amsterdam 1758 (1ère édition 1714).

Bouhours, Dominique, *La Manière de bien penser dans les ouvrages d'esprit*, Paris 1688 (1ère édition 1687).

– *Pensées ingénieuses des Anciens et des Modernes*, Lyon 1693 (1ère édition 1689).

Fénelon, F., *Lettre à l'Académie*, Paris 1714.

Gordon, Th., *Discours historiques, critiques et politiques sur Tacite*, Amsterdam 1728. Traduction française, Amsterdam 1742, 2 vol., et 1751, 3 vol., par P. Daudé.

Jouvency, R. P. de, *De la manière d'apprendre et d'enseigner (De ratione discendi et docendi)*, trad. par H. Ferté, Paris 1892.

La Bruyère, J. de, *Les Caractères*, Paris 1688.

Le Nain de Tillemont, S., *Histoire des empereurs*, Paris 1720-1738 (1ère édition 1692-1693).

Melliet, L., *Discours politiques et militaires sur Corneille Tacite*, Lyon 1628 (1ère éd. 1619).

Perrot d'Ablancourt, N., *Les Œuvres de Tacite* (traduction), 4e édition, Paris 1658 (1ère éd. 1640).

Saint-Evremond, Ch. de, *Œuvres mêlées*, Paris 1670.

– *Œuvres en prose*, éd. par R. Ternois, Paris 1962-1969.

B. Autres ouvrages

Encyclopédie, ou Dictionnaire raisonné des sciences, des arts et des métiers, Paris 1751-1780.

Journal de Trévoux, avril 1749 (éd. Laboulaye, vi.101-3): *Lettre au P. B. J. sur le livre intitulé L'Esprit des lois*. *Mémoires de l'Académie des inscriptions et belles-lettres*, Paris 1736-1808.

Les Nouvelles ecclésiastiques ou Mémoires pour servir à l'histoire de la constitution Unigenitus, 9 et 16 octobre 1749 (éd. Laboulaye, vi.115-37), *Examen critique de l'Esprit des lois*, et 24 avril et 1er mai 1750 (éd. Laboulaye, vi.209-37), *Réponse à la défense de l'Esprit des lois*.

Alembert, J. Le Rond d', *Eloge de Monsieur de Montesquieu*, Nagel i.1-xxxiii (1ère édition 1758).

– *Analyse de l'Esprit des lois*, Nagel i.xxxiv-lvi (1ère édition 1757).

– *Essai de traduction de quelques morceaux de Tacite, avec des observations préliminaires sur l'art de traduire*, in *Mélanges de littérature, d'histoire et de philosophie*, Amsterdam 1759, t.iii (1ère édition 1753).

Bertolini, *Analyse raisonnée de l'Esprit des lois*, Genève 1771 (1ère édition 1754), in éd. Laboulaye, iii.1-62.

Chateaubriand, *Le Génie du christianisme*, Paris 1802.

Chénier, M.-J., *Théâtre posthume (Tibère*, tragédie), Paris 1818.

Crevier, J. B., *Observations sur le livre De l'esprit des lois*, Paris 1764.

Diderot, D., *Œuvres complètes*, Paris 1971.

Duclos, Ch., *Mémoires secrets sur les règnes de Louis XIV et de Louis XV*, Paris 1791.

Dupin, Cl., *Observations sur un livre intitulé De l'esprit des lois* [Paris 1757-1758].

Dureau de Lamalle, J. B., *Tacite, traduction nouvelle*, 3e éd. Paris 1818 (texte de 1790).

Ernesti, J. A., *Animadversiones philologicae in librum francicum De caussis legum*, Leipzig 1751.

Fabricius, J. A., *Bibliotheca Latina*, éd. revue par Ernesti, Leipzig 1773-1774. t.ii, article 'Tacitus' (1ère édition 1697).

Fleury, Cl., *Traité du choix et de la méthode des études*, Paris 1822 (1ère édition 1686).

Grimm, F. M., *Correspondance littéraire*, éd. M. Tourneux, Paris 1877-1882 (1ère édition 1812-1813).

Linguet, S., *Lettre sur la théorie des lois civiles*, Amsterdam 1770.

Locke, J., *Œuvres philosophiques*, t.i, *De l'éducation des enfants*, Paris 1821 (1ère édition 1695).

Marmontel, J. F., *Eléments de littérature*, Paris 1822.

– *Mémoires*, éd. J. Renwick, Clermont 1972.

Pelloutier, S., *Histoire des Celtes*, Paris 1771 (1ère édition 1741).

Rollin, Ch., *Traité des études*, Paris 1855 (1ère éd. 1726-1728).

Rousseau, J.-J., *Œuvres complètes*, sous la direction de M. Raymond et de B. Gagnebin, Paris 1959-1969.

Saint-Simon, *Mémoires*, Paris 1978.

Voltaire, *Œuvres complètes*, éd. L. Moland, Paris 1877-1883.

– *Correspondence and related documents*, éd. Th.   1968-1977.
Besterman, Genève, Banbury, Oxford

4. Etudes sur l'Empire et sur le texte et l'influence de Tacite

(Cette bibliographie ne saurait énumérer les ouvrages fondamentaux qui traitent d'un aussi vaste sujet; aussi nous sommes-nous bornée à signaler les ouvrages qui éclaircissent certains problèmes évoqués par Montesquieu à propos du texte de Tacite.)

Bardon, H., *Les Empereurs et les lettres latines d'Auguste à Hadrien*, Paris 1968 (1ère éd. 1940).

Barthes, R., 'Tacite et le baroque funèbre', in *Essais critiques*, Paris 1964, pp.108-11.

Boissier, G., *Tacite*, Paris 1934 (1ère éd. 1903).

Borzsak, I., 'P. Cornelius Tacitus', in *Real-Encyclopädie Pauly-Wissowa*, Stuttgart 1968, Supplément xi, col.373-512.

Brink, C. O., 'Juste-Lipse and the text of Tacitus', *Journal of Roman studies* 41 (1951), pp.32-51.

Chausserie-Laprée, J., *L'Expression narrative chez les historiens latins*, Paris 1969.

Couissin, P., 'Tacite et César', *Revue de philologie* 6 (1932), pp.97-117.

Courbaud, E., *Les Procédés d'art de Tacite dans les Histoires*, Paris 1918.

Cousin, J., 'Rhétorique et psychologie chez Tacite', *Revue des études latines* 29 (1951), pp.228-47.

Delamarre, L., *Tacite et la littérature française*, Paris 1907.

Ducos, M., 'La Liberté chez Tacite: droits de l'individu ou conduite individuelle?' *Bulletin de l'Association Guillaume Budé* (1977), pp.194-217.

Engel, J. M., *Tacite et l'étude du comportement collectif*, Lille 1972.

Ph. Fabia-P. Wuilleumier, *Tacite, l'homme et l'œuvre*, Paris 1949.

Frahm, F., 'Cäsar und Tacitus als Quellen für die altgermanische Verfassung', *Historische Vierteljahrschrift*, 24. Jahrgang, Dresden 1929, pp.145-81.

Gagé, J., *Les Classes sociales dans l'empire romain*, Paris 1964.

Gunz, A., 'Die deklamatorische Rhetorik in der Germania des Tacitus', Lausanne 1934 (diss.).

Koestermann, E., 'Die Majestätprozesse unter Tiberius', *Historia* 4 (1955), p.72-106.

Laurens, P., 'L'épigramme latine et le thème des hommes illustres au seizième siècle: "icones" et "imagines"', in *Actes du Colloque de décembre 1975, Influence de la Grèce et de Rome sur l'Occident moderne*, édités par R. Chevallier, Paris 1977, pp.123-32.

Marache, R., 'L'œuvre de Tacite', *L'Information historique* 20 (1958), pp.1-6.

Michel, A., 'La causalité historique chez Tacite', *Revue des études anciennes* 61 (1959), pp.96-106.

– *Le Dialogue des Orateurs de Tacite et la philosophie de Cicéron*, Paris 1962.

– *Tacite et le destin de l'empire*, Paris 1966.

– article 'Tacite' de l'*Encyclopedia Universalis*, Paris 1969-1975, t.xix.

– *La Philosophie politique à Rome d'Auguste à Marc-Aurèle*, Paris 1969.

– 'Tacite a-t-il une philosophie de l'histoire?' *Studi classice* 12 (1970), pp.105-15.

– *Histoire des doctrines politiques à Rome*, Paris 1971.

Momigliano, A., article 'Tacito' de l'*Enciclopedia italiana*, Roma 1950.

– compte rendu de l'ouvrage de Ch. Wirszubski (cf. ci-dessous) *Journal of Roman studies* 41 (1951), pp.146-53.

Paratore, E., *Tacito*, Milano 1951.

Perret, J., 'La formation du style de Tacite', *Revue des études anciennes* 56 (1954), pp.90-120.

Picard, G. Ch., *Auguste et Néron, le secret de l'empire*, Paris 1962.

Pippidi, D. M., *Autour de Tibère*, Bucarest 1944.

Ridé, J., *L'Image du Germain dans la pensée et le littérature allemandes, de la redécouverte de Tacite à la fin du XVIe siècle, contribution à l'étude de la genèse d'un mythe*, Paris 1977.

Robin, P., *L'Ironie chez Tacite*, Lille 1973.

Ruysschaert, J., *Juste-Lipse et les Annales de Tacite: une méthode de critique textuelle*, Louvain 1949.

Sainte-Beuve, *Histoire de Port-Royal*, Paris 1961-1964.

Salvatore, A., 'L'immortalité des femmes et la décadence de l'empire selon Tacite' (traduit de l'italien), *Les Etudes classiques* 22 (1954), pp.254-69.

Stackelberg, J. von, 'Tacitus in der Romania', *Studien zur literarischen Rezeption des Tacitus in Italien und Franckreich*, Tübingen 1960.

Stegmann, A., 'Le tacitisme. Programme pour un nouvel essai de définition', *Il Pensiero politico* 2 (1969), pp.445-57.

Syme, R., *Tacitus*, Oxford 1958.

Thierry, A., *Lettres sur l'histoire de France*, Paris 1829, 2e édition.

Toffanin, G., *Machiavelli e il tacitismo*, Padua 1921.

Wirszubski, Ch., *Libertas as a political idea at Rome during the late Republic and early principate*, Cambridge 1950.

Yavetz, Z., *Plebs and princeps*, Oxford 1969.

5. Etudes sur le dix-huitième siècle

L'Enseignement sous l'Ancien Régime en Auvergne, Bourbonnais et Velay, Clermont 1977.

Bardon, H., 'Une querelle Tacite au siècle des Lumières', *Orpheus*, nouvelle série 1 (1980), pp.32-51.

Bonnerot, J., 'Une traduction peu connue des Annales de Tacite, par Sénac de Meilhan', *French studies* 17 (1963), pp.155-57.

Cherel, A., *La Pensée de Machiavel en France*, Paris 1935 (pp.231-34: Montesquieu).

Clermont-Tonnerre, E. de, 'Une bibliophile au temps de Louis XV', *Revue d'histoire littéraire de la France* 35 (1928), pp.241-49.

Conroy, W. Th., *Diderot's Essai sur Sénèque*, Studies on Voltaire 131, Banbury 1975.

Dainville, F. de, *L'Education des jésuites (XVIe-XVIIIe siècle)*, Paris 1978.

Delaruelle, P., 'L'inspiration antique dans le *Contr'un*', *Revue d'histoire littéraire de la France* 17 (1910), pp.34-72.

Dupont-Ferrier, G. *Du collège de Clermont au lycée Louis-le-Grand, 1563-1920*, Paris 1921.

Ehrard, J., *Le XVIIIe siècle, i: 1720-1750*, Paris 1974.

– *L'Idée de nature en France dans la première moitié du XVIIIe siècle*, Paris 1963.

– et G. Palmade, *L'Histoire*, Paris 1964.

– et J. Renwick, *Catalogue de la bibliothèque de J. B. Massillon*, Clermont 1977.

Faguet, E., *Le XVIIIe siècle*, Paris 1890.

Favre, R., *La Mort au siècle des Lumières*, Lyon 1978.

Fuchs, M., 'Une bibliothèque provinciale

au XVIIIe siècle', *Revue d'histoire littéraire de la France* 32 (1925), pp.580-87.

Harsin, P., *Les Doctrines monétaires et financières en France du XVIe au XVIIIe siècles*, Paris 1928.

Havens, G. R. et N. L. Torrey, *Voltaire's catalogue of his library at Ferney*, Studies on Voltaire 9, Genève 1959.

Lallemand, P., *Histoire de l'éducation de l'ancien Oratoire de France*, Paris 1887.

Lantoine, H., *Histoire de l'enseignement secondaire en France au XVIIe et au début du XVIIIe siècle*, Paris 1874.

Lavillat, B., 'L'enseignement à Besançon au XVIIIe siècle', *Annales littéraires de l'université de Besançon*, Paris 1977.

Livet, G., *Guerre et paix de Machiavel à Hobbes*, Paris 1972.

Meyer, P. H., 'Diderot's *Prince*: the *Principes de politique des souverains*', *Mélanges Otis Fellows*, Genève 1974, pp.162-81.

Poulet, G., *Les Métamorphoses du cercle*, Paris 1961.

Rétat, P., *Le Dictionnaire de Bayle et la lutte philosophique au XVIIIe siècle*, Paris 1971.

Roche, D., 'Un savant et sa bibliothèque au XVIIIe siècle (les livres de Dortous de Mairan)', *Dix-huitième siècle* 1 (1969), pp.47-88.

Sainte-Beuve, *Causeries du lundi*, Paris 1853.

Schalk, F., *Diderots Essai über Claudius und Nero*, Arbeitsgemeinschaft für Forschung des Landes Nordrhein-Westfalen, Abhandlung Heft 39, Köln, Opladen 1956.

Sgard, J., *Le 'Pour et contre' de Prévost*, Paris

1969.

Sicard, A., *Les Etudes classiques avant la Révolution*, Paris 1887.

Snyders, G., *La Pédagogie en France aux XVIIe et XVIIIe siècles*, Paris 1965.

Spanneut, M., 'Permanence de Sénèque le philosophe', *Bulletin de l'Association Guillaume Budé* (1980).

Stackelberg, J. von, 'Rousseau, d'Alembert et Diderot traducteurs de Tacite', *Studi francesi* 6 (1958), pp.395-407.

Stavan, H. A., *Sénac de Meilhan (1736-1803)*,

moraliste, romancier, homme de lettres*, Paris 1968.

Trousson, R., 'J. J. Rousseau traducteur de Tacite', *Studi francesi* 14 (1970), pp.231-43.

Villey, P., *Les Sources des 'Essais' de Montaigne*, Paris 1908.

Welschinger, H., *Tacite et Mirabeau*, Paris 1914.

Zuber, R., *Perrot d'Ablancourt et ses Belles infidèles*. Traduction et critique de Balzac à Boileau, Paris 1968.

6. Etudes sur Montesquieu

Actes du congrès Montesquieu, Bordeaux, 23-26 mai 1955, Bordeaux 1956.

La Pensée politique et constitutionnelle de Montesquieu (Recueil Sirey), Paris 1952.

Althusser, L., *Montesquieu, la politique et l'histoire*, Paris 1959.

Bastid, P., 'Montesquieu et les jésuites', *Actes*, pp.305-26.

Barrière, P., *Un grand provincial: Ch. L. de Secondat, baron de la Brède et de Montesquieu*, Bordeaux 1946.

Cabeen, D. C., *Montesquieu, a bibliography*, New York 1947.

– 'A supplementary Montesquieu bibliography', *Revue internationale de philosophie* 9 (1955), pp.409-34.

Carcassonne, E., *Montesquieu et le problème de la constitution française au XVIIIe siècle*, Paris 1927.

Chinard, G., 'Montesquieu's historical pessimism', *The Discipline of the humanities, Studies in the history of culture*, Menascha, Wisconsin 1942, pp.161-72.

Dareste de La Chavanne, A. E. C., *L'Histoire romaine dans Montesquieu*, Paris 1866.

Dedieu, J., *Montesquieu*, éd. revue par J. Ehrard, Paris 1966.

– *Montesquieu et la tradition politique anglaise en France. Les sources anglaises de 'L'Esprit des lois'*. Paris 1909.

Desgraves, L., 'Un carnet de notes inédit de Montesquieu. Les Bigarrures', *Actes*, pp.109-18.

– 'Montesquieu de 1951 à 1956', *Revue historique de Bordeaux* (1956), pp.223-41.

Dimoff, P., 'Cicéron, Hobbes et Montesquieu', *Annales de l'université de la Sarre* 1

(1952), pp.19-48.

Dodds, M., 'Les récits de voyage sources de *L'Esprit des lois* de Montesquieu', Paris 1929.

Duraffour, A., 'Les considérations de Montesquieu dans leurs rapports avec Bossuet et Polybe', in *Mélanges Ch. Andler*, Strasbourg 1924, pp.129-42.

Ehrard, J., 'Les études sur Montesquieu et l'*Esprit des lois*', *L'Information littéraire* (1959), no.2, pp.55ss.

– *La Politique de Montesquieu*, Paris 1965.

– *Montesquieu critique d'art*, Paris 1965.

Flach, J., *Platon et Montesquieu, théoriciens politiques*, Paris 1909.

Fletcher, F. T. H., 'The poetics of *L'Esprit des lois*', *Modern language review* 3 (1942), pp.317-26.

Gardot, A., 'De Bodin à Montesquieu', Recueil Sirey, pp.41-69.

Geffriaud-Rosso, J., *Montesquieu et la féminité*, Pise 1977.

Goulemot, J. M., 'Montesquieu: du suicide légitimé à l'apologie du suicide héroïque', *Revue d'Auvergne* 79 (1965) (Actes du colloque Gilbert Romme), pp.307-18.

Granpré-Molière, J.-J., *La Théorie de la constitution anglaise chez Montesquieu*, Leyde 1972.

Jameson, R. P., *Montesquieu et l'esclavage. Etude sur les origines de l'opinion anti-esclavagiste en France au XVIIIe siècle*, Paris 1911.

Kassem, B., *Décadence et absolutisme dans l'œuvre de Montesquieu*, Genève, Paris 1960.

Levin, L. M., *The Political doctrine of Montesquieu's 'Esprit des lois': its classical background*, New York 1936.

Lowenthal, D., 'Montesquieu and the classics: republican government in the *Spirit of the laws*', *Essays ... in honor of Leo Strauss*, New York 1964.

Mollière, R., *De la loi selon Cicéron et Montesquieu*, Paris 1892.

Oake, R. B., 'Montesquieu's analysis of Roman history', *Journal of the history of ideas* 16 (1955), pp.44-59.

Proust, J., 'Poétique de *L'Esprit des lois*', *Spicilegio moderno* 9 (1978), pp.3-17.

Rain, P., 'Montesquieu et l'histoire', Recueil Sirey, pp.191-209.

Ratermanis, J., 'Essai sur le style de Montesquieu historien', *Acta Universitatis Latviensis* 7 (1935-1937), pp.225-50.

Rosso, C., *La 'Maxime': saggi per una tipologia critica*, Napoli 1968.

– *Montesquieu moraliste: des lois au bonheur*, Bordeaux 1971 (édition italienne 1965).

– 'Montesquieu présent', *Dix-huitième siècle* 8 (1976), pp.373-404.

– 'Montesquieu et l'humanisme latin', *CAIEF* 35 (1983), pp.235-50.

Shackleton, R., compte rendu du *Catalogue de L. Desgraves*, *French studies* 9 (1955), pp.71-75.

– *Montesquieu: une biographie critique*, version française de J. Loiseau, Grenoble 1977.

Sorel, A., *Montesquieu*, Paris 1887.

Starobinski, J., *Montesquieu par lui-même*, Paris 1967 (1ère éd. 1953).

Vernière, P., *Montesquieu et 'L'Esprit des lois' ou la raison impure*, Paris 1977.

Voit, L., 'Das Bild des Augustus bei Montesquieu', *Die alten Sprachen* 6 (1941), pp.97-99.

Walckenaer, M. C. A., 'Notice sur la vie de Montesquieu', jointe aux *Œuvres complètes de Montesquieu*, Paris 1835.

Weil, F., 'Montesquieu et le despotisme', in *Actes*, pp.191-215.

– 'Les lectures de Montesquieu', *Revue d'histoire littéraire de la France* 57 (1957), pp.494-514.

Index